CONSTELAÇÕES ORGANIZACIONAIS

Klaus Grochowiak
Joachim Castella

CONSTELAÇÕES ORGANIZACIONAIS
Consultoria Organizacional Sistêmico-Dinâmica

A aplicação do método de Bert Hellinger em empresas e organizações

Diretriz de ação para conselheiros e treinadores empresariais

Tradução
SUSANNA BERHORN

Editora
Cultrix
SÃO PAULO

Título original: *Systemdynamische Organizationberatung.*

Copyright © 2001 Carl-Auer – Systeme Verlag, Heidelberg, Alemanha.

1ª edição 2007.
3ª reimpressão 2021.

Todos os direitos reservados. Nenhuma parte deste livro pode ser reproduzida ou usada de qualquer forma ou por qualquer meio, eletrônico ou mecânico, inclusive fotocópias, gravações ou sistema de armazenamento em banco de dados, sem permissão por escrito, exceto nos casos de trechos curtos citados em resenhas críticas ou artigos de revistas.

A Editora Cultrix não se responsabiliza por eventuais mudanças ocorridas nos endereços convencionais ou eletrônicos citados neste livro.

Dados Internacionais de Catalogação na Publicação (CIP)
(Câmara Brasileira do Livro, SP, Brasil)

Grochowiak, Klaus
    Constelações organizacionais : consultoria organizacional : sistêmico dinâmica / Klaus Grochowiak, Joachim Castella ; tradução Susanna Berhorn – São Paulo : Cultrix, 2007.

    Título original: Systemdynamische Organisationsberatung
    "A aplicação do método de Bert Hellinger em empresas e organizações – Diretriz de ação para conselheiros e treinadores empresariais."
    Bibliografia.
    ISBN 978-85-316-0965-7

    1. Administração de empresas 2. Comportamento organizacional 3. Consultoria organizacional 4. Organizações 5. Psicologia industrial I. Castella, Joachim. II. Título.

07-0551   CDD-658

Índices para catálogo sistemático:
1. Constelações organizacionais : Administração de empresas   658

Direitos de tradução para o Brasil adquiridos com exclusividade pela
EDITORA PENSAMENTO-CULTRIX LTDA., que se reserva a
propriedade literária desta tradução.
Rua Dr. Mário Vicente, 368 — 04270-000 — São Paulo, SP
Fone: (11) 2066-9000
http://www.editoracultrix.com.br
E-mail: atendimento@editoracultrix.com.br
Foi feito o depósito legal.

Sumário

Prefácio ... 8

Introdução ... 9
Como se lê o presente livro... 10

PRIMEIRA PARTE

**Consultoria Organizacional Sistêmico-Dinâmica
– de onde, para onde, para quê? ... 11**

1. Sistêmico-dinâmica – O que é isso? ... 13
Terapia e consultoria?! ... 13
Descendências ... 13
Sistemas ... 13
Características de sistemas ... 14
Dinâmicas de sistema ... 15

2. O Método ... 17
Sistema e Indivíduo ... 17
Constelações ... 18
Jakob Moreno: Psicodrama ... 18
Virginia Satir: Escultura familiar ... 18
Bert Hellinger: Constelação sistêmica ... 19
Consultoria organizacional sistêmico-dinâmica ... 19

3. Âmbito da Consultoria ... 21
Diferentes situações-problema ... 21
O Problema por trás do problema ... 22
Indícios para um acesso ... 22
Perspectiva externa ... 22
Perspectiva interna ... 24

4. O Campo de Trabalho ... 28
A concentricidade múltipla ... 28
Exigências para o consultor ... 30

5. Bases Sistêmico-dinâmicas da Consultoria ... 33
O princípio sistêmico de Bert Hellinger ... 33
Vínculo ... 34
A ordem ... 34
O equilíbrio entre dar e tomar ... 34
O equilíbrio impossível ... 35

Emaranhamentos ... 35
Condições sistêmicas ... 36
Formas de emaranhamento ... 37
Sentimentos ... 37
Especificações para o contexto de
consultoria ... 38

SEGUNDA PARTE

A Prática de Constelação ... 41

**Constelações na área de empresas com fins
lucrativos ... 43**
A alma do sistema ... 43
Fatores não-pessoais ... 43
Falecidos ... 44
Agregação ... 44
Pertinência da diretoria superior ... 44
Colaboradores demitidos ... 45
Antigos proprietários ... 46
Micro e macroplano ... 46

**Qual é o meu papel como chefe na minha
equipe? – 1ª constelação ... 47**

Discussão posterior ... 60

**Por que as minhas ordens não são
cumpridas? – constelação 2A ... 61**

**Por que a minha competência não é
respeitada?– constelação 2B ... 77**
Constelação final ... 86

**Encontrar meu lugar na situação alterada da
empresa – 3ª constelação ... 89**
Discussão posterior ... 99
Conduzido pelo conhecimento ou conduzido
pelas emoções ... 99
Capacidade de ação ... 99
Realizar a devolução ... 99
Conseqüências da devolução para todo o
sistema ... 100
Quem na hierarquia constela o quê? ... 100

CONSTELAÇÕES ORGANIZACIONAIS

Fundamentos familiares e constelação
empresarial ... 101
Poder e ordem ... 101
Metas e objetivo de um sistema ... 102

**Meus clientes estragam o meu sucesso
– 4ª constelação ... 104**
  Discussão posterior ... 112
  Comentários finais ... 113

**Como posso me desligar, sem prejudicar a
empresa – 5ª constelação ... 115**

Floresce e murcha – 6ª constelação ... 125
  Discussão posterior ... 143
  A tentativa ... 143
  Problemática familiar e profissional ... 144
  Honorários para ocultar fatos ... 144
  A escolha do princípio ... 144
  A seleção das medidas ... 145
  A própria afinidade ... 145
  Sobrecarga estrutural de um subalterno ... 146
  Complementaridade ... 146
  Coaching interno na empresa ... 147

Constelações para empresas familiares ... 148

**Desde que eu sou diretor, tenho muita raiva!
– 7ª constelação ... 150**

**Apesar das melhores condições, a empresa
não tem sucesso – 8ª constelação ... 162**
  Discussão posterior ... 184
  Quanto precisamos resolver? ... 184
  Ideais dos antepassados ... 184

**Constelações na área de organizações sem fins
lucrativos ... 186**

**Tarefa indefinida ou quando os sentimentos se
sobrepõem à ação – 9ª constelação ... 187**

Constelações no contexto de consultoria ... 190

**Esclarecer o meu papel como consultor e
treinador – 10ª constelação ... 192**
  Discussão posterior ... 205
  Contratos envenenados ... 205

Sinais de advertência para contratos
envenenados ... 205
Como a triangulação se transforma em
profissão ... 206
Conseqüências da solução de triangulações ... 206

**Como posso estabelecer minhas metas profissionais?
Qual é a minha meta? – 11ª constelação ... 208**
  Discussão posterior ... 216

TERCEIRA PARTE

Trabalho com Constelações ... 219

**O Metaformato do Trabalho Sistêmico de
Constelações ... 221**

Explicações sobre o metaformato ... 226
  1. Aquisição ... 226
  2. Diagnóstico ... 226
  3. Sondagem ... 227
  4. Seleção ... 228
  5. Entrevista inicial ... 229
  6. Constelação do Sistema ... 229
  7. Perguntas aos representantes ... 229
  8. Intervenções ... 230
  9. Transferência para o sistema familiar ... 230
  10. Soluções ... 230

Contratos envenenados ... 231
  O consultor como braço direito do
  contratante ... 232
  Conflitos dentro da diretoria ... 232
  Treinamento como legitimação ... 232
  Programa de sabotagem do chefe ... 233
  Falta de reconhecimento dos treinadores
  anteriores ... 233
  O próprio contratante é o problema ... 233

Diferentes situações-problema ... 234

Módulos ... 235
  Delimitação ... 235
  Devolução ... 235
  Hierarquia ... 236
  Dar a honra ... 236
  Vejo você como ... 236
  Dar a bênção ... 237

Eu sigo você/Eu continuo no seu lugar ... 237
Estabelecer contato ... 237
Resolver a exposição dupla ... 238
Dissolver triangulação ... 238
Deixar a imagem interior surtir efeito ... 238

Categorias de sentimentos ... 239
Sentimentos primários ... 239
Sentimentos secundários ... 239
Sentimentos alheios ... 239
Sentimentos de ser ... 239
Reconhecer estados de sentimentos como
diretrizes na terapia ... 240
Sentimentos e atenção ... 240
Atenção e falta de atenção ... 240
Cada um é parte do sistema ... 240

Indícios para reconhecer emaranhamentos ... 242
Indícios de diagnóstico na linguagem ... 243
Indícios de diagnóstico auditivo-digitais ... 243
Indícios auditivo-sonoros ... 243
Indícios de diagnóstico visuais ... 244
Trauma, emaranhamento ... 245
Representações internas: auditivas ... 245
Representações internas: visuais ... 246

Possibilidades de constelações ... 247

Diferentes tipos de constelações ... 248

Questões sobre empresas familiares ... 249
Pertinência ... 249
Crises ... 249
Poder ... 249
Sucessão ... 249
Méritos ... 249
Família – Empresa ... 249
Competência e risco ... 249
Forma jurídica ... 249
Lealdade ... 249

Constelar organizações ... 250
Ordem ... 250
Vínculo e honra ... 250
Limites do sistema – Níveis hierárquicos e
liderança ... 250
Compensação ... 251
O objetivo social ... 251
Consultor, processos de mudanças e estilo de
trabalho ... 251
Geral ... 252

Perguntas sobre o poder ... 253
Os entrevistadores foram Klaus Grochowiak e
Robert Stein-Holzheim ... 253

Solucionar emaranhamentos próprios ... 263

Bibliografia ... 264

Prefácio

Cada método tem as suas limitações. Assim, todos que atuam como treinador ou consultor empresarial confrontam sempre os limites específicos das concepções de consultoria, baseadas na teoria da comunicação. O desenvolvimento do método sistêmico-fenomenológico de Bert Hellinger proporciona, nessa situação, um grande aprofundamento e uma ampliação da compreensão das dinâmicas relevantes em organizações.

Como, todavia, o trabalho de Hellinger foi desenvolvido especialmente com sistemas familiares, é necessário adaptar esse princípio às condições específicas em empresas, organizações e instituições. O processo de transferência consiste então em evidenciar essa diferença específica entre sistemas familiares por um lado e a área de empresas e organizações por outro.

A idéia de transferir a concepção de terapia familiar de Hellinger para sistemas empresariais foi desenvolvida entre Klaus Grochowiak e seu aluno Peter Klein há seis anos. Assim, Peter Klein incentivou durante meia década como co-organizador os primeiros *workshops* sobre esse assunto, e também a geração do presente livro com a sua discussão contínua e construtiva. Por isso não quero deixar de mencioná-lo especificamente como um dos iniciadores. O presente trabalho mostra na teoria e na prática o *status* atual dos conhecimentos, baseados nas experiências de K. Grochowiak na transferência do método de Bert Hellinger para contextos empresariais. Além disso, o livro quer ainda oferecer um guia para a atuação nesse campo e a realização autônoma de constelações empresariais e organizacionais.

O princípio sistêmico-dinâmico deste trabalho implica que esse guia, no meu entender, nunca será completo, uma vez que a constante ocupação com aquilo "que se evidencia" é sempre um processo de desenvolvimento aberto – um processo de desenvolvimento que reúne suas experiências de várias fontes. Por isso não queremos deixar de mencionar aqui Katharina Stresius, que realizou seminários sobre "PNL e terapia familiar sistêmica e fenomenológica" junto com K. Grochowiak. Muitos aspectos na terceira parte deste livro são resultado desse trabalho de seminários conjuntos.

E, por fim, agradecemos também ao Sr. Roland Kenzler. Foi ele que se dispôs a realizar o árduo trabalho de transcrever as constelações com as quais documentamos o trabalho de constelações.

Klaus Grochowiak e Joachim Castella

Introdução

"A pedra foi atirada na água e as ondas se propagaram – aparentemente sem perder a força – em muitas direções." Com essa imagem, Gunthard Weber resume o rápido desenvolvimento que o trabalho com a terapia sistêmico-fenomenológica de Bert Hellinger sofreu nos últimos anos (Weber, 1998, p. 12). Em 1993, Weber publicou o livro *Zweierlei Glück* [Dois tipos de felicidade] de Bert Hellinger que divulgou esse método de terapia rápida, até o momento conhecido somente entre profissionais, ao público leigo.

Hoje já podemos dizer sem exageros que Hellinger está entre os principais atores no cenário de terapias na Europa. Suas apresentações enchem os maiores auditórios, muitas vezes os lugares se esgotam antes mesmo de finalizar a divulgação do evento, e causam muita sensação. Quem, como Hellinger, atua no centro do interesse público é sempre confrontado com determinadas expectativas e ressentimentos, esperanças e medos, projeções e observações que formam aquilo que denominamos de opinião pública.

Ao colocarmos a citação de Gunthard Weber no início, pretendíamos mostrar a necessidade de posicionar o livro que apresentamos. Pois se disséssemos sem qualquer explicação que pretendemos apresentar uma nova forma de consultoria empresarial, geraríamos no mínimo mal-entendidos. Ou, mais exatamente, a classificação da consultoria organizacional sistêmico-dinâmica como uma nova forma de consultoria é certa e incorreta ao mesmo tempo.

Incorreta pelo fato de a origem da consultoria empresarial sistêmica coincidir com a publicação da terapia sistêmico-fenomenológica de Hellinger. A idéia básica, portanto, já tem alguns anos; ela parte obrigatoriamente do princípio de Hellinger.

E mesmo assim é também correto considerar a consultoria organizacional sistêmico-dinâmica como uma nova forma de consultoria. Considerando o grau de conhecimento ou seu domínio público e especialmente as possibilidades quase não existentes a aprendê-la, a consultoria sistêmica representa uma novidade na área de negócios.

Por isso ela é de fato uma das ondas, das quais Weber fala, que se propagam em círculos concêntricos em torno da pedra lançada por Hellinger: impensável sem Hellinger, mas há algum tempo já trilhando os caminhos próprios. Para documentar essa ambivalência entre pro-

veniência e distância também no nome, decidimos abrir mão da denominação usual de consultoria organizacional sistêmica ou sistêmico-fenomenológica. Em vez disso, falamos da consultoria organizacional sistêmico-dinâmica. Por um lado não queremos estender a discussão, se Hellinger utiliza o atributo "sistêmico" justificadamente ou não, também para nossa área de trabalho. E por outro, e isso é mais importante, acreditamos que a denominação escolhida mostra claramente a diferença entre terapia e consultoria, sem que a correlação metódica básica seja negada. A consultoria organizacional sistêmico-dinâmica pode, portanto, em um primeiro passo ser compreendida como instrumento que observa e altera as respectivas dinâmicas em organizações. Isso é possível, pois consideramos determinados parâmetros sistêmicos como propriedades básicas de sistemas (empresariais). (Isso será explicado mais detalhadamente no decorrer dos capítulos.)

Assim podemos apresentar, depois da primeira classificação do presente livro, uma segunda: este é um livro sobre a prática, em dois aspectos. Por um lado, ele foi criado a partir do trabalho prático. Isto significa que documentamos nossas experiências e apresentamos resultados e conhecimentos que tivemos ao longo do tempo com esse método, e as conclusões que tiramos, e também colocamos os problemas e perguntas abertas que enfrentamos à discussão.

E por outro lado, este livro pretende ser usado para a prática. Isto significa que ele se dirige a pessoas que querem informações sobre a nova técnica de consultoria orientada na prática. Por isso, oferecemos considerações teóricas e sobre a concepção somente na medida em que estas são necessárias como conhecimento básico para a compreensão dos trabalhos documentados. Aqui a medida, segundo a qual dosamos, é inequívoca: teoria necessária na menor quantidade possível.

Em contrapartida acompanharemos as constelações, como exemplo, com os respectivos comentários para explicar intervenções, ações e explicações que no primeiro momento possam parecer contra-intuitivas; assim essas podem ser mais facilmente compreendidas. Nesse sentido, o livro tem caráter de *workshop*: Aprender fazendo, aproveitando a compreensão esclarecedora dos trabalhos documentados. Pois qualquer pessoa, independentemente da área de atuação, que já tem algum conhecimento do método de Hellinger, foi confrontada com a experiência de que a compreensão verdadeira e profunda do funcionamento desse método só ocorre no âmbito de sua aplicação. Os relatórios sobre isso têm tampouco efeito como as teorias e especulações sobre como funciona. Aqui precisamos em primeiro lugar estar abertos para aceitar o lado estranho e não-familiar.

Estamos convictos de que com a consultoria organizacional sistêmico-dinâmica temos um princípio que nos oferece um perfil de trabalho completamente novo. Diferente das formas de consultoria conhecidas, a consultoria sistêmico-dinâmica une os critérios de orientação nas metas e soluções com a importante vantagem de um mínimo de dispêndio de tempo. E, ao mesmo tempo, o consultor sistêmico-dinâmico trabalha em um plano tão fundamental que confronta de forma nova e surpreendente os antigos e conhecidos "fenômenos de recaída" com uma mudança durável e contínua, que atende a uma certa lógica.

Por esse motivo, apresentamos no presente livro os resultados de nossas atividades de estudo e pesquisa em um formato que cumpre os dois objetivos: no primeiro aspecto o preparo do material é um argumento claro para o ensino e estudo do método sistêmico-dinâmico.

No segundo aspecto, que está ligado ao primeiro, queremos divulgar mais o método, discutido entre um número atualmente ainda restrito de profissionais, face ao crescente número de consumidores interessados. Pois apesar do simpósio organizado por Gunthard Weber sobre a constelação em organizações (Heidelberg, 17-18/04/1998) reunir aproximadamente 200 interessados – esse número ainda permanece bastante baixo comparando com a necessidade. Um dos objetivos desse livro é resolver esse problema.

Como se lê o presente livro:

Já mencionamos aqui que o livro tem um caráter explícito de workshop. O motivo para tal é que as experiências e os exemplos aqui reunidos são o produto de uma série de seminários e workshops sobre esse assunto. Portanto, a forma da apresentação deverá mostrar o nosso próprio caminho nesse assunto.

Mas para nós, outro aspecto ainda foi mais importante. O motivo de não fornecer as teorias básicas da consultoria organizacional sistêmico-dinâmica foi o desejo de cumprir as necessidades bastante diversificadas dos leitores ao máximo possível. Como partimos do princípio de que os interesses específicos, os objetivos de uso e aplicações, os conhecimentos existentes e as informações básicas muitas vezes diferem, a concepção deste livro procura considerar esse espectro.

Então quem procura um acesso rápido e eficiente de acordo com as suas necessidades, deverá ler rapidamente as seguintes dicas de acesso:

- Aqueles que já estão familiarizados com o método de Hellinger e que se interessam especificamente pela transferência de seu princípio, poderão ler diretamente a parte das documentações (Segunda Parte: Prática de constelações).
- Quem tem pouco ou nenhum conhecimento dos conceitos do princípio sistêmico, mas quer mesmo assim aprender rapidamente a parte prática, pode ler os conceitos, as técnicas e os métodos básicos no capítulo Módulos (página 235). Uma vez que as documentações dos casos sempre são acompanhadas de comentários paralelos, garantimos assim o acesso agradável para muitos à teoria a partir da prática.

  Quem dispõe de um pouco mais de tempo, pode começar com a Terceira Parte, Trabalho com constelações (que contém o capítulo Módulos), para se aprofundar no assunto.
- Aqueles que não têm conhecimentos, ou poucos conhecimentos sobre o princípio sistêmico e que preferem os assuntos concepcionais aos pragmáticos, podem considerar os documentários da Segunda Parte como complemento ilustrativo ou um material adicional como pano de fundo para as partes descritivas.
- Todos aqueles que têm experiências próprias com o princípio sistêmico e que pretendem aprofundar os seus conhecimentos aqui e ali, podem fazer isso pontualmente conforme as próprias idéias, tanto nas áreas teóricas como nas práticas. Os respectivos conteúdos são preparados em unidades menores e independentes.
- Aqueles que gostam de ler um livro tradicionalmente do começo ao fim não precisam abrir mão de seu costume. Este livro também pode ser lido na seqüência usual, do começo ao fim.

Primeira Parte

Consultoria Organizacional Sistêmico-Dinâmica – de onde, para onde, para quê?

1. Sistêmico-dinâmica – O que é isso?

Terapia e consultoria?!

A consultoria organizacional sistêmico-dinâmica baseia-se nos trabalhos de Hellinger. Para ser mais exato, trata-se de uma aplicação do seu método terapêutico em contextos da área empresarial. Tal transferência de um método terapêutico requer uma explicação mais detalhada, uma vez que, via de regra, a terapia pressupõe uma situação patológica que deverá ser resolvida com o auxílio de medidas terapêuticas adequadas. Nesse contexto, portanto, não podemos afirmar que no âmbito da consultoria organizacional sistêmico-dinâmica as empresas e organizações sejam tratadas como se fossem famílias e seus membros. A falta de motivação, o comprometimento do fluxo de informações, a falta de sucesso entre outros não são, afinal, consideradas circunstâncias patológicas no sentido clínico da palavra.

Se, no entanto, considerarmos a terapia como um processo que propicia mudanças, temos uma situação completamente diferente. Não somente a palavra "terapia" perde a conotação de "doença", que para muitos ainda existe, mas muitas interações completamente "não terapêuticas" passarão, de repente, a ser equiparadas a intervenções terapêuticas: uma conversa esclarecedora entre amigos, um acontecimento comovente, um encontro importante com uma pessoa – tudo isso para nós pode ter caráter terapêutico, se avaliarmos a terapia a partir da qualidade da mudança gerada.

Portanto, uma mera ida ao cinema, por mais emocionante que seja o filme, distingue-se da terapia num aspecto importante: o *setting* terapêutico age de forma direcionada. Isso significa: há um determinado problema que deverá ser resolvido no âmbito de um determinado número de sessões. Para isso, aplica-se uma determinada forma de terapia, ou seja, uma determinada metodologia.

As metodologias são instruções para alcançar metas previamente definidas. Como tais, elas precisam necessariamente ser generalizadas. Um processo adequado para soldar peças de metal, por exemplo, não deve buscar sua utilização somente na engenharia náutica, mas deve ser passível de aplicação onde quer que peças metálicas isoladas devam ser unidas para formar unidades maiores. Em geral, portanto, os métodos são instruções de ação formais, relativamente independentes do contexto que, por si só, nada diz sobre o campo no qual são aplicadas.

Se considerarmos novamente a consultoria organizacional sistêmico-dinâmica como uma aplicação do método de Hellinger em contextos empresariais, podemos apresentar uma primeira imagem:

- A consultoria organizacional sistêmico-dinâmica é um método para gerar mudanças.
- Ela retira um conjunto de métodos de seu contexto terapêutico original.
- Ela contém instruções gerais que podem ser aplicadas independentemente do contexto.

Descendências

Se a consultoria organizacional sistêmico-dinâmica se considera uma aplicação do método de Hellinger baseado em seus trabalhos, ela se coloca em uma determinada tradição. Isso significa que ela assume um determinado repertório de condições básicas, de pressuposições e premissas que lhe permitem realizar a transferência das ferramentas para seus próprios assuntos específicos.

Essas pressuposições baseiam-se em considerações na teoria terapêutica sobre o que seriam os fatores principais e decisivos na relação objetivo/mcios entre o sintoma, a causa e a recuperação. As discussões sobre isso, assim como as mudanças que ocorreram no decorrer do tempo nas avaliações a esse respeito, constam de livros especializados sobre a história da psicoterapia. Não há necessidade de analisar isso mais detalhadamente.

O que precisamos considerar agora são os conceitos básicos e as suposições fundamentais, nas quais se situam Hellinger e também a consultoria organizacional sistêmico-dinâmica.

Sistemas

Na linguagem cotidiana, entendemos como sistema um total subdividido, ou seja, algo composto em oposição a algo elementar. Como sistêmico consideramos, portanto, tudo o que possui uma classificação clara, cuja estrutura pode ser facilmente reconhecida e compreendida.

Sistemas desse tipo são conhecidos como sistemas de classificação; por exemplo, na biologia e na química, o sistema de classificação de organismos de Lineu ou a tabela periódica dos elementos representam a estrutura das partes em foco (organismos/elementos). Mas também em outras áreas como, por exemplo, na filosofia, falamos de sistemas quando determinados estudiosos querem explicar a multiplicidade díspar do mundo em um único sistema de classificação e explicação. Sistemas no sentido aqui explicitados podem, portanto, ser compreendidos como um todo subdividido que segue um determinado princípio de ordem.

Quando falamos de sistêmico-dinâmico, todavia, não é a esse sistema que estamos nos referindo. O conceito de sistema aqui se baseia no conceito especial advindo da teoria sistêmica, a qual, por sua vez, não abrange a teoria de um todo subdividido. Portanto, o novo aspecto decisivo que caracteriza o conceito de sistema da teoria sistêmica não seria tanto o aspecto da ordem priorizado até esta data, mas, ao contrário, o do relacionamento das partes integrantes entre si.

Relações entre as respectivas partes podem, não obstante, ser constatadas em qualquer todo subdividido, ou seja, o mero fato de haver relações entre os elementos não qualifica o sistema nos termos da teoria sistêmica. Por isso, seria de fato uma abreviação indevida alegar-se o aspecto do relacionamento já como explicação suficiente do novo conceito de sistema. O que deverá ser considerado adicionalmente é uma determinada qualidade do relacionamento; precisa ser acrescentada uma forma específica de relacionamento que transforma uma estrutura clara e organizada em um sistema nos termos da teoria sistêmica, da terapia sistêmica e também da consultoria organizacional sistêmico-dinâmica.

O termo técnico para essa forma específica de relacionamentos é a "interdependência". Aqui subentende-se que os elementos do sistema não existem isoladamente, mas que seu comportamento influencia o dos demais de tal forma que uma mudança em um ponto gera uma mudança em outra parte que, por sua vez, tem efeito de mudança para o primeiro ponto. O que parece complicado aqui, pode ser ilustrado de modo mais simplificado em exemplos concretos. Pensemos em um lago e na densidade da população dos sapos ali existentes. Ela aumentará exatamente na medida em que houver alimentação suficiente para os sapos. Se o número de sapos aumentar devido à abundante oferta de alimentos, a quantidade de alimentação disponível diminuirá o que, por sua vez, fará diminuir a população de sapos. Sendo a quantidade de sapos reduzida para um nível menor, a oferta de alimentos crescerá de forma que a quantidade de sapos poderá aumentar – e o ciclo inicia-se novamente.

O aumento e a redução de sapos e a oferta de alimentos aqui descrita é um exemplo clássico para um sistema dentro do qual os elementos (sapos/comida) apresentam uma relação interdependente: a mudança de um elemento influencia o outro, altera as condições do outro e volta a influenciar o primeiro, começando um novo ciclo.

Aqui é importante mencionar duas coisas: em primeiro lugar, não podemos decidir com certeza, nesse processo contínuo, onde ele começa e onde termina. É uma decisão arbitrária do observador dizer: vou começar com os sapos e verifico as conseqüências de sua densidade populacional para a oferta de alimentos – ou vice-versa. Processos de interdependência, podemos assim dizer, são dispostos em círculos que impedem de uma vez por todas a separação da causa e efeito. Ou, mais exatamente: o efeito (em um local) é a causa (em outro local), o efeito torna-se a sua própria causa.

Em segundo lugar podemos compreender com o exemplo que sistemas cujos elementos estão em interdependência, nunca param. O número de sapos crescerá e crescerá até não haver mais alimento suficiente; depois, o número se reduz cada vez mais, até que a oferta tenha se recuperado para logo tornar a crescer. Em vez de um valor fixo, podemos então constatar um crescimento e uma redução dentro de determinadas margens, um sobe-e-desce que, finalmente, fará com que a população média permaneça estável. Por isso a teoria sistêmica considera o equilíbrio em fluxo, o que implica que o equilíbrio nunca será obtido absoluta e estaticamente, mas como uma oscilação contínua em torno de um valor médio.

Características de sistemas

Sistemas como os aqui descritos podem ser observados nos mais diversos planos. A economia de mercado, por exemplo, equilibra os seus preços no efeito recíproco entre a oferta e a demanda: os preços aumentam na medida em que a demanda aumenta, até um determinado valor-limite, a partir do qual se reduz a atratividade para o comprador, para depois caírem com a falta de demanda. Na astrofísica, o nosso sistema solar representa um sistema cujos elementos (planetas e sol) têm um efeito recíproco devido à força de gravidade. Mas mesmo em situações comuns do dia-a-dia podemos constatar os efeitos recíprocos, por exemplo, no cortejo entre um homem e uma mulher: você me encoraja o que, por sua vez, me encoraja a te encorajar a me encorajar...

O que, todavia, precisamos verificar nesse momento é a utilidade desse conceito de sistema: quais conhecimentos ou estratégias de ação são agregados com a consciência de que há efeitos e influências recíprocas? O que muda quando tal conceito de sistema norteia as observações?

Em primeiro lugar, a descrição alcança um maior grau de exatidão e adequabilidade em relação aos objetos estudados. Complexidade é a palavra-chave aplicável quando a própria descrição se utiliza de estruturas complexas para reproduzir a complexidade dos fenômenos. Ao contrário da complicação, a complexidade implica a sobreposição de diversos níveis de descrição lógicos: no caso dos efeitos recíprocos, portanto, a simultaneidade de duas correntes de causa e efeito contrárias. Assim, relações complexas não podem ser enumeradas em uma seqüência do começo ao fim, mas elas apresentam uma estrutura contrária ou circular.

Uma segunda vantagem importante da perspectiva da teoria sistêmica reside na condição de que esta pode retratar fenômenos e fatos, para os quais não há outra forma de descrição. O aumento da complexidade por parte dos observadores permite o acesso a aspectos da realidade, os quais, sem este, permaneceriam ocultos: no momento em que os sistemas forem examinados como um todo, ou seja, quando estes se mostrarem não como enumeração sumária, mas como uma relação interdependente entre seus elementos, as propriedades desse todo se tornarão acessíveis, podendo somente ser compreendidas se a observação tiver sido desde o início orientada no sistema como um todo.

Um exemplo

A meteorologia atribui propriedades específicas aos tufões. Os tufões caracterizam-se por um movimento de ar circular, apresentando uma queda de pressão em seu centro, demonstram ter uma longa vida, podendo se dividir etc. Se analisarmos os respectivos elementos dos tufões, vemos que se trata de elementos que encontramos em todo lugar na atmosfera: átomos e moléculas que compõem a atmosfera, água em diferentes estados de agregado, partículas de pó, radiação solar e outros. Se quiséssemos então procurar as propriedades específicas de tufões nos respectivos elementos dos quais eles consistem, essa busca certamente não teria sucesso: mesmo a soma dos respectivos elementos não fornece ao total nada que possua essas propriedades. Essas propriedades evidenciam-se somente se os elementos, em determinadas condições, apresentarem uma inter-relação específica. E somente essa inter-relação específica dos elementos gera todas aquelas propriedades que denominamos como o fenômeno do "tufão".

Esse exemplo nos mostra exatamente o que a teoria sistêmica quer dizer quando afirma que o todo é mais do que a soma dos elementos. As propriedades sistêmicas são mais – e pode-se até dizer são algo distinto – do que a mera adição de seus elementos. As propriedades de um sistema não podem ser concluídas a partir da análise dos respectivos elementos, elas só são acessíveis quando o sistema como um todo é considerado na inter-relação entre as suas partes.

Por outro lado, as propriedades sistêmicas só podem ser reconhecidas quando e enquanto o sistema existe como tal. Sem o sistema, essas propriedades não existem, elas estão vinculadas diretamente à existência do sistema como um todo. Mesmo aqui se evidencia o vínculo complexo: o sistema na inter-relação dos elementos gera as propriedades sistêmicas, e as propriedades sistêmicas, por sua vez, geram o sistema propriamente dito.

Dinâmicas de sistema

Como vimos, a teoria sistêmica não considera mais o elemento isolado, mas desde o início direciona seu foco em sua totalidade. Aqui a totalidade não é compreendida como a soma de suas partes, mas como o efeito recíproco dos elementos e as inter-relações entre eles. Como sistema nos termos da teoria sistêmica temos, portanto, uma série de elementos, cuja relação entre si pode ser registrada como interdependência. Somente se lançarmos o olhar sobre o sistema é que podemos registrar as suas propriedades específicas de forma adequada, uma vez que elas não são funções ou propriedades dos respectivos elementos e não podem ser concluídas a partir destes.

E – finalmente – podemos constatar algo mais, talvez o aspecto mais importante para a questão colocada anteriormente sobre a utilidade de uma perspectivação da teoria sistêmica. Estamos nos referindo ao grau de abstração que se evidencia: quando um sistema é definido de forma abstrata como uma quantidade, cujos elementos estão em uma inter-relação recíproca, isso ainda nada diz sobre a natureza concreta do sistema.

Aqui temos a suposição de que os sistemas com as suas respectivas propriedades sistêmicas se evidenciam em diferentes áreas de nosso ambiente. Já mencionamos diversos exemplos das diferentes áreas. Assim, podemos constatar sistemas no setor da física molecular e nas dimensões cósmicas da astrofísica; encontramos sistemas no setor político, social, na economia, no setor ecológico e em outros. Independentemente da área considerada, observamos fenômenos que não podem ser explicados a partir da análise sumária dos respectivos elementos.

Em planos completamente diferentes podemos, portanto, mencionar fenômenos cuja compreensão mais profunda exige explicações que se abstraem dos fenômenos originalmente observados como legalidades básicas do sistema. Ou, em outras palavras, as legalidades constatadas em um sistema também poderão ser verificadas em outros, de forma que a compreensão do esquema de funcionamento de sistemas se realiza na medida em que abandonamos um sistema concreto para analisar, em vez disso, os respectivos mecanismos em uma grande quantidade de sistemas comparáveis.

Mas o que podemos concluir, se as leis observadas em um sistema também se evidenciam em outros, mesmo que a composição material destes seja completamente distinta? Notam-se estruturas que podem ser reproduzidas de forma generalizada, independentemente de realizações materiais concretas dos sistemas. Estruturas que se evidenciam independentemente do respectivo objeto observado, formando, assim, um elo entre sistemas completamente distintos. Sob essa perspectiva podemos considerar a teoria sistêmica como uma teoria de estruturas, uma vez que esta não se orienta tanto pelo conteúdo concreto material, mas pelas estruturas mais abrangentes realizadas nesse conteúdo, mas ainda assim independentes dele.

Hellinger constatou em longos anos de pesquisa que os sistemas familiares também possuem propriedades específicas de sistema. Isso significa que nos sistemas familiares revelam-se estruturas gerais importantes para o bom funcionamento desses sistemas. As três dinâmicas básicas são as seguintes:

- O vínculo
- A ordem
- O equilíbrio entre dar e tomar.

O significado mais detalhado dessas dinâmicas será explicado extensivamente no capítulo cinco da primeira parte. Neste momento gostaríamos de mencionar primeiramente o fato de que as famílias como sistemas possuem determinadas propriedades sistêmicas, assim como determinadas estruturas. Aqui, por exemplo, elas não se distinguem de outros sistemas, independentemente de sua origem.

Mas se pudermos considerar as famílias como sistemas legítimos e se nos sistemas familiares puderem ser verificadas as leis estruturais gerais, então podemos su-

por que essas estruturas também se revelam em outros sistemas comparáveis. Essa estimativa é a hipótese básica de trabalho da consultoria organizacional sistêmico-dinâmica. A consultoria organizacional sistêmico-dinâmica parte do princípio de que as três dinâmicas principais que agem em sistemas familiares podem ser constatadas analogamente em sistemas formados não por relações de parentesco mais por um âmbito de metas e ações conjuntas: empresas, sociedades, associações – ou seja: nas organizações.

Assim, temos algumas disposições iniciais para o processo da consultoria organizacional sistêmico-dinâmica:

- A consultoria organizacional sistêmico-dinâmica considera organizações como totalidades.
- Ela não focaliza unidades isoladas (funcionários, chefe, clientes, departamento...), mas considera a empresa na inter-relação complexa de seus elementos.
- Para a consultoria organizacional sistêmico-dinâmica a organização é mais do que a soma de seus funcionários.
- Para a consultoria organizacional sistêmico-dinâmica a empresa é um sistema nos termos da teoria sistêmica, ou seja, uma quantidade de elementos que estão em constante interdependência. Cada mudança em algum ponto gera mudanças em todos os outros.
- A consultoria organizacional sistêmico-dinâmica parte do princípio de que as dinâmicas básicas observadas por Hellinger em sistemas familiares também têm efeito em sistemas organizacionais (de uma forma que ainda precisa ser definida mais detalhadamente).
- As dinâmicas do sistema: compensação, vínculo e ordem são propriedades sistêmicas de organizações e, portanto, não são propriedades, nem funções de seus (respectivos) membros e também não permitem explicação ou conclusão causal.
- Considerando que as dinâmicas do sistema: compensação, vínculo e ordem são propriedades sistêmicas de organizações, então estas estão vinculadas constitutivamente à existência da organização, e o sistema de organização, por sua vez, só poderá existir enquanto essas dinâmicas forem mantidas.

2. O Método

Sistema e Indivíduo

A referência de todo princípio sistêmico é – o sistema. Isso também se aplica quando, por exemplo, na terapia sistêmica o objetivo é tratar distúrbios, limitações ou doenças de cada um. E cada um nesse contexto é considerado somente como indivíduo, na medida em que ele, como elemento do sistema, é influenciado pelo seu campo de forças. Por conseguinte, a psicoterapia sistêmica fala do *portador de sintoma*, para insinuar que a problemática que se exacerba em um determinado indivíduo não é necessariamente seu sintoma próprio e isolado. Ao contrário, aqui possivelmente se manifesta um distúrbio que tem sua origem em uma interferência em processos no sistema inteiro.

Um exemplo

Os pais levam um menino de onze anos para a terapia, pois apresenta problemas escolares sérios devido ao comportamento agressivo contra colegas e professores. Mesmo em casa não há chance de interação que não termine em brigas e conflitos graves. Quando finalmente o rapaz foi flagrado arrombando um carro, os pais optaram pela terapia.

Após algumas sessões, a terapeuta conseguiu estabilizar o menino a ponto de ele poder estabelecer uma relação com os pais sem atritos e depois de algum tempo até mesmo a agressividade não se manifestou mais. No final da terapia o rapaz pareceu acessível, alegre e extrovertido – para a grande alegria de seus pais, professores e colegas.

Três meses depois, os pais procuram novamente a terapeuta: a irmã mais velha, de 14 anos, manifesta distúrbios alimentares dramáticos. Era anteriormente uma menina alegre e "criança exemplar" da família, mas de repente recusa-se a comer normalmente, perdeu peso e está desenvolvendo uma anorexia.

Nesse exemplo temos uma "migração do sintoma". Mesmo que o sintoma em si seja diferente (agressão/anorexia) e que este se manifeste em diferentes protagonistas, podemos concluir que há uma interferência no sistema como um todo, que se manifesta no indivíduo, mas não tem neste a sua origem. Uma análise mais detalhada evidenciou que o pai pretendia deixar a família. Os sintomas das crianças só podem ser compreendidos como uma reação, quando focalizamos o sistema como um todo.

Obviamente nem todos os distúrbios têm origens sistêmicas. E também nem toda intervenção precisa tematizar o sistema como pano de fundo para o indivíduo. No entanto, os terapeutas com orientação sistêmica apresentam um forte argumento a favor da inserção de cada um no contexto de seus sistemas de interação: toda a nossa socialização e toda a nossa comunicação são realizadas em contexto com outros. Um isolamento total que justificasse isolar o núcleo da participação individual, só seria possível em condições de laboratório no âmbito de uma experiência como Kaspar Hauser – ou seja, jamais ocorrerá na realidade.

Como a comunicação sempre estabelece uma relação recíproca, a disposição, os esquemas de comunicação e o comportamento do indivíduo sempre poderão ser vistos como reflexo do ambiente comunicativo de cada um. Isso significa que cada ação, cada sintoma, cada comportamento pode, ao mesmo tempo, ser visto como eco de uma ação anterior ocorrida no respectivo sistema de comunicação no qual o indivíduo está inserido. No exemplo mencionado anteriormente, os sintomas das crianças (agressão/anorexia) eram atitudes destrutivas para o indivíduo, mas representavam, no sistema familiar, reações (positivas) aos sinais emitidos consciente e inconscientemente pelo pai, de que pretendia se separar da esposa. Como em todos os sistemas, cujos elementos interagem mutuamente, a inclusão do indivíduo em seu sistema inverte a seqüência de causa e efeito ou, no mínimo, impossibilita uma atribuição inequívoca.

Na perspectiva sistêmica tampouco falamos de atores ou agentes isolados no sistema. Uma vez que o sistema consiste da interação de seus elementos, então, o sistema não consiste mais de pessoas individuais, que podem ser somadas. Ao contrário, a realidade do sistema está vinculada à geração de propriedades sistêmicas e as propriedades sistêmicas são sempre produto de um sistema existente.

Ou podemos dizer ainda: a identidade do sistema é gerada pelo fato de que os elementos produzem o sistema, e os elementos existem somente pelo fato de que a realidade sistêmica os gera como seus elementos. Esses elementos não existem fora do sistema e, sem a interação dos elementos, o sistema deixa de existir.

Constelações

Se a "base de operações" dos princípios sistêmicos é o sistema, questiona-se então como o sistema pode ser incluído nessa operação. Sistemas relevantes para o problema podem ter aspectos diversos: associações, empresas, sociedades, círculos de amigos, pacientes, classes de escola etc., e na maioria dos casos não existe a possibilidade de tornar o respectivo sistema objeto direto da intervenção.

A terapia sistêmica, portanto, desenvolveu desde o início procedimentos que permitem que o sistema como um todo, ou ao menos as partes relevantes para a solução, sejam incluídos na terapia. O método mais amplamente conhecido é a denominada escultura familiar, desenvolvida no trabalho conjunto de Bunny e Fred Duhl com David Kantor no *Ackermann Institute* em Nova York no início da década de 1950. O trabalho escultural, todavia, deve a sua divulgação a Virginia Satir, que, como membro do grupo Palo-Alto em torno de Gregory Bateson, possuía uma base teórica decididamente sistêmico-cibernética.

Jakob Moreno: Psicodrama

As raízes do trabalho escultural, por sua vez, encontram-se no denominado psicodrama, desenvolvido no início da década de 1930 por Jakob Moreno, terapeuta que emigrou de Viena para os Estados Unidos em 1925. Na verdade, o princípio de Moreno foi inicialmente uma reação crítica à psicanálise, método de psicoterapia dominante na época. Considerando a terapia muito concentrada no passado e na linguagem, Moreno respondeu com uma nova concepção terapêutica, incorporando a sua paixão pessoal pelo teatro em uma técnica que manifestava todo o repertório da vivência própria e do mundo do cliente em uma interpretação. Num palco equipado com acessórios, o psicodrama permite que os pensamentos, os desejos, as esperanças, os objetivos e os temores, mas também os parceiros relevantes da interação (cônjuges, pais, filhos, colegas, amigos etc.), tornem-se realidade numa encenação. Assim podem ser apresentadas cenas que permitem um acesso ao emaranhado de relacionamentos do cliente em fatos visíveis, perceptíveis e experimentáveis. Aqui o palco como local da apresentação proporciona ainda a possibilidade de testar alternativas para os padrões de comportamentos mostrados até o momento. Um dos objetivos principais do psicodrama é, portanto, testar e conhecer possibilidades não aplicadas e experimentar, por meio da troca de papéis, outras perspectivas, obtendo-se uma outra vivência e outra realidade interior.

Virginia Satir: Escultura familiar

Enquanto o psicodrama pode ser considerado uma combinação entre trabalho em grupo e encenação teatral, a escultura familiar na forma aplicada por Virginia Satir representa praticamente uma abstração da estratégia realista da imitação do cenário psicodramático. Em vez de um detalhamento minucioso, temos aqui a ênfase nas estruturas que formam o vínculo entre os membros da família ou do sistema. Isso significa que já não são trabalhadas situações concretas e fatos reais, mas enfatiza-se o esquema no qual elas se baseiam. Este, como perfil de identidade do sistema, forma a base para comportamentos recidivos – tanto do indivíduo como do sistema. O objetivo da escultura familiar foi evidenciar modelos de relacionamentos (negativos), abrindo, com a conscientização para essas estruturas, novas perspectivas de crescimento e de desenvolvimento para o sistema.

Antes do trabalho de esculturas propriamente dito havia, portanto, a denominada reconstrução familiar, na qual em um workshop de às vezes vários dias deveria ser trabalhada a história da família em todas as suas facetas, em todos os planos e utilizando-se todas as relações afetivas e de parentesco em diversas gerações. Somente após o término dessa conscientização da família em busca de objetividade e complexidade, os membros da família poderiam representar a sua realidade interna do sistema nos papéis da escultura familiar. O conceito adotado de "escultura" já fornece algum indício sobre o tema central desse método: o comportamento de expressão das pessoas que participam da escultura deverá ser muito próximo aos gestos e mímica típicos das pessoas representadas, o que muitas vezes gera uma imagem que lembra uma escultura.

Todavia, dessa forma foi possível representar em gestos e mímicas aquilo que até o momento estava oculto na imaginação do indivíduo como imagem interna; por meio de gestos, posições ou relações de distância os participantes podiam experimentar as percepções dos demais membros do sistema. E algo que se evidenciou especialmente na reprodução da mímica e dos gestos do estereótipo dos participantes é que os representantes têm sensações semelhantes aos representados. Virginia Satir chegou à conclusão de que as pessoas tendem a experimentar sentimentos semelhantes quando assumem posturas semelhantes.

Foi esse fato que no início da década de 1960 ocasionou o trabalho com representantes em vez de utilizar os membros da família propriamente ditos: tornou-se evidente que a mesma expressão gera os mesmos sentimentos, então, nas sessões não havia mais necessidade de todos os membros da família estarem presentes para se representarem (mutuamente). Os papéis, relacionamentos e emaranhamentos de emoções também podiam ser evidenciados com representantes que reproduziam a realidade do sistema sob a orientação do cliente e do terapeuta.

Bert Hellinger: Constelação sistêmica

Comparado ao trabalho de Virginia Satir, e especialmente ao de Jakob Moreno, o método de Bert Hellinger pode ser considerado uma segunda redução, ou uma densificação, em dois aspectos: em primeiro lugar, Hellinger exclui a história do sistema, com exceção de alguns dados essenciais (nascimento, morte, casamento, divórcio e afins; isso é detalhado no capítulo 5). Aqui, em vez de uma quantidade ampla de informações, temos uma limitação em poucos dados, cuja relevância decorre do contexto com as dinâmicas básicas encontradas por Hellinger (sobre as dinâmicas básicas e propriedades do sistema ver capítulo 1, mais detalhes no capítulo 5). Na elaboração da constelação sistêmica, Hellinger não utiliza nem interpretações subjetivas nem situações emocionais ou estados de qualquer natureza. Hellinger limita a sua informação a meros fatos, a eventos objetivos, que permitem conclusões sobre quais conseqüências possam ter ocorrido no sistema em relação às dinâmicas principais.

Em segundo lugar Hellinger elimina de sua constelação quaisquer elementos de encenação que podem ser identificados. Não há gestos e mímicas, nem são encenados fatos reais. O foco está exclusivamente na percepção emocional das pessoas consteladas na forma como esta se evidencia dentro da constelação, ou seja, em sua posição na constelação.

Isso é um aspecto muito importante, pois Hellinger trabalha exclusivamente com representantes, mesmo para o cliente. Ele trabalha somente com o cliente que constela e um grupo de representantes que, na melhor das hipóteses, não possuem informação alguma sobre o sistema que está sendo constelado. A idéia básica é fundamentada, analogamente às experiências de Virginia Satir, na suposição de que a realidade da experiência gerada na constelação corresponde à realidade do sistema no qual se baseia a constelação: quem na constelação tem a sensação de estar excluído, tem essa sensação porque foi posicionado assim segundo a imagem interior do cliente, ou seja, porque o cliente mesmo percebe a pessoa, para qual ele colocou um representante, como sendo uma pessoa excluída.

O objetivo de uma constelação também pode ser visto em dois planos: por um lado, a constelação deverá trazer à tona a realidade do sistema, como ele se mostra na percepção do cliente: quando o cliente exterioriza a sua percepção interna colocando-se na posição do observador, os representantes, como ferramentas imparciais, refletem os padrões de relações, as necessidades, as emoções, características existentes no sistema do cliente. Uma vez posicionado pelo cliente, o sistema fica livre para acompanhar em si mesmo as dinâmicas sistêmicas que resultam da respectiva constelação. Nesse aspecto o foco é proporcionar ao cliente uma percepção distanciada de seu próprio sistema, sem que esta sofra interferência de distorções introspectivas, mas que lhe seja apresentada externamente.

O segundo objetivo, mais avançado, é a denominada imagem de solução. Essa é a imagem final da constelação na qual, na situação ideal, todas as partes estão bem, ou na qual todos estão ao menos melhor do que antes. Para alcançar essas constelações finais são necessárias intervenções por parte do constelador/terapeuta, que ainda serão explicadas mais detalhadamente; ele interfere na imagem colocada pelo cliente, altera-a, dentro de determinados parâmetros, até que o sistema chegue à melhor constelação. Somente depois de concluído esse processo o cliente assume seu novo lugar no sistema alterado, para incorporar na mudança, até aquele momento observada externamente, a experiência emocional-cognitiva da nova realidade do sistema.

Consultoria organizacional sistêmico-dinâmica

A consultoria organizacional sistêmico-dinâmica aplica a metodologia do trabalho de Hellinger, ou seja, utiliza como principal ferramenta a constelação sistêmica, como ele a elaborou para as famílias.

Com isso, a consultoria organizacional sistêmico-dinâmica também parte do pressuposto de que a constelação do sistema colocada pelo cliente reflete a imagem interna do cliente, a imagem que ele tem do rol de relacionamentos, ordens, hierarquia, dependências e comunicação de sua organização. Analogamente a Hellinger, a consultoria organizacional sistêmico-dinâmica também se limita a levantar alguns poucos dados: são questionados exclusivamente os elementos e as relações, isto é, somente os membros do sistema e suas relações entre si, assim como os respectivos eventos relevantes ao sistema (rescisões, novas contratações, reorganizações dentro da empresa, fusões etc.) são utilizados como informações.

Feito isso, são posicionados os representantes para os respectivos membros do sistema, analogamente ao procedimento de Hellinger, sendo que na consultoria organizacional sistêmico-dinâmica há a particularidade de que os representantes podem também representar coletivos. Isso significa que um representante pode representar um grupo inteiro, por exemplo, os clientes, o grupo de funcionários e outros. Além disso, ainda são representados fatores não pessoais, tais como as metas da empresa, imóveis etc.

Em analogia ao trabalho de Hellinger, aplica-se para o procedimento técnico da consultoria organizacional sistêmico-dinâmica o seguinte:

- A consultoria organizacional sistêmico-dinâmica trabalha principalmente com o instrumento da constelação organizacional ou com a constelação organizacional.
- A constelação organizacional aplica a metodologia da constelação familiar para sistemas empresariais e organizacionais.
- A perspectiva da consultoria organizacional sistêmico-dinâmica refere-se absolutamente ao presente. São evidenciadas as constelações que correspondem à imagem atual interna que o cliente tem de sua organização.
- A consultoria organizacional sistêmico-dinâmica não procura a busca causal-analítica de possíveis motivos para o problema.
- A constelação organizacional não trabalha com os membros do sistema, mas com representantes. Os representantes agem como ferramentas imparciais que refletem os padrões de interação do sistema que recebe a consultoria.
- As percepções dos representantes refletem a realidade sistêmica para o sistema que recebe a consultoria, na forma em que esta se manifesta na percepção.
- O objetivo da constelação organizacional é a) trazer à luz a realidade do sistema, como esta se mostra na percepção do cliente.
- O objetivo da constelação organizacional é b) proporcionar ao cliente uma percepção distanciada de seu sistema. No desenvolvimento da constelação inicialmente colocada por ele resultam as dinâmicas do sistema como informação relevante, sendo estas visíveis externamente.
- Outro objetivo da constelação organizacional é c) alterar a constelação existente de tal forma que todos os participantes obtenham uma posição confortável. Essa constelação denominada de imagem de solução fica, todavia, em segundo plano quando se trabalha com constelações. A consultoria organizacional sistêmico-dinâmica vê seu objetivo principal nos itens a) e b), procurando o levantamento de informações. Destas informações dependem as decisões sobre as medidas, tais como treinamento, *coaching*, alterações da estrutura empresarial com as quais o trabalho poderá prosseguir.
- Mesmo dentro da consultoria organizacional sistêmico-dinâmica, o cliente pode, ao final, tomar o seu próprio lugar na constelação para desenvolver uma representação mais clara da transformação ocorrida no sistema.

3. Âmbito da Consultoria

Diferentes situações-problema

Nem todo problema possui uma causa de origem sistêmica. Mas podemos também afirmar o contrário: nem todo problema tem uma causa não-sistêmica. Isso, à primeira vista, pode parecer trivial e nem sequer digno de menção, mas, na verdade, é mais do que uma mera conclusão lógica. No contexto de *consulting* e consultoria empresarial essa afirmação é muitas vezes um fato completamente desconhecido. Por isso gostaríamos de enfatizar aqui: há problemas e interferências operacionais, cujas causas são baseadas em um problema sistêmico da empresa como sistema.

Para consultores empresariais e treinadores isso significa que precisamos ampliar o esquema de classificação utilizado até o momento, acrescentando aos ambientes de problemas em geral focalizados mais um nível de classificação que seria a base sistêmica. Para uma primeira classificação de problemas internos da empresa temos, portanto, um esquema das quatro categorias, segundo as quais os problemas podem ser distinguidos no que se refere a sua raiz original:

- Problemas individuais,
- Falhas de educação e qualificação,
- Problemas administrativos e organizacionais,
- Conflitos sistêmicos.

Obviamente, há também outros sistemas nas empresas, que não podem ser classificados no presente esquema de quatro itens. No entanto, esta lista provou proporcionar um valioso instrumento que permite ao consultor e ao treinador a obtenção de alguns indícios sobre possíveis soluções e medidas ainda em um estágio muito precoce. Como os consultores e treinadores muitas vezes se vêem diante da situação de precisar produzir sugestões e perspectivas imediatas para possíveis soluções e medidas necessárias após uma breve introdução do cliente, a lista dos quatro aspectos provou ser útil em fornecer as primeiras sugestões construtivas. Além disso, os problemas que vão além – por exemplo, em relação a marketing, relações públicas, tecnologias etc. –, via de regra são tratados no contexto temático por peritos qualificados para cada assunto.

Na classificação aqui sugerida, dois aspectos deverão ser sempre considerados: em primeiro lugar, os problemas muitas vezes são recíprocos e não se evidenciam nitidamente como em um catálogo: isso significa que mesmo um único problema, que em sua expressão parece claramente limitado, pode sempre se compor de diversos contextos de problemas. Um catálogo de medidas adequado deverá, via de regra, considerar que os problemas com os quais lidamos normalmente se apresentam como intersecção de várias áreas. Para alcançar a clareza necessária, a consultoria organizacional sistêmica pode sempre fazer uso da constelação como instrumento auxiliar de diagnóstico, cuja aplicação se mostrou cada vez mais necessária para uma aquisição rápida e indispensável de informações na prática. Em relação à qualidade das informações, assim como o tempo e a energia economizados com a constelação – tanto a do treinador como a do cliente – a técnica é bem superior à entrevista.

A segunda conseqüência vinculada ao esquema de classificação que sugerimos refere-se ao desenvolvimento de uma consultoria e de um treinamento adequado à respectiva situação-problema. Grosso modo e tendo sempre em mente a estrutura de intersecção dos contextos de problemas mencionada acima, podemos dizer: cada contexto de problema exige uma resposta própria, cada categoria de problema exige um catálogo de medidas personalizado.

- Na área de problemas individuais teríamos
  - *coaching* individual de um ou mais membros com auxílio de técnicas orientadas para os recursos.
- Na área de déficits de formação e qualificação seria a qualificação de colaboradores e gerentes
  - no contexto profissional,
  - no âmbito de um treinamento de gestão,
  - no âmbito de um treinamento da personalidade.
- Na área de consultoria administrativa as medidas poderiam ser
  - círculos de qualidade,
  - terceirização,
  - desenvolvimento organizacional,
  - reorganização,
  - compra e venda de empresas (participações)
  - etc.
- Na área de problemas sistêmicos, as medidas adequadas se mostram como
  - consultoria organizacional sistêmico-dinâmica,
  - consultoria sistêmica de alguns membros.

O Problema por trás do problema

Havíamos dito que há situações-problema de origem sistêmica e não-sistêmica em organizações que necessitam respectivamente de uma forma de intervenção personalizada. Isso implica automaticamente a questão: como é que podemos distinguir entre questões sistêmicas e não-sistêmicas? Se a experiência mostra que é eficiente a classificação dos problemas empresariais em diferentes categorias, então seria de imprescindível necessidade para o treinador ou consultor a posse de critérios que permitissem desde cedo reconhecer se um problema possui uma origem sistêmica ou não.

Em geral, partimos do princípio de que os problemas meramente administrativos e de qualificação podem, via de regra, ser facilmente identificados como tais. E, portanto, não parece problemático concluir déficits individuais a partir de suas causas principais, que dizem respeito a um indivíduo. Todavia, essa segurança também é enganosa, visto que na perspectiva sistêmica podemos falar da causa por trás das causas. Com isso, queremos dizer que um problema, qualquer que seja a sua natureza, pode muitas vezes ser rapidamente classificado e tratado como problema de origem não-sistêmica, mas que o nível de problema que se manifestou expressa somente um conflito sistêmico que o embasa. Ou seja: o simples fato de haver problemas individuais, de qualificação ou administrativos pode eventualmente ser um indício para uma interferência sistêmica, tanto relacionada ao sistema empresarial como sistema total ou relacionada a um determinado membro da organização.

Indícios para um acesso

Perspectiva externa

Devido a estes últimos motivos mencionados, é absolutamente importante que tenhamos critérios que permitam a diferenciação, já em um estágio inicial, se devemos supor uma questão sistêmica como causa verdadeira por trás do problema, como quer que ele se apresente.

Na terapia sistêmica de Hellinger há alguns critérios muito claros para tal, os denominados indícios para o acesso (ver capítulo 3 na terceira parte, p. 242) que permitem determinar se o problema é sistêmico ou não. No contexto de empresas e organizações isso não é tão claro assim. O motivo para tal é simplesmente o fato de haver muito menos experiências empíricas nessa área do que na área terapêutica.

Mesmo assim elaboramos, a partir das nossas experiências, alguns indícios que se manifestam como um padrão constante, sempre que houver um conflito sistêmico. Um dos caminhos sem dúvida mais seguros para decidir sobre a existência de causas sistêmicas ou não-sistêmicas provou ser um método que apresenta um índice de acertos de quase cem por cento. Podemos resumi-lo sob a seguinte diretriz praticável para consultores e treinadores: faça o seu treinamento como de costume. Retorne depois de meio ano. Se o treinamento funcionou, o problema não foi sistêmico. Se não funcionou, certamente o cliente não vai mais continuar a consultoria com você!

Esse procedimento é, portanto, realmente seguro – até seguro demais para a sobrevivência da maioria dos escritórios de consultoria. Por isso é realmente importante procurar ainda outros critérios adicionais, que permitem um acesso fácil para identificar qual tipo de problema estamos enfrentando. No entanto, o conselho dado há pouco – que obviamente não deve ser seguido – já nos fornece um indício importante, da direção em que podemos encontrar uma resposta bastante in_segura.

Um exemplo
Uma empresa de médio porte que fornece peças para a indústria elétrica contrata um treinador, visto que enfrenta constantes problemas nas áreas de desenvolvimento e vendas. As informações não são encaminhadas de forma adequada, os dois departamentos formaram unidades rígidas, quase herméticas, e os respectivos membros não perdem uma oportunidade para atribuir culpa ao outro departamento. Há um espírito de união dentro dos departamentos que impede uma colaboração eficiente e obriga constantemente os demais departamentos e colaboradores a tomarem partido.

O proprietário e o diretor da empresa apresentam o problema ao consultor como sendo específico dos dois departamentos, e ele gostaria de eliminá-lo no âmbito de uma medida de desenvolvimento de equipe.

Quando o treinador pergunta se já haviam sido tomadas medidas de desenvolvimento de equipe anteriormente, o diretor informa que já haviam sido iniciadas uma série destas medidas, mas que no seu conceito todas fracassaram devido à incapacidade dos consultores e treinadores contratados. Depois o consultor pergunta se o diretor realmente acredita que todos os antecessores haviam sido incapazes e se ele pensa realmente em aplicar mais uma vez o mesmo método, mesmo que este no passado tenha se mostrado pouco produtivo, o diretor responde resignada e laconicamente "Alguma hora terá de funciona".

Nesse exemplo vemos exatamente a situação que teremos se seguirmos o meu conselho, não tão sério, acima: se um treinamento padrão funcionou, então o problema não era sistêmico – se não funcionou, irão procurar outro treinador! Se, portanto, já houve uma série de treinamentos semelhantes que não produziu efeitos, então a diretoria está seguindo o seguinte lema: Mais do mesmo! Isso significa: não se tenta mais encontrar caminhos alternativos para uma solução, mas o caminho uma vez adotado é seguido repetidas vezes, sempre sem sucesso.

Esse padrão de repetições pode ser uma primeira dica de que os problemas fundamentais não são necessariamente os mencionados problemas de comunicação entre os respectivos departamentos. Esse problema – e agora já teríamos uma perspectiva sistêmica – pode até ser expressão de um complexo de problemas relacionado ao sistema empresarial como um todo. Podemos afirmar que uma alta taxa de repetições de treinamentos específicos fracassados ou de curto sucesso é um indício de que a causa principal não está nos assuntos tratados no treinamento. Uma alta taxa de recaídas deveria, portanto, ser um alerta como um primeiro indício de acesso.

Outro fato importante no caso aqui descrito é que a diretoria da empresa está sempre disposta a investir muito dinheiro em treinamentos aparentemente pouco frutíferos. Para um empresário, todavia, a questão da eficiência e a análise de custo-benefício, que nesse caso seria negativa, deveriam ser aspectos essenciais. Por que então – seria a pergunta lógica – realizar mais um treinamento, contratar outro treinador se de acordo com o que já foi dito, já parece óbvio que ele também não será o último?

Uma possível resposta, que, no entanto, segundo os conhecimentos atuais, não podemos dar, poderia ser que a diretoria da empresa tenta desse modo delegar ao consultor as suas próprias tarefas: se a diretoria da empresa tenta consciente ou inconscientemente delegar as próprias atribuições a terceiros e transferindo-lhes a responsabilidade por tarefas que ela própria deveria realizar, isso seria, para o treinador, um indício importante de um conflito sistêmico em duplo sentido. Em primeiro lugar, a gerência da empresa aparentemente não cumpre a tarefa atribuída, ou seja, ela não assume o seu lugar competente dentro da empresa; tarefas delegadas sem legitimidade são um indício para uma vaga funcional e para um problema sistêmico dentro da empresa. A tarefa atribuída ao treinador nas entrelinhas segue, portanto, o padrão: resolva você o meu trabalho!

E, em segundo lugar, a transferência ilegítima de responsabilidade insere o consultor ou treinador de tal forma no sistema, que ele perde a sua posição externa: o treinador que assume tarefas e atribuições que na verdade são atribuições da gerência empresarial torna-se cúmplice, ajudante da gerência, tornando-se, com isso, parte do sistema problemático. Como tal, ele não possui mais a isenção necessária que deveria manter diante do sistema. Aqui poderá ocorrer uma incorporação do terceiro que segue o padrão: veja as coisas como eu, compartilhe a minha ilusão!

Grosso modo, a exigência implícita para o treinador no padrão "compartilhe a minha ilusão" cumpre para a diretoria da empresa a função de uma estratégia subversiva, muitas vezes inconsciente, para garantir a manutenção do *status quo* dentro da empresa. No presente exemplo isso significa: todos nós estamos muito empenhados, gastando dinheiro com treinamentos caros, o que mais podemos fazer? E por parte da diretoria os gastos financeiros necessários são muitas vezes considerados o máximo que pode ser feito para alcançar uma melhoria: aqui estamos em paz conosco mesmos, e na avaliação subjetiva da situação as obrigações são de fato cuidadosa e amplamente cumpridas.

E de fato, esse talvez seja o caso – mas não necessariamente. Certamente há problemas que se limitam exclusivamente a um conflito nos planos hierárquicos inferiores. Mesmo interferências sistêmicas podem ocorrer de tal forma que uma intervenção sistêmico-dinâmica nesse nível pode ser suficiente para eliminá-los. No entanto, o consultor deverá prestar muita atenção, na primeira entrevista, à forma como o problema e a solução programada são delineados por parte da diretoria. Se houver a impressão de que a empresa estaria tentando delegar as suas próprias tarefas e atribuições ao treinador, então isso já precisa obrigatoriamente ser considerado um indício para um possível problema sistêmico, que deverá ser verificado em outras conversas nos respectivos departamentos.

Um indício importante de que o consultor estaria recebendo essa atribuição pode ainda ser constatado na tarefa implícita: Cuide você de meus negócios e deixe-me em paz! Como já disse, pode de fato haver problemas que são problemas internos de departamentos, e que podem ser resolvidos no local, ou seja, nesse subsistema. No entanto, o conceito de "subsistema" propriamente dito já implica que esse necessariamente está inserido no sistema total e que modificações de comportamento no subsistema sempre trazem conseqüências para o sistema como um todo – e vice-versa. Portanto, uma contratação com a solicitação implícita "resolva você as minhas atribuições e deixe-me de fora", via de regra é um indício de que a união elementar do sistema na colaboração funcional de todos os seus componentes não foi realizada na medida necessária.

Essa forma de conflito sistêmico evidencia-se explicitamente quando o consultor é contratado por alguém em um nível secundário, que não possui competência de decisão: se os importantes portadores de decisões não participarem desde a fase de sondagens, fazendo uso de instâncias de intermediação não competentes, podemos detectar aqui um indício importante para conflitos de origem sistêmica na empresa. Isso é bastante revelador, uma vez que o fato de as primeiras entrevistas serem realizadas por pessoas que, segundo o seu cargo, não possuem competência para tal, coloca em vista uma série de motivos diferentes, os quais todos apontam para uma origem sistêmica.

Os possíveis conflitos sistêmicos poderiam consistir no fato de que a diretoria: a) não ocupa a sua posição no sistema; ela b) não quer enxergar o problema; c) um elemento subalterno do sistema se apodera de uma posição e de uma função que não lhe competem; ou d) uma parte da empresa é colocada ativa e indevidamente nesse papel/nessa função, o que e) pode gerar confusão, rejeição, protesto nos outros, especialmente em partes da empresa no mesmo nível de hierarquia. Se ao final de tal diálogo ficar evidente ainda que a consulta foi realizada completamente sem o conhecimento da diretoria, então o consultor já pode constatar um grave problema sistêmico, no qual ele ficará completamente emaranhado se o cliente se despedir como cúmplice com as palavras "agora só precisamos convencer o chefe!".

Com isso nós já temos outros indícios que levam à conclusão de que possa haver conflitos sistêmicos: quaisquer propostas de cumplicidade e coalizão. Se o consultor receber aberta ou veladamente a proposta de se solidarizar com o contratante ou cliente contra outras partes ou membros da empresa, isso pode ser visto como um convite para potencializar os problemas internos, estendendo-os além dos limites empresariais. Se o consultor aceitar essas propostas, ele perderá imediatamente a sua posição diferenciada, necessária em relação ao sistema; ele torna-se parte do problema, uma vez que complementa a constelação problemática da empresa acrescentando mais um elemento – a sua própria pessoa.

Essas propostas de cumplicidade e coalizão não são, via de regra, articuladas abertamente, mas são trazidas ao consultor de forma oculta e sutil: um sorriso de cumplicidade ao criticar uma pessoa/grupo às vezes já diz tudo. Se ele for correspondido pelo treinador da mesma forma, a coalizão é firmada tacitamente e o treinador já não tem mais a possibilidade de trazer à luz a dinâmica do sistema. Aqui, portanto, o importante é ser absolutamente aberto e atento para não colocar em risco a própria diferença em relação ao sistema.

Uma posição diferenciada é uma condição básica necessária e fundamental para que se possa trabalhar de forma sistêmica. Portanto, a manutenção dessa posição é de suma importância. Todavia, justo essa imparcialidade como uma forma distanciada de objetividade corre o maior risco em problemas sistêmicos. Se considerarmos somente os indícios de acesso até o momento resumidos, podemos concluir que os sistemas têm a tendência de se "apossar" de consultores externos. E isso de forma alguma acontece de má-fé. É, pelo contrário, fundamentado em uma lógica material, uma vez que sistemas possuem a tendência de assumir a posição mais estável possível, que lhes garanta uma atuação livre de interferências. Assim, as constelações problemáticas e os conflitos internos duradouros poderão também exercer essa função de estabilização, uma vez que eles mesmos representam (até o momento) a melhor resposta para a estrutura de sistema existente (até o momento).

Sob esse ponto de vista, qualquer tentativa externa de interferir na estrutura interna deverá ser considerada uma ameaça para o sistema, uma vez que o equilíbrio existente será ameaçado de destruição. Em conseqüência, os sistemas tendem a assimilar as forças perturbadoras, ou seja, tentam evitar a mudança interna previsível alterando ou incorporando, por sua vez, os fatores de mudança em seu ambiente.

Por isso, a principal condição para qualquer tipo de consultoria sistêmica é resistir às propostas sedutoras e não subestimáveis de "entrar no mesmo barco". Importante para isso é um senso de distinção e observação bastante apurado do consultor em resistir já desde o início a quaisquer tendências de incorporação.

No entanto, a observação exata e atenta do respectivo sistema, assim como a sua forma de comunicação, descrevem somente uma face da atenção sensorial necessária. Isso já ficou claro no título do parágrafo, quando mencionamos primeiramente a perspectiva externa. A essa corresponde por sua vez a perspectiva interna, a qual pretendemos analisar agora.

Perspectiva interna

Para o consultor, o problema central em manter o seu distanciamento necessário do sistema consiste no fato de que o plano, no qual ele tem o primeiro contato com o sistema, é o plano do discurso racional. Isso significa que ele cria uma imagem das tarefas que tem pela frente, assim como das possíveis causas dos problemas com base nas informações fornecidas durante a entrevista. Visto que o consultor tem, em geral, o seu primeiro contato com o contratante, ele inicialmente é confrontado com a situação, como esta se apresenta a partir da perspectiva deste. Então, no decorrer do trabalho, a primeira imagem é complementada por todos os outros dados e perspectivas que são levantados ao aprofundar o contato com as demais partes da empresa. Por isso, aqui poderemos ter a impressão de que a observação detalhada e intensiva de todas as partes da organização poderia proporcionar uma imagem equilibrada e abrangente, a qual mesmo não sendo idêntica à realidade do sistema, poderá, no mínimo, ser uma aproximação livre de sintomas.

No entanto, é necessário considerarmos: conversas e contatos de informação podem sempre seguir direções múltiplas. Já falamos aqui sobre propostas de diálogos abertas e ocultas, explícitas e implícitas, e como nesse momento estamos falando dos indícios de acesso, é importante observar especialmente a diferenciação funcional e a multiplicidade de conversas.

O que queremos dizer aqui não se refere tanto à distinção geral conhecida entre a outorgação de informações digital e analógica na comunicação, ou seja, às expressões verbais e não-verbais que juntas proporcionam o total de informações que podem ser levantadas. Nosso destaque no momento é a distinção entre o que é dito na entrevista e aquilo que é provocado com a entrevista. Ou ainda: o que foi dito no plano superficial com palavras e o que está sendo expresso com isso; o que aquilo que foi dito quer realmente dizer?

Esses dois planos não são obrigatoriamente idênticos, vemos isso quando nos lembramos das tentativas representadas no capítulo anterior, nas quais a diretoria de uma empresa pretende colocar o consultor em uma coalizão com a própria posição: o que foi dito em um plano superficial possivelmente focaliza especialmente as acusações a uma determinada parte da empresa, um departamento ou uma pessoa, que demonstram um determinado comportamento disfuncional. Aqui tudo indica que a diretoria da empresa está interessada em um acesso rápido às causas, no seu conceito, responsáveis. Mas o verdadeiro objetivo, ou ao menos um objetivo adicional, é o de integrar o consultor em sua própria perspectiva e transformá-lo em uma parte do sistema.

O problema para o consultor consiste, portanto, no fato de que a análise do chefe parece bastante racional e lógica; tudo que ele diz faz sentido, justifica amplamente a sua avaliação da situação e deixa o seu ponto de vista parecer absolutamente justificável e aceitável. É claro que o consultor, nesse momento, já sabe que terá a mesma impressão se falar com a outra parte, todavia, isso

parece secundário nesse contexto. O foco mesmo é outro: o aspecto relevante para o consultor, ao determinar possíveis indícios de acesso nessa situação, não é se a situação relatada pela diretoria é certa ou errada; a questão muito mais importante refere-se ao fato de quais estruturas de relacionamentos são produzidas, permitidas e abertas entre o sistema e o consultor com o fato de o contratante falar exatamente o que está falando. A pergunta predominante, portanto, não seria: o que está sendo dito aqui é certo ou errado? Seria ao contrário: afinal, o que é que está mesmo acontecendo no momento?

Agora poderíamos dizer que para responder a essa pergunta a atenção do observador deverá ser completamente voltada para fora: somente o olhar atento do consultor e a percepção forte dos sinais analógicos e digitais de outra parte proporcionarão uma resposta aqui. Mas isso só ocorre em partes, e não foi por acaso que demos a esse capítulo o título de *Perspectiva Interna*. O que acontece naquele momento não se resume à enumeração de todas as informações que o contratante comunica. Com essas podemos determinar somente algo que nos permite um primeiro acesso ao sistema e ao problema, por meio de sua visão dos fatos.

A resposta para as questões aqui colocadas, no entanto, não se refere à empresa, ou seja, ao sistema observado isoladamente, mas abrange todo o sistema e o consultor como uma nova grandeza sistêmica. A pergunta "O que afinal está acontecendo?" inclui, portanto, sempre também o complemento: O que está acontecendo comigo quando estou diante deste sistema? Com isso, a pergunta coloca o foco de sua atenção de forma centralizada no treinador e consultor que entra em contato com o novo sistema, sendo que ambos formam o novo sistema "treinador/empresa".

Aqui é importante observar e ouvir com atenção, para compreender em tempo qual é a solicitação principal colocada ao treinador e consultor. Se aqui tivermos a impressão de que a situação realmente exige do treinador aquilo que for mencionado verbalmente e na argumentação, então tudo está em ordem, ou mesmo, o problema na verdade nem é levantado. Uma característica de sistemas que têm a tendência de tentar se apoderar do observador externo consiste no fato de que a pergunta "O que está acontecendo no momento?" só é levantada pelo consultor quando a sua posição externa já está em risco.

Para adiantar: como partimos do princípio de que o consultor ou treinador possui um leque suficientemente grande de opções de ação e flexibilidade suficiente, o mero levantamento da pergunta "O que está acontecendo aqui?" pode ser considerado um indício para um problema sistêmico do sistema analisado. Ou ainda: em uma linguagem mais coloquial, a dica mais segura para um problema sistêmico é o fato de que o consultor no momento não sabe responder à pergunta. Assim que a questão for levantada em sua urgência, isso já será um indício de que não se sabe realmente o que está acontecendo. E obviamente é essa confusão e a desorientação que levanta a dúvida: O que está acontecendo no momento?

O importante é que a origem causal dessa confusão não está na incompetência do treinador ou consultor. Metaforicamente falando, podemos dizer que essa confusão ou irritação nem é a confusão do próprio consultor. Ela somente ocorre quando a nova unidade sistêmica entre consultor e empresa for estabelecida, tornando-se, portanto, uma propriedade sistêmica desse novo sistema. Com isso, as suas raízes sempre alcançam também o sistema empresarial, e às vezes podemos partir do fato de que especialmente na estratégia do sistema, a perda de soberania do observador externo pode ser vista como causa para a irritação que o consultor percebe como confusão. Quando o nível superficial do discurso racional não apresenta nenhum indício de apoderação, mas se ao mesmo tempo for constantemente produzida uma estrutura de relacionamentos que coloca em dúvida ou até mesmo solapa a exterioridade do consultor, então essa forma de dupla comunicação pode ser compreendida como um deslocamento tectônico permanente entre a superfície e o subsolo: duas placas separadas e sem vínculo se deslocam uma ao lado da outra, sem se corresponderem.

Consciente ou inconscientemente, todos sentem esse ruído sob a superfície. Mas mesmo para observadores experientes é sempre surpreendente ver como é fácil ceder à tentação de considerar esse sentimento de irritação como déficit de competência de sua parte.

O problema básico é que os meios diagnósticos usuais, que se orientam prioritariamente em conceitos como fornecimento de informações analógico e digital e a diferenciação de mensagens congruentes e incongruentes, nesse momento não contribuem, ou contribuem somente parcialmente, uma vez que a incongruência aqui intencionada entre o nível superficial e o nível profundo abrange uma incongruência entre o conteúdo e o comportamento de expressão do orador. Ao contrário, a sua ancoragem no sistema pode provocar uma congruência plena entre o que ele disse e o comportamento demonstrado. Mas, ao lado dessa forma de congruência, pode ainda existir simultaneamente uma mensagem dupla incongruente, em relação ao que foi dito ao orador e ao caráter de apelo da mensagem. Uma possível transferência poderia, por exemplo, consistir no fato de que o contratante deseja verbalmente – seriamente e também de forma subjetivamente honesta – uma verdadeira explicação para os problemas da empresa, mas fazendo isso de tal forma que está ao mesmo tempo sugerindo ao treinador que essa explicação representaria um verdadeiro sacrilégio e uma catástrofe para a empresa.

Aqui, portanto, a linguagem e a expressão não se contradizem como características clássicas de uma incongruência. O que está em contradição é de fato a necessidade urgente de clareza e ao mesmo tempo a certeza (às vezes inconsciente) de que essa não poderá ser facilmente integrada na estrutura empresarial existente. Tal mensagem "tanto-quanto" resultará em uma paralisação estranha como uma falta de interesse e uma má vontade do consultor em desenvolver ao menos o princípio de uma possível iniciativa em direção a uma medida que pode trazer uma solução. Pode-se constatar: algo não está certo aqui, ou melhor, como nem se sabe ao certo o que não está correto, a sensação de má vontade pode ser sentida não só claramente como também parece um complexo difuso de pretensão exagerada – não somente não temos solução, mas pior, nem sabemos por que não temos solução!

Por isso, mencionamos no início do capítulo que o discurso racional, no qual o treinador e o contratante estão de acordo, poderá causar dificuldades consideráveis para o treinador. O nosso padrão cultural em atribuir à palavra falada o conteúdo que esta expressa objetivamente, impede muitas vezes nesse contexto a visão desimpedida sobre os próprios sentimentos. Uma vez que esses não são necessariamente estabelecidos verbalmente, já que nessa primeira etapa se manifestam mais em uma sensação difusa do que em um diagnóstico diferenciado, racional-argumentativo, há um grande risco em não se dar a devida atenção a essas sensações ocultas, não completamente conscientes. A estranha sensação de se considerar, de repente, de alguma forma, incompetente para agir, decidir e ter acesso, o desconforto implícito de ter perdido seus critérios e suas estratégias de visão – tudo isso são (se não for um sentimento padrão que acompanha cada nova contratação) indícios de acesso e critérios de decisão importantes, mesmo que não sejam usuais em relação a distúrbios sistêmicos.

Certamente essa forma de observação é pouco usual, uma vez que ela se orienta expressamente no alarme interno do consultor e treinador. Pois disso resulta a exigência estranha nos termos da técnica ocidental de que um fato objetivo pode sim ser constatado por meio de auto-observação introspectiva e subjetiva. Isso certamente é pouco familiar, uma vez que a forma na qual aqui os critérios para uma tomada de decisão são levantados, não provém do campo argumentativo, racional.

Essa forma de sondagem, no entanto, mostra-se mais familiar, quando a prática diária de consultores empresariais produz muitos sentimentos de perturbação e sensações de desconforto; ou seja, a irritação, a sensação de má vontade são provavelmente fenômenos conhecidos para a maioria, ou até mesmo para todos os consultores e treinadores em sua prática do dia-a-dia. O que é novo, e ainda por cima pode proporcionar bastante alívio, é o fato de aplicar essas sensações de forma produtiva como critérios sensório-emocionais importantes e necessários para a tomada de decisões.

Com isso podemos estabelecer os indícios de acesso que se evidenciaram em nossa experiência como indícios relevantes para um problema sistêmico. Formulamos esses indícios propositalmente em forma de perguntas, que deverão formar diretrizes úteis para embasar a entrevista em um primeiro contato com o sistema.

Como indícios centrais da perspectiva externa, consideramos as seguintes questões da observação do sistema:

- Já houve outras tentativas prévias para solucionar o problema? Quais? Quantas?
- A diretoria da empresa planeja outra tentativa semelhante para resolver o problema? A diretoria da empresa age de acordo com o padrão: mais do mesmo!
- Com a contratação foram delegadas responsabilidades ao consultor de forma ilegítima?
  - O consultor deve realizar tarefas que fazem parte das atribuições da diretoria da empresa? Na forma: resolva você os meus problemas!
  - O objetivo do treinamento é excluir a diretoria da empresa do processo de mudanças? Na forma: resolva você os meus problemas e não me amole com isso!
- O sistema, a diretoria, o contratante iniciam tentativas abertas ou ocultas para integrar o consultor na perspectiva do sistema/realidade do sistema? Na forma: compartilhe a minha ilusão?
  - O entrevistado faz jogos nos termos da análise transacional? Por exemplo, o entrevistado reage com a argumentação "sim, mas" a perguntas mais detalhadas?
- O entrevistado se orienta em culpa ou soluções?
- O consultor recebe propostas de coalizão ou cumplicidade abertas ou ocultas?

- Com quem essas coalizões deverão ser estabelecidas?
- Contra quem essas coalizões deverão ser estabelecidas?
- O consultor negocia com os respectivos portadores de cargos e portadores de decisão relevantes do sistema?
- Se o consultor não estiver lidando com os portadores de decisão relevantes do sistema:
  - A diretoria ocupa seu lugar no sistema? Onde ela está?
  - A diretoria não quer enxergar o problema?
  - Um elemento subalterno do sistema está se atribuindo uma posição que não lhe cabe e uma função inadequada?
  - Uma parte subalterna da empresa é empurrada pela diretoria (de forma ativa e não adequada) para essa função/esse papel?
  - Essa conversa poderia gerar confusão, resistência, protesto com os outros, especialmente nas partes empresariais na mesma etapa de hierarquia?
  - Quem foi informado sobre a conversa, quem não foi?
  - A entrevista está sendo realizada com ou sem conhecimento da diretoria?
  - Determinadas partes da empresa ou a diretoria ainda precisam ser "convencidas" sobre a necessidade de consultoria?

Como observações centrais da perspectiva interna são consideradas as seguintes questões da auto-observação:

- Tenho uma sensação de confusão, por exemplo com a pergunta: o que está acontecendo no momento? Algo aqui não está certo.
- Tenho a impressão de ter poucos recursos?
- Tenho uma sensação difusa de falta de interesse e má vontade?
- Sinto-me de repente sem poder de ação, decisão ou acesso? Foi gerada uma sensação estranha de desconforto, de perder meus critérios e minhas estratégias de visão geral?
- Tenho uma sensação de pretensões exageradas?
- Tenho a meta/sensação de nem sequer saber de onde surgem os estranhos desconfortos? Pode-se dizer a seguinte frase: não só não sei mais o que fazer, não só não sei o que acontece, mas pior: nem mesmo sei por que não sei isso?

4. O Campo de Trabalho

A concentricidade múltipla

O campo de atuação da consultoria organizacional sistêmico-dinâmica é o sistema como um todo. Isso, no entanto, ainda não diz muito, enquanto não estiver claro, primeiramente, em quais diferentes níveis serão selecionados os acessos a uma empresa como sistema, e em segundo lugar, até que ponto os respectivos acessos selecionados apresentam conseqüências para o catálogo das respectivas medidas. Um conhecimento importante da teoria de sistema consiste no fato de que a identidade, o tamanho e o âmbito do sistema observado sempre dependem da decisão do observador, onde ele estabelece os limites do sistema em sua observação específica. Ou seja: se observarmos organizações como sistemas, então a primeira decisão consiste em definir o que pode ser considerado como sistema concretamente observado no presente caso. Conforme descrito no capítulo anterior, os diferentes contextos de problemas para problemas internos da organização podem ser diferenciados. Já essa diferenciação implica uma determinada direção de observação, um foco de atenção que decide sobre a pertinência do contexto e também sobre o âmbito e os limites do sistema observado.

O padrão segundo o qual a consultoria organizacional sistêmico-dinâmica procede é de círculos concêntricos múltiplos. Isso significa primeiramente que uma série de círculos com raios crescentes podem ser colocados em torno do colaborador, membro da empresa: o círculo interno é o indivíduo, que está inserido em um círculo de colaboradores mais próximos, ou seja, no grupo de trabalho, na equipe etc. Essas unidades propriamente ditas estão inseridas no nível mais alto em um contexto de departamentos, divisões, filiais que, por sua vez, representam uma etapa antes da próxima unidade da empresa como um todo. Possivelmente, esse último círculo pode estar inserido em um círculo maior que representa uma *holding*, um grupo etc. Esse último pode, por sua vez, estar inserido no círculo maior, no mercado (mundial) nacional e internacional.

Até aqui, portanto, a modelagem da consultoria organizacional sistêmico-dinâmica não se distingue dos esquemas usuais da consultoria empresarial. A estrutura aqui apresentada já implica que a grandeza sistêmica visualizada pelo consultor pode ser considerada absolutamente e por si só, mas ela necessariamente sempre está inserida em um contexto geral que lhe proporciona uma determinada posição em relação ao sistema mais ou menos amplo. Com isso, são acessíveis diferentes valores de referência da consultoria, treinamento e *coaching*, que decidem qual forma específica de acompanhamento deverá ser selecionada. Isso significa que a seleção das medidas a serem tomadas orienta-se pelas exigências específicas que resultam no treinamento e *coaching* para cada plano considerado. No capítulo 3 já havíamos falado que cada contexto de problema tem a sua própria resposta e cada categoria de problema exige um catálogo de medidas especialmente personalizado. No âmbito das formas clássicas da consultoria empresarial (à qual contamos todos os procedimentos que não atuam de forma sistêmica), nesse contexto o espectro das medidas adequadas está bem elaborado, orientando-se somente pela grandeza de referência que será relevante para o treinamento. Em outras palavras, as medidas nesse caso diferenciam-se analogamente ao nível dos círculos concêntricos que está sendo trabalhado.

Assim resulta o seguinte esquema de concentricidade simples:

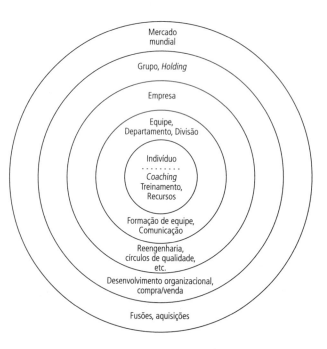

Figura 1

Até aqui o modelo por si só apresenta uma estrutura simples concêntrica, que une diversos círculos em torno de um único centro. Todavia, acabamos de falar sobre uma concentricidade múltipla, e agora acreditamos que em diferentes pontos do esquema apresentado até o momento poderíamos colocar outros esquemas concêntricos. Isso não significa nada mais que o fato de que cada indivíduo está inserido no contexto de seus próprios sistemas de relacionamentos particulares, os quais no âmbito de uma consultoria organizacional sistêmico-dinâmica têm um significado prioritário. Esse item, contudo, foi apenas mencionado anteriormente, quando no início do capítulo 3 falamos que diferentes situações-problema exigem estratégias de soluções diferentes. Lá, a consultoria organizacional sistêmico-dinâmica provou ser uma medida adequada na área do ambiente sistêmico do problema, por um lado, assim como a consultoria sistêmica para os respectivos membros, por outro lado.

Em relação à atribuição paralela de medidas de treinamento adequadas dependendo do respectivo nível organizacional visualizado, a consultoria organizacional sistêmico-dinâmica difere das formas clássicas de consultoria. Pois, no momento em que o aspecto sistêmico entra em foco, a perspectiva de possíveis opções de consultoria se duplica. Por um lado, a consultoria organizacional pode se referir ao respectivo sistema evidenciado como um todo (sub)sistêmico de respectivamente um dos círculos concêntricos. Por outro lado, ou melhor, adicionalmente, a consultoria organizacional sistêmico-dinâmica em caso de necessidade retoma, em cada um dos planos do círculo, o indivíduo como elemento de seus próprios sistemas de relacionamentos. Com isso resulta para a consultoria organizacional sistêmico-dinâmica o modelo de múltipla concentricidade ilustrado na figura 2.

Por trás dessa estrutura de círculo duplicada várias vezes – considerando assim a estrutura fractal de sistemas organizacionais do lado operacional –, temos, primeiramente, a consciência de que as causas dos problemas não precisam necessariamente ser procuradas no plano, no qual os problemas se mostram sintomaticamente. Ou ainda: a consultoria organizacional sistêmico-dinâmica parte do princípio de que, além dos critérios de seleção e atribuição de níveis sistêmicos e de hierarquia, por um lado, e as medidas especificamente elaboradas para esses planos (e não-transferíveis), por outro, ainda haveria outros critérios de atribuição, que poderiam ser aplicados de forma abrangente em todos os pontos do sistema.

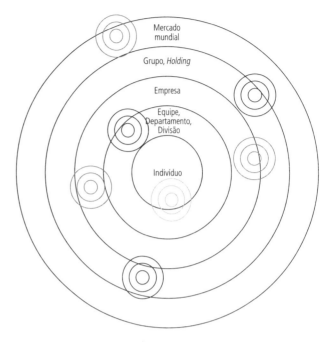

Figura 2

Com isso queremos dizer que problemas sistêmicos podem se manifestar dentro do sistema total em níveis (sub)sistêmicos muito distintos, e que podem ter suas origens em problemas individuais que um respectivo membro insere no sistema empresarial. Em conseqüência, esse caso muito freqüente gera uma exigência dupla de consultoria: por um lado o problema sistêmico para o sistema organizacional precisa ser solucionado; por outro, o (possível) motivo principal deverá ser eliminado, que, nesse caso, supomos ser o distúrbio individual de cada um.

Se tivermos esse tipo de constelação, a consultoria organizacional sistêmico-dinâmica parte do princípio que há a reencenação dos denominados emaranhados individuais no contexto organizacional. Como reencenação subentende-se a repetição estrutural de um padrão individual de ação, reação e problemas com novos atores – os colaboradores, chefes e subalternos de um sistema empresarial. Essas reencenações representam uma grande parte das constelações de problemas sistêmicos, o que é facilmente compreensível se lembrarmos primeiramente que normalmente aprendemos os nossos padrões de comunicação e ação na própria família. Se esses padrões se tornarem rotinas seguras da interação extrafamiliar, então a segurança de movimentação em contextos novos e estranhos torna-se maior, quanto mais esses contextos refletirem em suas estruturas os emaranhamentos das relações interfamiliares, para as quais os padrões foram desenvolvidos e dominados de forma perfeita. Por isso temos, com freqüência, que as relações relevantes dentro do contexto organizacional correspondem exatamente às estruturas de relacionamento particulares de cada um; e com isso problemas internos da família são transportados para áreas externas nas quais eles são praticamente impostos sem razão e reanimados somente com base na analogia da estrutura.

O padrão mais usual dessas reencenações é obviamente a relação entre pais e filhos, que pode – de ambos os lados – se repetir na relação entre o chefe e o subalterno. Outros padrões de relacionamentos para freqüentes cenários de reencenação são, por exemplo, as relações entre irmãos ou entre marido e mulher.

Como quer que seja a situação em cada caso, o importante é que a consultoria organizacional sistêmico-dinâmica reaja às diferentes situações-problema com as respectivas possibilidades de intervenção já especialmente disponibilizadas. E isso poderá ser realizado opcionalmente a partir de qualquer ponto dentro do sistema. Isso significa que no decorrer da consultoria poderá se evidenciar que um déficit originalmente atribuído à área de competência de um departamento se manifesta como uma resistência de origem sistêmica de membros do departamento contra a diretoria. Aqui a primeira intervenção será meramente sistêmica para resolver o problema dentro do departamento. Além disso, é possível descobrirmos que os problemas dentro do departamento só foram gerados pelo fato de a diretoria ter reencenado problemas particulares no contexto da empresa. Então, nesse ponto deverá ser realizada uma intervenção sistêmica para resolver a respectiva problemática para o membro da diretoria, evitando desde o início que o problema do departamento se exacerbe.

Dessa perspectiva, a consultoria organizacional sistêmico-dinâmica se mostra, portanto, como um método integrador que abrange no primeiro plano as diferentes formas clássicas de consultoria. Isso significa disponibilizar a princípio um catálogo de medidas adequadas para os planos de sistema caracterizados na figura 1 e as situações-problema específicas resultantes. Além disso, a consultoria organizacional sistêmico-dinâmica abrange as possibilidades de intervenção que resultam meramente da perspectiva sistêmica para a empresa. Estas últimas, por sua vez, poderiam considerar a empresa como um sistema completo ou um ou mais de seus subsistemas, solucionando nesses planos problemas específicos da empresa. E, por outro lado, as intervenções sistêmicas em caso de necessidade também abrangem as respectivas pessoas na empresa, para as quais as constelações de problemas individuais sistêmicas são resolvidas como pessoas particulares.

Para evitar quaisquer equívocos, queremos mencionar expressamente que os níveis de acesso e intervenção acima apresentados não se excluem mutuamente. O momento integrativo da consultoria organizacional sistêmico-dinâmica consiste exatamente no fato de se decidir, caso a caso, qual acesso seria o mais adequado para uma situação concreta: existe um único caminho ou diversos caminhos para a solução? Será necessário tomar outras medidas de apoio e auxílio após a solução do problema, para a aplicação das quais a solução do problema preparou o solo? Como o sistema como um todo poderá experimentar uma solução sistêmica focalizada no indivíduo? Quais necessidades de treinamento e qualificação de determinados departamentos/pessoas ainda existem depois de concluída uma solução sistêmica para o sistema inteiro?

Essa é a direção para a elaboração de possíveis perguntas-chave da consultoria organizacional sistêmico-dinâmica, as quais mostram exatamente que o âmbito das medidas disponíveis deverá ser compreendido como uma ampliação das possíveis opções de ação no sentido de uma complementação e não como determinação exclusiva de um único acesso.

Exigências para o consultor

A multiplicidade das opções de acesso disponíveis para a consultoria organizacional sistêmico-dinâmica, caracterizada no capítulo anterior, gera algumas exigências específicas sobre o perfil tanto do consultor organizacional sistêmico-dinâmico, como também da consultoria organizacional propriamente dita.

Em relação aos indícios de acesso para situações-problema sistêmicas (ver capítulo 3), já foi mencionado que uma condição prévia para o trabalho em contextos sistêmicos está no distanciamento entre o treinador e o sistema da organização que ele acompanha. E distanciamento não significa em hipótese alguma uma orientação fria e impessoal do consultor, mas refere-se a seu distanciamento de ação e perspectiva, autonomia e independência em relação à empresa.

Para o consultor, no entanto, não é sempre possível tomar e manter constantemente essa posição delimitada.

Para adiantar: a delimitação necessária em relação ao sistema e o objetivo de receber a contratação estão diametralmente opostos.

Um exemplo

Na primeira entrevista com a diretoria da empresa o consultor tem a impressão de que o chefe que está à sua frente é pessoalmente responsável pelos problemas da empresa que ele descreveu. Um caminho de solução não só teria de considerar o chefe numa constelação organizacional, mas também parece indicada uma intervenção sistêmica individual em relação à sua família de origem.

No decorrer da conversa, o chefe, no entanto, indica expressamente que as mudanças a serem realizadas poderão abranger todos os outros membros da empresa – mas deveriam excluir a própria pessoa.

Para o consultor nessas situações pouco atípicas, há o dilema de que ele por um lado enxerga claramente a solução propriamente dita, mas que está expressamente proibido de seguir esse caminho de solução – pelo seu próprio contratante. A alternativa de decisão formada de tal forma corresponde a uma decisão entre Scylla e Charybdis: o observador pode insistir em que a sua intuição está correta e tentar impor o seu princípio sistêmico independentemente da vontade do chefe: nesse caso ele corre o risco de nem sequer receber o contrato. Ou ele aceita o veredicto da diretoria empresarial realizando um treinamento de rotina eventualmente até mesmo organizado de acordo com as solicitações da diretoria; nesse caso ele já estaria desde o início consciente de que o treinamento seria em vão e sem sentido, mas ele receberia o contrato e os respectivos honorários.

Essas dificuldades não devem ser subestimadas. Se elas ocorrerem com freqüência poderão até mesmo gerar crises existenciais entre os treinadores e consultores. Pois se o treinador decidir pela primeira opção, insistindo em oferecer uma solução que resolve, ele poderá afirmar não ter traído a pureza do método, mas certamente faria isso em uma situação financeira cada vez mais precária. No outro caso, a situação financeira ficará melhor, mas isso significaria mais uma compensação para as frustrações e as chances cada vez menores de se identificar com o próprio trabalho, podendo até mesmo experimentar um sentimento profundo de ter-se prostituído.

E como se ainda não fosse o suficiente: mesmo que o consultor siga as exigências da diretoria empresarial, garantindo desse modo a sua remuneração, ele ainda assim pode sofrer uma forte perda econômica: no momento em que o treinamento não trabalhar mais as causas propriamente ditas, provavelmente não terá resultados. Talvez houvesse uma forte resistência dos colaboradores ainda durante o treinamento, os quais certamente reconheceriam que o problema central estava sendo evitado. E, na pior das hipóteses, poderia ocorrer a demissão do treinador por falta de resultados. De forma menos dramática, mas não menos negativa, o processo pode ser concluído sem qualquer efeito podendo o treinador ser divulgado pela diretoria da empresa como um profissional completamente incapaz e supérfluo – de preferência em público e em voz alta.

Então o que podemos fazer? Como poderá funcionar o equilíbrio entre a conquista do cliente e possíveis estratégias de fuga e impedimento pelo contratante? O caminho de optar uma vez por uma direção, outra vez por outra, é possível, mas pouco convincente como a possibilidade de um "caminho dourado". Em nossa prática desenvolvemos algumas estratégias para obter diretrizes gerais de ação. Como não podemos apresentar aqui explicitamente todos os possíveis mecanismos de fuga e as respectivas estratégias de resposta adequadas, limitamo-nos aos aspectos que sempre são colocados como argumentos centrais.

Partimos do princípio de que as oposições geralmente são fundamentadas em temores. Isso, à primeira vista, parece banal, mas nos leva à pergunta sobre a origem dos temores em cada caso. Pois o caminho mais viável parece trabalhar esses temores. Como isso pode ser feito em cada caso depende da personalidade e das habilidades do consultor, assim como da disposição do outro; isso pode ser mencionado abertamente ou em um trabalho mais encoberto. Aqui não podemos oferecer uma medida-padrão.

Um dos temores que encontramos com mais freqüência é a crença de que mudanças são necessariamente dolorosas e sofridas. Aqui se trata de uma idéia amplamente divulgada que – como já mencionamos acima – resulta da tendência de sistemas vivos alcançarem um estado de alta estabilidade. Alterações, interferências externas forçam cada sistema a se "reorientar" e por isso necessitam de um alto dispêndio energético. Nesse aspecto, o temor é tão compreensível como infundado (para alguns, somente o fato de que sistemas vivos só podem entrar em estado estático em uma condição, que é a morte, já serve para tranqüilizar).

Depende, portanto, da flexibilidade, da capacidade de empatia e da habilidade do treinador agir de forma adequada com essas crenças e transformá-las de forma auxiliar e construtiva. Não há receitas-padrão, mas o trabalho com crenças faz parte do repertório comum de qualquer treinador.

O segundo temor que muitas vezes encontramos tem a ver com o fato de que a inclusão da diretoria empresarial na intervenção significaria perder a boa reputação. Mesmo que a diretoria concorde em colaborar: "Mas não na frente de todos!"

Aqui podemos mencionar que não é de forma alguma necessário realizar pessoalmente as medidas necessárias na empresa. Então, se esse for um motivo decisivo de impedimento, sugerimos proporcionar contextos e situações que possam facilitar esse aspecto. Para evitar a temida violação da esfera íntima pode-se recorrer a locais externos e neutros, assim como a pessoas que não fazem parte da empresa, dentre as quais se podem recrutar os participantes da constelação. O trabalho pode, portanto, ser realizado de tal forma, que ocorra com a máxima discrição e anonimato completo.

Em qualquer caso, todavia, o consultor deverá sempre respeitar todas as resistências que surgirem. Elas são, acima de tudo, indícios de acesso importantes para os problemas fundamentais e não podem, em hipótese alguma, ser ignoradas ou respondidas com "uma nova pressão". Tranqüilidade e soberania em vez de impaciência e agressividade são o principal recurso, com o qual o consultor garante o seu distanciamento do sistema. Na maioria dos casos qualquer forma de impaciência por parte do consultor já é um indício claro para o fato de que este já é vítima da estratégia de apoderamento do sistema: está reagindo como o sistema agente impõe.

De acordo com o exposto até o momento, podemos concluir, como exigência final para o consultor no âmbito de uma consultoria organizacional sistêmico-dinâmica, que ele tenha habilidades suficientes para realizar uma intervenção sistêmica segundo Hellinger. Se ele não tiver conhecimentos e experiências suficientes para tal, isso não seria de forma alguma um motivo para abandonar a consultoria organizacional sistêmico-dinâmica. Nos momentos em que uma intervenção sistêmica individual for indicada, o treinador poderá mencionar isso, informando à respectiva pessoa que um trabalho com essa orientação seria adequado e efetivo. Onde esses passos serão realizados concretamente, é uma dúvida secundária, todavia, faz parte das obrigações do treinador disponibilizar outros endereços e contatos.

Em hipótese alguma, e isso precisa ser enfatizado veementemente, o consultor deverá iniciar pessoalmente uma intervenção sistêmica segundo o método de Hellinger, se ele não possuir as ferramentas necessárias, as quais, via de regra, são fruto de uma experiência terapêutica de muitos anos. Por esse motivo, prevenimos expressamente contra intervenções precipitadas, as quais nesse caso precisam ser consideradas transgressões, e insistimos que sejam respeitadas as próprias competências e, seguindo o exemplo dos médicos, o cliente seja encaminhado para um especialista competente.

5. Bases Sistêmico-dinâmicas da Consultoria

O princípio sistêmico de Bert Hellinger

As pessoas não vivem como seres individuais, desde o início as pessoas são parte de unidades familiares, de parentesco. Com o nascimento, portanto, cada um é inserido em um contexto amplo, que lhe garante nada mais, nada menos que a sobrevivência. Em outras palavras, a relação entre pais e filhos está baseada no fato meramente biológico de repassar o material de informação genético da geração dos pais para a geração seguinte, garantindo, assim, a manutenção da espécie.

Sem querer discutir a questão polêmica de até que ponto o ser humano é incluído como um ser da natureza na ordem biológica ou até que ponto já se emancipou desta como um ser cultural apto à reflexão, podemos constatar que os seres humanos, como seres comunitários, apresentam-se em associaçõcs de diferentes tamanhos. Aqui as associações podem ser distinguidas em sua função e qualidade no aspecto do tipo de relacionamento que eles realizam entre seus membros. Família, casamento, escola, profissão, associações, partidos, amigos, grupos de empenho social, cultural e político – tudo isso são complexos de relacionamentos cujas diferentes finalidades e funções são decisivas para as formas das interações nelas estabelecidas: a atenção amorosa dos pais com seu filho certamente terá outra qualidade de relacionamento do que o auxílio cuidadoso de um professor para com os seus alunos.

Então, mesmo que a diferente função dentro dessas associações sociais determine a qualidade de seus relacionamentos, essas associações poderão ser consideradas também sistemas sob o ponto de vista estrutural. Pois um aspecto que todos têm em conjunto é que eles se destacam do ambiente devido a uma forma de agir específica. Com isso, queremos dizer que sistemas sociais não se caracterizam tanto por um catálogo de valores ratificado conjuntamente, mas pelo fato de que eles se constituem como um contexto de ações relacionadas entre si. Somente o que está mutuamente relacionado como ação com sentido, iniciando a partir dali novas ações com relação de sentido, faz parte da área interna do sistema. Todo o resto que não pode ser vinculado a este é considerado ambiente do sistema.

Se, portanto, considerarmos complexos de relacionamentos sociais como sistemas, vale então a suposição de que, apesar de todas as diferenças temáticas, de conteúdo ou funcionais, possuem, em um plano estrutural, propriedades comparáveis, para não dizer idênticas, específicas de sistema.

Para o sistema "família", Hellinger reuniu algumas dessas propriedades, que formam a base de seu método de terapia familiar sistêmica. São as três dinâmicas principais já mencionadas no primeiro capítulo:

- O vínculo
- A ordem
- O equilíbrio entre dar e tomar.

Essas três categorias são para Hellinger os parâmetros centrais que deverão ser realizados nos sistemas familiares de uma forma que ainda será explicitada, para permitir ao sistema e também aos respectivos membros do sistema uma forma de agir "saudável" e livre de complicações. Isso, por outro lado, significa que o total da comunicação e interação interfamiliar pode ser, no conceito de Hellinger, completamente descrito no âmbito dessa tríade: todas as interações poderão ser atribuídas a uma das três, a duas das três áreas em diferentes variantes ou a todas as três ao mesmo tempo; tudo o que acontece em famílias pode ser visto como expressão e realização de dinâmicas sistêmicas de ordem, vínculo e/ou compensação.

Como grandeza máxima, na qual se baseia a sua observação como unidade sistêmica, Hellinger considera, via de regra, a família de várias gerações que consiste de:

- os filhos/irmãos, dos quais também fazem parte os mortos e natimortos;
- os pais e seus irmãos, dos quais também fazem parte os mortos e natimortos daquela geração;
- os avós;
- em casos excepcionais, os bisavós;
- as pessoas que não são parentes da família, mas que têm/tiveram grande importância para a família ou determinados membros; por exemplo, parceiros anteriores/divorciados.

Nesse contexto, cada membro da família possui o seu lugar, que pode mudar no decorrer da sua história (por exemplo, da posição de neto para bisavô), mas que torna cada um de forma irreversível e irretratável membro da família: com o nascimento, cada pessoa se torna parte irreversível de um sistema familiar e assim permanecerá durante toda a vida, até mesmo após a morte. Pois mesmo que a morte encerre definitivamente a realidade para cada um, por exemplo, de ser filho ou filha de seus pais, esse fato continua sendo vital para o sistema e até mesmo real na medida em que os mortos possuem – talvez de outra forma – importância para o sistema.

A partir dessa base temos então conseqüências importantes, das quais Hellinger desenvolve a sua própria forma de procedimento terapêutico. Aqui só serão apresentados detalhes na medida em que estes forem importantes no contexto da consultoria organizacional sistêmico-dinâmica.

Vínculo

A criança que nasce em uma família, reconhece esta como base de sua existência e garantia existencial. A criança possui, assim, um vínculo muito elementar com a família, especialmente com os pais. O vínculo fundamentado dessa forma não pode ser dissolvido. Mesmo que o filho mais tarde se separe dos pais, ele continua em um outro plano, como filho de seus pais, vinculado a estes. Pois o vínculo, como é definido por Hellinger, abrange mais do que o mero conhecimento do filho de ter encontrado na família as pessoas que garantiram a sua sobrevivência quando recém-nascido. Muito além do âmbito material e pedagógico que equipa a criança com tudo que lhe permite seguir o próprio caminho na vida, o filho será o protagonista de uma geração seguinte que tomou a vida de seus antecessores para dá-la, por sua vez, à geração de seus próprios filhos.

A consciência mais ou menos presente do filho, de ter recebido a vida de presente dos pais, é considerada por Hellinger como a forma mais original e profunda de vínculo. Uma vez que esse ato de dar a vida não pode ser anulado ou suspenso, Hellinger fala da indissolubilidade dessa forma basal de vínculo. A criança que nasce dentro do sistema de sua família, cresce sem sombra de dúvida como parte desse sistema, sentindo essa pertinência de uma forma que Hellinger denomina de "amor original" ou "amor primário". No conceito de Hellinger, aqui está não só a força maior do vínculo, mas há imediatamente o vínculo com a ordem fundamental, cristalizada em sistemas.

A ordem

O fato de que um filho nasceu dentro de um sistema, no qual recebeu a vida de seus pais, não só vincula a criança inevitavelmente ao sistema, mas atribui a ela e aos outros membros do sistema um lugar dentro deste: a criança é filho incontestável de seus pais, e os pais são irrevogavelmente pais dessa criança. Isso significa que é estabelecido um conjunto de relacionamentos, que decide quem no sistema terá qual posição hierárquica.

Analogamente, esse posicionamento também se aplica à seqüência de irmãos: o primogênito será sempre e por toda a vida primogênito, o que se aplica analogamente para todos os demais.

A essa ordem dos relacionamentos dentro da família, ou seja, ao posicionamento baseado na seqüência de entrada no sistema, que é definido pelo tempo de pertinência, estão vinculadas importantes condições de interação, as quais deverão ser observadas para que o sistema funcione sem atritos. O que à primeira vista parece uma aritmética familiar fria possui amplas conseqüências, uma vez que a hierarquia organizada com base no tempo deverá ser expressa nas comunicações e interações. "Ser expresso" significa, no entanto, que a ordem para o sistema é mais do que o mero conhecimento das condições do papéis, funções e pertinência. O mais importante é tornar esses conhecimentos patentes e vivenciáveis na realidade da comunicação intra-sistêmica.

A colocação em prática da ordem não é somente um fenômeno da consciência individual e do sistema completo, que realiza para si a ordem como uma imagem interna do sistema. Além disso, a realidade da ordem está também sempre remetida a sua realização atual e constante, ou seja, ela é também sempre um processo da comunicação e interação momentânea. Como processo, todavia, como ação permanente que almeja a realidade, a ordem remete diretamente ao terceiro item no modelo de Hellinger: O equilíbrio entre dar e tomar.

O equilíbrio entre dar e tomar

Na relação entre pais e filhos Hellinger marca como valor principal o presente da vida dos pais para os seus filhos. Com isso é estabelecida uma assimetria irrevogável entre as gerações, uma vez que esse presente fundamental não pode ser devolvido, ou seja, compensado por nada. Não é possível compensá-lo, mas ele nem precisa e nem pode ser compensado. A tentativa de querer proporcionar uma restituição nesse plano básico, ou seja, querer estabelecer um equilíbrio entre tomar e dar, não só está necessariamente destinado ao fracasso, mas representa, já em sua tentativa, um importante distúrbio do sistema, pois coloca a ordem (a assimetria entre pais e filhos) em desequilíbrio. A compensação no sentido de uma devolução para os pais deverá ser substituída pela transferência do presente recebido, que os filhos, por sua vez, dão a seus próprios filhos. (Analogamente, a ordem se manifesta distribuindo o dar e tomar de cima para baixo, inclusive na seqüência entre os irmãos: os mais velhos dão aos mais novos, os mais novos tomam e honram e respeitam os mais velhos como tais.)

Além desse primeiro e incompensável presente, ou seja, o presente original da vida, que só pode ser aceito e encaminhado como tal, Hellinger menciona ainda outras formas de dar e tomar como formas fundamentais de trocas na interação sistêmica. Essa troca possui uma função básica em relação às outras duas dinâmicas, na medida em que a troca mantém vivas a comunicação e a interação do sistema. Cada ato de dar gera o ato de tomar e cada ato de tomar gera outro ato de dar; dar e tomar giram em torno de uma situação final de compensação, raramente alcançada, uma vez que o que foi tomado e dado raramente se equivalem.

O equilíbrio impossível

Nesse ponto temos, às vezes, a impressão de que Hellinger nos fornece um esquema claro de ação, o qual, quando seguido, poderia gerar, em princípio, com mais ou menos esforços, uma interação livre de atritos de todas as pessoas que fazem parte do sistema. O fato de isso não ser assim tem um motivo bastante simples, além de outros: sistemas do tipo aqui descrito, como sistemas necessários para a sobrevivência, dependem do movimento. Isso significa que um estado, no qual as forças de vínculo, da relação de ordem e a compensação entre dar e tomar tivessem um valor absolutamente compensado, representaria a morte estática do sistema. Se olharmos de um ponto de vista da teoria sistêmica, sistemas vivos e dinâmicos precisam trabalhar permanentemente para compensar novamente os estados de desequilíbrio por estes causados. O alcance final desse equilíbrio significa um estado de tranqüilidade que – colocando de forma objetiva – cada sistema só assumirá uma vez.

Colocando em palavras menos teóricas há, no entanto, um outro motivo bastante evidente, porque não é possível conseguir uma constelação sistêmica completamente equilibrada, estática e livre de conflitos: as formas de interação corretas dentro das dinâmicas do sistema precisam ser aprendidas: nem toda mãe e nem todo pai logo possuem consciência do significado de seu papel de pais; possivelmente eles se desenvolvem em seu papel no decorrer do tempo e no âmbito de um processo de aprendizado acompanhado por conflitos. Violações de regras, portanto, já estão programadas. E, da

mesma forma, uma criança que no início de seu desenvolvimento precisa constantemente testar os próprios limites para conseguir obter seu lugar dentro da família, só poderá tomar esse lugar com experiências limitadoras, portanto, dolorosas. A Educação em um sentido extramoral, assim compreendido como "introdução" no sistema, depende obrigatoriamente de precisar subordinar o amor dos pais, em caso de necessidade, ao "ajuste" necessário da criança na família.

Em relação à colaboração das dinâmicas, isso significa nessas situações que a ordem tem prioridade em relação ao vínculo e em geral pode-se concluir que a princípio não é possível fazer jus às três dinâmicas ao mesmo tempo na mesma medida: uma vez que a observação da ordem pode comprometer o vínculo (e vice-versa), uma vez que a compensação poderá perturbar gravemente a ordem, já que quase não há ação que pudesse ser atribuída isoladamente a uma das três áreas, esse "engrenamento" e sobreposição impedem que o indivíduo mantenha todas as três dinâmicas simultaneamente no estado de equilíbrio proposto.

Com isso a ação do indivíduo coloca o sistema como um todo constantemente em estados de desequilíbrio, que mantém o sistema como um contexto vivo de ação, o qual, apesar de sua tendência em direção a um estado de equilíbrio geral, nunca consegue alcançar esse estado de quietude. Isso acontece ainda devido ao fato de que um desequilíbrio único em uma ou outra direção nunca poderá ser recolocado no estado original: a nova situação já é parte da memória do sistema; alterou, portanto, as condições originais formando uma nova base de partida, depois da qual não há mais retorno. Como os anéis de uma árvore no decorrer dos anos alargam o tronco, também a história do sistema estende-se analogamente, e cada corte mostrará as sedimentações de interações passadas, as quais formam a base atual de interações no presente como parte integrante, consciente ou inconscientemente.

Emaranhamentos

A história do sistema é atual e presente a cada momento, proporcionando a sua identidade inconfundível. Isso, no entanto, não significa, e esse ponto é de suma importância, que a história do sistema esteja consciente para os membros de forma integral e constante. Na maior parte dos casos ocorre exatamente o contrário.

A diferença entre presente e consciente pode ser explicada da seguinte forma mais compreensível: o fato de um homem X em um determinado momento pretender se divorciar de sua mulher possivelmente atualiza um episódio familiar transportado há três gerações, do qual o homem, no entanto, não tem conhecimento.

O que queremos dizer com isso? Se lembrarmos das idéias dos padrões de pensamentos da teoria sistêmica do primeiro capítulo, podemos dizer que cada ação também pode ser compreendida como reação a ações anteriores. Nesse contexto, isso significa que padrões de interação e comunicação específicos dos membros da família podem, por sua vez, ser reações e respostas a interações passadas do sistema – as quais, no entanto, não estão conscientes para os membros como forma de reações e resposta. Partem, ao contrário, do princípio que as suas ações são livremente escolhidas e possuem um fundo racional: uma impressão que ainda é reforçada pelo fato de que para a ação, qualquer que ela seja, sempre há bons motivos.

Esses motivos no caso individual até retratam corretamente a origem subjetiva mas, com isso, a disposição fundamental da qual se desenvolve uma ou outra causa, não está no foco.

Essas disposições, ou seja, os motivos inconscientes responsáveis pelo som básico, pelo baixo contínuo de nossa característica e estratégia de interação poderão ter a sua origem inicial na história do sistema, ou seja, nas áreas exteriores àquilo que o respectivo indivíduo inclui na área de seu "eu". Nesse caso, portanto, no qual um único assume essa disposição básica como uma assunção involuntária e inconsciente, falamos de um emaranhamento com o sistema, de um emaranhamento sistêmico.

Ações que ocorrem no âmbito de um emaranhamento têm, portanto, a sua motivação fundamentada em dois planos: o plano subjetivo e consciente, por um lado, que fornece na superfície informações racionais sobre o porquê e para que da ação e, por outro lado, o plano sistêmico e inconsciente, que não é acessível ao indivíduo emaranhado com o sistema. Para retomar o exemplo acima mencionado do caso de divórcio, a motivação subjetiva poderia estar na lista dos problemas conjugais que ocorreram com o tempo. A motivação sistêmica que está por trás ou baseada nisso poderá ser, por exemplo, a lealdade incondicional do homem ao seu tio-avô, o qual ele possivelmente nem conheceu, cujo destino, no entanto, na realidade de comunicação do sistema continua sendo tão vivo que o homem se identificou com o tio, seguindo no divórcio a lei não articulada: "Estou fazendo o mesmo que você!"

Em geral, emaranhamentos podem ser considerados tentativas com as quais os indivíduos reagem aos estados de desequilíbrio dentro do sistema: a pessoa emaranhada serve, portanto, à homeostase (ao equilíbrio de fluxo) do sistema que possivelmente foi abalada por várias gerações.

Condições sistêmicas

Essas violações contra o equilíbrio do sistema poderão ocorrer não somente em relação às três dinâmicas acima mencionadas. Nesse ponto, essas dinâmicas representam parâmetros estruturais que ainda não se referem a um conteúdo concreto. O desequilíbrio entre dar e tomar, por exemplo, poderá ocorrer em planos completamente distintos: o desequilíbrio pode ocorrer em uma ampla escala de conteúdo, por exemplo, entre os extremos de um altruísmo pleno para um outro e um convite não correspondido entre amigos.

Além desses critérios formais, Hellinger, contudo, também menciona condições concretas de conteúdo que deverão ser cumpridas para que as relações sistêmicas funcionem. Quando estas não são observadas, um membro do sistema normalmente procura compensar a tentativa sentida (in)conscientemente contra uma dessas condições, por meio de ações compensatórias próprias; aqui também o motivo básico dessa ação permanece completamente inexplicável a partir da biografia isolada da pessoa em questão.

As condições principais na terminologia de Hellinger são:

- O direito de pertinência
- A lei do número inteiro,
- A lei da prioridade do anterior.

Como *direito de pertinência*, Hellinger compreende a eqüidade de todos em relação a seu direito de serem membros do sistema. Ninguém pode reclamar para si um direito maior do que para os outros e ninguém pode negar a um outro esse direito. Somente se todos que pertencerem por direito ao sistema estiverem de fato cientes dessa pertinência, a ordem do sistema será restabelecida.

Somente depois, pode-se considerar a *lei do número inteiro* a qual, segundo Hellinger, vincula o bem-estar individual de cada um à realização interna amorosa de todos os membros que pertencem ao sistema como membros de igual valor e direito ao sistema. É a imagem interna, a consciência que cada um tem de seu sistema que decide sobre a sua saúde psíquica.

Como terceira condição, Hellinger descreve a estruturação temporal da relação de hierarquia em sistemas como a *lei da prioridade do anterior*. Aqui temos tanto a prioridade de gerações anteriores face às seguintes, como também a seqüência entre irmãos. Prioridade não significa uma escala de valores ou uma escala de medição qualitativa de qualquer natureza, mas refere-se primeiramente à distinção clara de competências dentro do sistema, cuja distribuição de áreas se constitui com base na ordem.

Formas de emaranhamento

Se as três dinâmicas de sistema, o vínculo, a ordem e a compensação em relação às últimas condições mencionadas (o direito à pertinência, a lei do número inteiro, a prioridade do anterior) na geração atual ou em uma geração anterior tiverem sido colocadas em desequilíbrio na geração atual ou anterior, isso pode fazer com que um membro (posterior) do sistema tente inconscientemente restabelecer o equilíbrio para todo o sistema. Dependendo em que direção de conteúdo houve a violação contra as condições, essas ações de compensação, ou seja, as diferentes formas de emaranhamento podem ser classificadas. As principais formas de emaranhamento para o nosso contexto são:

- *Identificação*: Aqui se subentendem todos os comportamentos com os quais um sujeito assimila propriedades, aspectos e atributos de outro, incluindo-os em seu repertório psíquico e de comportamento. A identificação é, portanto, uma forma de auto-estranhamento no âmbito do qual o sujeito identificado se vincula inconscientemente com mais ou menos intensidade ao outro.
  Os motivos para uma identificação estão cada vez mais na representação atribuída ou escolhida para uma pessoa excluída do sistema ("Você é igual ao tio X!").
- *Triangulação*: Utilização abusiva de uma criança na coalizão de um dos pais contra outro pai. Com isso a criança não somente recebe atribuições que não lhe competem, como também é colocada em uma posição no sistema que não é a sua, sendo representante de uma geração que não é a dos pais. Como auxiliar aparentemente igual de um dos pais, a criança triangulada está funcionalmente na posição dos pais, e está sendo privada da possibilidade de ser criança.

- *Parentificação*: Semelhante à triangulação, a parentificação também coloca a criança em uma mudança de posição abusiva no sistema: ela assume um papel, aceitando a paternidade pelos próprios pais quando um ou ambos não conseguem assumir a sua posição de pais, exigindo de forma regressiva o auxílio que deveriam ter recebido dos próprios pais como seus filhos. Também nesse caso a criança fica privada de ser criança.
- *Sucessão*: Se um membro anterior do sistema tiver falecido (muito) cedo devido a uma doença, acidente, crime, guerra etc., um membro posterior do sistema poderá desenvolver a tendência de segui-lo na morte. Essa tendência de sucessão mostra-se diretamente em tentativas de suicídio, assim como em uma disposição significante em ter acidentes, em uma tendência a levar uma vida arriscada (esportes radicais). Indiretamente, as tendências de sucessão podem se evidenciar, entre outras, na forma de doenças, como tendência de se fechar para a vida.
- *Fusão*: Se um dos pais estiver vinculado a outro membro do sistema em uma sucessão, a criança desse pai/mãe poderá desenvolver a tendência de carregar a carga desse pai/mãe. Assume o destino pesado de seu pai/mãe, na esperança de que esse ato de solidariedade facilite ao pai/mãe a viver a sua vida. A forma na qual essa carga é assumida em seu conteúdo não está vinculado ao tema do pai/mãe, mas pode se evidenciar em doença, fracasso, criminalidade etc. e tudo o que compromete sensivelmente o seu próprio bem-estar.

Sentimentos

As diferentes categorias de sentimentos que Hellinger diferenciou no decorrer de seu trabalho estão, em parte, intimamente ligadas às formas de emaranhamento. Estas, portanto, são não somente sintomas, cujo surgimento é registrado e observado, mas são basicamente meios diagnósticos de seu trabalho, os quais permitem importantes conclusões sobre a sua situação interior e sobre as possíveis formas de emaranhamentos sistêmicos.

Hellinger distingue três tipos de sentimentos:

- O sentimento primário,
- O sentimento secundário,
- O sentimento estranho.

Segundo Hellinger, um *sentimento primário* evidencia-se no fato de que esse se mostra como reação original e não alterada a um incentivo do ambiente. O importante é tanto a sua pureza como também a totalidade com a qual esse sentimento se apodera da pessoa: alegria pura, raiva forte, amor verdadeiro, ódio venenoso etc. De forma impulsiva e descontrolada *domina* seu portador que, na verdade, não *possui* o sentimento, mas o encarna.

Os sentimentos primários são bem perceptíveis e reconhecíveis aos outros que os observam: o verdadeiro sentimento primário parece mesmo contagioso, o seu efeito não pode ser evitado e toca profundamente. A duração de um sentimento primário é, reciprocamente à sua intensidade, bastante curta; é um estado que não pode ser conservado e mantido, que nessa forma pura é completamente vinculado à vivência momentânea.

Comparado com o sentimento primário como um sentimento e uma expressão momentânea pura e clara, o *sentimento secundário* é uma reação substituta que é colocada à frente do sentimento verdadeiro e primário por motivos de (suposta) aceitação cultural. Por exemplo: atrás da tristeza expressa e, posteriormente, até mesmo sentida há o sentimento primário, todavia oculto, de uma raiva incontrolável, cuja expressão, no entanto, a pessoa em questão não consegue conciliar com o seu entendimento de um código de comportamento civilizado.

Se os sentimentos secundários, portanto, não forem idênticos ao sentimento verdadeiramente sentido, seu efeito para o observador será respectivamente diferente do que no caso dos sentimentos primários contagiosos: sentimentos secundários proporcionam uma impressão de tédio, aborrecem e são cansativos. Expressam-se para os outros, por exemplo, como uma sensação difusa de querer interferir, de fazer algo. E eles ainda geram uma estranha forma de irritação e confusão, uma vez que não têm a pureza cristalina dos sentimentos primários, mostrando no lugar destes algo dissimulado, artificial, manipulador.

A terceira categoria, os *sentimentos estranhos* abrangem sentimentos que – por exemplo, no âmbito de uma identificação – são assumidos por outros. Assunção significa nesse caso a inexplicabilidade causal do respectivo estado de sentimentos em sua própria situação de vida.

Em geral os sentimentos estranhos são sentimentos de representantes da geração anterior, assumidos nas gerações seguintes; estes, às vezes, podem ser transportados por várias gerações. Essas assunções são facilitadas pelo fato de que um "antigo proprietário" não pôde permitir, expressar ou exprimir um determinado sentimento.

Sentimentos estranhos não precisam necessariamente limitar-se ao indivíduo, mas podem também determinar o clima dominante de uma família inteira como um clima fundamental: resignação, impotência ou raiva etc.

Conseqüentemente, os sentimentos estranhos apresentam uma característica persistente, ou seja, podem chegar ao nível de um estado constante, estão aberta ou ocultamente sempre presentes e influenciam o humor básico de uma pessoa ou de um sistema. Além disso – e isso também os distingue dos sentimentos secundários, às vezes também bastante duradouros – não podem ser concluídos e explicados, como já foi dito, a partir de uma situação atual. Diferente dos sentimentos secundários, bastante irritantes, o efeito de sentimentos estranhos seria mais paralisante: o observador não sabe mais o que fazer, a pessoa fica perdida e perde a visão geral da situação.

Especificações para o contexto de consultoria

Empresas não são famílias. Mesmo que possamos analisá-las como sistemas, a qualidade própria das ações relacionadas umas com as outras em um sentido apresenta nas empresas uma realidade de relações diferentes daquelas em sistemas familiares. As diferenças não se referem ao efeito geral das três dinâmicas fundamentais sistêmicas de ordem, vínculo e compensação. Ao contrário. Como critérios formais estas, na empresa, não só podem ser retratadas analogamente, mas o fato de que também podem ser aqui descritas, oferece primeiramente a possibilidade de se utilizar o princípio sistêmico de Hellinger para organizações. No entanto, as dinâmicas se distinguem por uma diferenciação no conteúdo, ou seja, na forma específica como aparecem na empresa, da forma específica com que ocorrem em famílias. A diferença, portanto, não se refere ao fato de que a ordem, o vínculo e a compensação sejam parâmetros de sistemas relevantes também em sistemas empresariais, mas somente ao fato de como isso acontece.

Portanto, a aplicação do princípio de Hellinger no contexto de consultoria precisa de algumas modificações limitadoras, as quais queremos resumir conclusivamente antes de nos voltarmos para a próxima parte da aplicação prática da consultoria organizacional sistêmico-dinâmica.

As principais diferenças entre sistemas familiares e de empresas consistem em dois planos:

- As empresas têm um determinado objetivo.
- A pertinência a uma empresa pode ser escolhida e rescindida a qualquer hora.

Essas duas diferenças principais – e essas são as nossas experiências – demonstram então conseqüências importantes em relação às três condições substanciais, as quais Hellinger elaborou para que os relacionamentos dentro das famílias sejam bem-sucedidos. Para os sistemas familiares, as três condições principais eram:

- O direito de pertinência.
- A lei do número inteiro.
- A lei da prioridade do anterior.

Para sistemas empresariais aplica-se primeiramente o *direito de pertinência* de forma modificada. Pois, por um lado, aqui também vale: cada um que faz parte afinal faz parte! Assim como nas famílias ninguém pode reivindicar um direito maior de ser membro do sistema, tampouco em organizações alguém pode reclamar para si um direito maior em relação ao outro, e ninguém pode negar a um outro esse direito de pertinência. Cada violação dessa regra enfraquece o sistema, uma vez que isso pode solapar o vínculo mais ou menos fortemente.

Por outro lado, esse direito de pertinência – e com isso as empresas e organizações se distinguem de sistemas familiares – é um direito relativo: vale somente para o período da pertinência de fato; inicia-se com a entrada na organização e termina ao deixar o sistema. Quem faz parte, faz parte, mas ninguém possui um direito inato de pertinência. Enquanto a pertinência a sistemas familiares é "garantida" com o nascimento e para uma vida toda, essa garantia nas organizações só vale para o período no qual o colaborador é de fato parte da organização. Então: se e enquanto um indivíduo for membro de uma empresa, organização, ele possui, como qualquer outro membro do sistema, um direito absoluto e irredutível à pertinência, o qual todavia não pode ser confundido com uma garantia de contratação vitalícia. Assim, poderíamos dizer: aqueles que fazem parte possuem um direito ilimitado de fazer parte, enquanto fazem parte.

Igualmente ao que ocorre na primeira condição, as empresas também se diferenciam das famílias em relação à segunda condição, que constitui estruturas de relacionamentos bem-sucedidas, ou seja, em relação à lei do *número inteiro*: em empresas não é necessário, e a partir de um determinado tamanho, não é nem possível que cada colaborador em sua imagem interna da empresa compreenda todos os outros colaboradores como pertinentes. Em grandes empresas o mero tamanho, ou seja, o déficit de informações, simplesmente impede que cada um conheça o próximo dando-lhe o seu devido lugar em sua percepção da empresa.

A principal diferença, todavia, existe na *lei da prioridade do anterior*. Aqui vemos expressamente as duas diferenças principais destacadas acima entre empresas e famílias (orientação no objetivo, livre escolha da pertinência e do período de pertinência), e aqui temos também um motivo central do problema, muitas vezes responsável pelo mau funcionamento de relacionamentos na empresa. Pois: a *lei da prioridade do anterior* vale e ao mesmo tempo não vale. Ou seja, depende do contexto, se essa lei deve ser aplicada ou se é desativada devido à orientação essencial em metas e a voluntariedade da pertinência.

Por um lado, mesmo os membros que pertencem há mais tempo à empresa têm prioridade em relação aos que entraram; se houver um desrespeito, ocorrerão distúrbios como nas famílias. No entanto, essa regra é problemática e suspensa se entrar um novo colaborador, superior na hierarquia da empresa, ou seja, se ele for colocado "à frente" de um colaborador antigo. Nesse caso o novo colaborador, devido a sua posição superior na hierarquia, possui uma prioridade em relação às decisões, mas essa prioridade funcional colide com a prioridade temporal gerada pelo período de pertinência. Essa problemática é ainda mais drástica se o novo membro for ainda muito mais novo do que o colaborador que está na empresa há muito tempo, mais velho em anos de vida e inferior na hierarquia.

Aqui é importante o novo aplicar a sua posição superior de gerência com uma atitude de respeito e honra em relação ao mais velho, para não violar o significado duplo irredutível da prioridade para o sistema: a prioridade baseada em pertinência e idade, por um lado, e a prioridade devido ao cargo, função e trabalho, por outro.

Pragmaticamente, isso significa que o colaborador novo superior deverá realizar a sua liderança a partir de uma atitude interna paradoxal: por um lado, claramente consciente da ilimitada prioridade funcional de decisão e ação; por outro lado, na consciência de realizar a condução como último elo da corrente, praticamente de trás para a frente. A imagem mais adequada seria um movimento de condução que não segue de frente contra o movimento de condução existente na empresa, mas que segue esta, acompanha o movimento, e só determina a direção. Uma condução de trás para a frente praticamente "cavalga" sobre o movimento já existente, conduzido a partir de seu interior, utilizando-o como força interna existente, transformando resistências em potencial em recursos próprios e fontes de força importantes.

Consideramos as explicações apresentadas até aqui como sendo suficientes para apresentar os procedimentos básicos do método sistêmico de Hellinger, assim como da consultoria sistêmico-dinâmica. Com o padrão das principais semelhanças e diferenças já temos uma base suficiente para que possamos compreender as seguintes documentações da aplicação prática da concepção de consultoria sistêmico-dinâmica com proveito. Uma apresentação das bases gerais, hipóteses de trabalho e técnicas de trabalho da consultoria organizacional sistêmico-dinâmica bastante orientada na prática, concluídas a partir das semelhanças e diferenças em relação ao princípio de Hellinger, consta na *Terceira Parte*: *Trabalho com Constelações*.

Segunda Parte

A Prática de Constelação

CONSTELAÇÕES NA ÁREA DE EMPRESAS COM FINS LUCRATIVOS

A alma do sistema*

Uma das principais teorias de Bert Hellinger sobre os sistemas familiares baseia-se na sua observação de que sistemas familiares ou a alma efetiva do sistema são delimitados tanto em relação ao tempo como também na dimensão lateral (ver Primeira Parte, Capítulo 5, Bases Sistêmico-Dinâmicas da Consultoria). No caso de sistemas empresariais temos de considerar igualmente essa questão do limite. Especialmente em empresas muito grandes, como por exemplo grupos multinacionais ou uma *holding* que se desenvolveu no decorrer do tempo a partir de uma associação de empresas, não se pode partir necessariamente do fato de que tudo que for considerado como *uma* empresa do ponto de vista jurídico, representa de fato um contexto de efeito e compensação no sentido sistêmico.

Isso traz diversas conseqüências para o trabalho de constelações:

Quando não trabalhamos com o nível superior da diretoria da empresa, mas com departamentos secundários (filiais etc.), as respectivas partes da empresa apresentam-se como uma parte do ambiente do subsistema ao qual prestamos consultoria. Se, por exemplo, prestarmos consultoria a um gerente de departamento, então em relação à pergunta "Quem faz parte" e em relação ao âmbito de intervenção, temos de considerar que esse gerente de departamento não tem grande influência nos processos decisórios da diretoria. Os níveis superiores do sistema são – mesmo sendo parte integrante do sistema empresarial – para o respectivo cliente da constelação tão exteriores à sua esfera de influências como as partes que de fato pertencem ao ambiente do sistema (condições gerais econômicas, fatores políticos etc.) Por esse motivo, não faz sentido constelar também a diretoria da empresa, para evidenciar os conflitos existentes nessa e procurar uma solução. Com isso estaríamos certamente incentivando uma atitude presunçosa.

Olhando de uma perspectiva tradicional sistêmica, os clientes, fornecedores, novos funcionários em potencial, funcionários demitidos, antigos proprietários da empresa seriam considerados não-pertinentes ao sistema. Nessa consideração seriam tratados como sistemas próprios, e a relação seria considerada uma problemática de interfaces, de comunicação entre sistemas. Mas, se nos basearmos no que se evidencia nas constelações, fica claro que os emaranhamentos sistêmicos e suas soluções também têm efeito nessas áreas. Isso seria mais um argumento para considerá-las pertinentes ao sistema.

Fatores não-pessoais

Além disso, tem se mostrado útil constelar as metas de uma empresa, suas dívidas, eventualmente imóveis, capital e outros fatores não-pessoais, representando-os por uma única pessoa. Mostrou-se em diversas constelações que os representantes desses fatores não-pessoais são extremamente comunicativos. Seus comentários nos trazem muitas vezes o indício decisivo, tanto em relação ao problema como em relação a possíveis soluções. A pergunta "Quem ou o que está falando aqui, afinal?" nos remete a uma área ontológico-fenomenológica que não pode mais ser inserida em uma imagem egolátrica do mundo, pensada pelo sujeito: se partirmos do princípio de que na constelação e pela força do siste-

> *Sobre o conceito não-egolátrico de alma, sugerimos a leitura de Giegerich (1988, 1989).

*Animismo: do latim *anima* = "a alma"; a doutrina da movimentação da natureza pela alma.

ma constelador for articulada uma realidade de sistema, que é pouco mais do que a soma dos respectivos sujeitos (constelados), então os representantes não estão expressando sua realidade individual, mas a realidade do sistema. Portanto, a afirmação de um fator não-pessoal da mesma forma não é uma experiência artificial, imaginada, fantasiada no sentido de "fazer de conta", uma vez que essa forma da imaginação subjetiva no sistema já foi sempre substituída pela experiência sistêmica do sistema integral. Face à acusação de estarmos retomando idéias animistas, podemos dizer que o próprio animismo* nesse âmbito ainda está baseado em uma imagem egolátrica do mundo, a qual, todavia, não tem mais lugar no paradigma sistêmico.

Falecidos

*Espiritismo: do latim *spiritus* = "o espírito"; doutrina de que as almas dos falecidos continuam existindo em um mundo dos espíritos, tendo um efeito sobre as áreas dos vivos em forma de assombrações.

Na mesma linha de pensamento também as afirmações dos falecidos nas constelações familiares têm uma função que dispensa a necessidade de aplicarmos idéias espíritas*. É claro que essa forma de observação traz profundas conseqüências lógico-antológicas para a nossa imagem do mundo. Não cabe detalhar isso aqui. Aos interessados, sugerimos a leitura de Günther (1976-1980) e Rombach (1980, 1988, 1993).

Agregação

Encontramos essa mesma problemática em uma forma mais amena no caso da agregação de grupos de pessoas quando, por exemplo, representamos os "clientes" e "os colaboradores" etc. por uma pessoa. Aqui também temos um representante que fala por todo um coletivo. Na técnica de constelação temos ainda de observar que possíveis fracionamentos deverão ser considerados dentro da coletividade, pelo fato de estes serem respectivamente representados por uma outra pessoa. Quando isso não ocorre, independentemente do motivo, o representante muitas vezes afirma que há "duas almas batendo em seu peito". Isso seria um indício para se colocar dois representantes em vez de um.

Pertinência da diretoria superior

O alcance de uma constelação e a pertinência ao sistema, como aprendemos a partir de diversas constelações, ocorrem muitas vezes de forma bastante peculiar para a diretoria superior em grandes empresas e instituições. Por um lado, a diretoria faz parte do sistema, mas, por outro, demonstra muitas vezes uma pertinência e um vínculo maior com as elites de outras empresas, instituições. A carreira pessoal e a segurança de seus membros dependem menos do sucesso ou fracasso pessoal no respectivo local de trabalho e mais da pertinência a essa elite. Assim podemos observar com cada vez mais freqüência que diretores recebem milhões pelo fato de deixarem os seus postos antecipadamente, em casos de incapacidade comprovada, sem que estes fiquem desempregados. Ao contrário, logo recebem novos cargos na política e na economia, os quais, via de regra, não acarretam perda de influência, remuneração, prestígio e reputação. Com isso, sua lealdade em caso de dúvida pertence ao grupo de pares na sociedade e não à empresa, com a qual deveriam se sentir obrigados.

A falta de vínculo com a empresa mostra-se entre outros pelo fato de que eles não participam dos programas de treinamento internos da empresa, de medidas no processo de mudanças culturais. Isso, muitas vezes, impõe um limite à consultoria e ao desenvolvimento organizacional sistêmico-dinâmico.

Colaboradores demitidos

Também os colaboradores demitidos, quando a sua demissão foi injusta do ponto de vista sistêmico, continuam muitas vezes sendo parte do sistema. Isso pode ser percebido pelo fato de que os colaboradores remanescentes a) ainda têm um sentimento de culpa porque puderam permanecer ou b) desenvolvem problemas de motivação e temor e, portanto, só podem aceitar o seu trabalho limitadamente. Há muitos motivos diferentes por que os demitidos ainda podem ter influência sobre o sistema. Um exemplo que nos deixou impressionados é o seguinte: em uma grande empresa européia de telecomunicações um departamento foi reestruturado, de forma que dos originais 400 colaboradores, 300 foram demitidos (destes, todavia, 90% foram realocados para uma outra posição na empresa). Os 100 colaboradores remanescentes, segundo informações do cliente responsável pela medida de reestruturação, dividiram-se entre colaboradores que trabalhavam e colaboradores que se recusaram a trabalhar.

O constelador solicitou ao cliente que este colocasse as seguintes pessoas: ele próprio, as duas frações de colaboradores e os demitidos. O primeiro comentário do cliente foi: "Mas por que os demitidos?" Então o constelador sugeriu que por enquanto os demitidos não fossem colocados. Depois do primeiro questionamento foi colocado um representante para os demitidos, e pela reação dos representantes dos colaboradores remanescentes ficou claro que eles respondiam com sentimentos de culpa e solidariedade em relação aos demitidos.

No decorrer da constelação evidenciou-se que também os demitidos compreenderam a necessidade de uma reestruturação e estavam satisfeitos com as suas novas atribuições e remuneração, mas que eles se sentiram como "bonecos de um jogo de xadrez" empurrados para lá e para cá. Sem coração. Então o constelador colocou o cliente na constelação e pediu que ele olhasse para os olhos do representante dos demitidos e dissesse: "Vejo vocês agora como muitos destinos individuais e sei que é difícil para vocês".

O cliente repetiu a frase a contragosto e sem emoção interna. Quando isso foi comentado, ele se justificou que não poderia fazer seu trabalho, se tivesse de considerar os aspectos emocionais "de cada medida" que tomasse. Sem responder a essa justificativa, o constelador solicitou que ele abrisse seu coração por um instante e olhasse verdadeiramente para a pessoa a sua frente e repetisse a frase. Quando isso foi possível, por um curto momento, os demitidos imediatamente disseram que estavam reconciliados; os remanescentes sentiram-se aliviados e conseguiram focalizar as tarefas vindouras.

No entanto, ficou claro que o cliente não ficou satisfeito com essa solução. Assim, o constelador explicou: "Você está procurando uma dica de gerenciamento, quando na verdade somente um coração aberto pode ajudá-lo". Com isso encerrou a constelação.

Algumas semanas mais tarde soube que o gerente de departamento havia feito um discurso para os remanescentes, no qual ele honrou o trabalho dos demitidos e reconheceu a dificuldade para cada um. Foi muito aplaudido e depois do discurso muitos colegas chegaram a ele para cumprimentá-lo pessoalmente.

Nesse pequeno exemplo podemos ver que uma compreensão funcional de gestão, na qual o diretor tenta se esquivar do peso da decisão, não vai funcionar. Mas se ele assumir toda a responsabilidade e o peso da decisão, ele será honrado e o peso será dividido.

Antigos proprietários

Assim como os demitidos, também os antigos proprietários da empresa poderão continuar influenciando o sistema. Esse é especialmente o caso quando o seu trabalho para a constituição da empresa não foi honrado ou se eles tiveram de vendê-la devido a problemas financeiros e o comprador tirou vantagem dessa situação. O antigo proprietário e/ou fundador não dá então a sua bênção à empresa.

Com base nas constelações que fizemos até o momento sobre essa problemática, podemos dizer que não vale a pena comprar uma empresa, enquanto não se tem a bênção do proprietário, para que o negócio possa continuar bem.

Micro e macroplano

A compensação entre dar e tomar como uma das três dinâmicas principais em sistemas deverá ser tematizada uma vez no plano microeconômico e outra vez no plano macroeconômico. A forma mais elementar da troca com a empresa consiste no fato de os colaboradores trocarem a sua força de trabalho por salário ou remuneração. Essa relação de troca varia de acordo com os fatores micro e macroeconômicos do mercado de trabalho. Por isso a pergunta, o que se subentende como compensação entre dar e tomar, não é fácil de responder. Especialmente quando incluímos considerações da economia política, põe-se a questão do que poderia ser considerado uma compensação "justa" nas condições de produção capitalistas nas quais o valor agregado permanece sob o domínio do proprietário do capital.

Via de regra, essas questões não aparecerão em um contexto de consultoria individual, uma vez que as condições gerais econômico-políticas são consideradas como uma variável mutável do processo de consultoria.

Mas se atuarmos na área de consultoria política, ou seja, no local onde essas condições gerais são estabelecidas, as questões sistêmicas podem ser novamente aplicadas. Pode ser que o princípio sistêmico, como nós o compreendemos, abandone sua área de atuação, ou que dinâmicas de sistema sejam descobertas nesse plano de agregação que não conhecemos até o momento. Como ainda não atuamos nesses contextos de consultoria, não dispomos de conhecimentos práticos sobre eles.

QUAL É O MEU PAPEL COMO CHEFE NA MINHA EQUIPE?

1ª CONSTELAÇÃO

Cliente: Minha situação é a seguinte: sou chefe de uma equipe de seis pessoas, duas mulheres e quatro homens.

Treinador: Todos entraram nessa equipe ao mesmo tempo?*

*Aqui perguntamos sobre a hierarquia.

C: Não; alguns antes de mim, alguns depois. Assumi a equipe depois da morte de meu antecessor.* Na época era o mais novo na equipe; todos os outros já faziam parte há mais tempo. Depois desliguei dois colaboradores* da equipe antiga, e chamei dois novos.

*Um possível indício para emaranhamentos sistêmicos:
— O falecido foi honrado?
— Seu lugar ficou vago?

T: Quando o seu antecessor ainda estava vivo, você trabalhava no mesmo plano hierárquico que os outros da equipe antiga?

*Alguém aqui foi desligado do sistema como bode expiatório?
— Como eles foram demitidos?
— Seu trabalho foi honrado?

C: Sim.

T: Isso significa que, com a morte dele, você avançou do plano de membro da equipe para o plano de chefe da equipe.*

*Um possível conflito na seqüência hierárquica: o último membro no que se refere ao período de pertinência torna-se primeiro devido à sua competência!

C: Sim. Agora tenho quatro colegas homens e duas mulheres, as quais eu mesmo contratei em minha nova função.

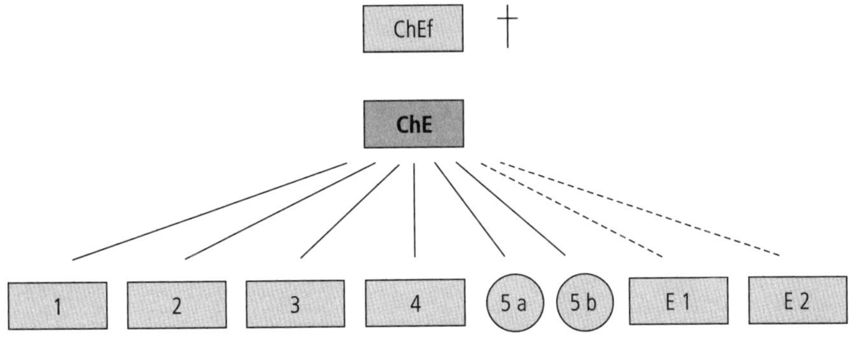

Organograma: ChE = chefe de equipe; ChEf = antecessor falecido do chefe de equipe; 1 a 5b = colaboradores; E1-2 = colaboradores demitidos.

Gráfico 1.0

T: E qual é a sua questão?*

*Segue o esclarecimento da questão.

C (*diz com a voz preocupada*): Gostaria de esclarecer o meu papel como chefe de equipe nesse sistema empresarial.* O problema é que eu percebo que tratei injustamente pessoas desse grupo, que já estão há 40 anos na empresa, sem motivo,* simplesmente disse: você já está aqui há 40 anos, agora precisamos de gente nova.

*A questão é legítima.

*Um indício para uma possível estrutura de bode expiatório.

T: Está bem. Procure uma pessoa para representar você, seu antecessor, os dois colaboradores novos, os quatro membros antigos da equipe, os dois que foram demitidos e o chefe

*Como todos os membros do sistema são relevantes para esclarecer a questão, o treinador deixa o cliente colocar o sistema inteiro.

que colocou você nessa posição. Quando o grupo de representantes estiver completo, comece a colocar as pessoas de acordo com a sua imagem interna.*

T (*diz ao grupo*): Antes de começar: Qual é a primeira coisa que chama a atenção aqui? (*Apontando para o representante do cliente*): Ele está diante de um demitido. Mas ele deveria estar diante de seu antecessor que, na situação mais propícia, lhe daria força posicionando-se atrás dele.

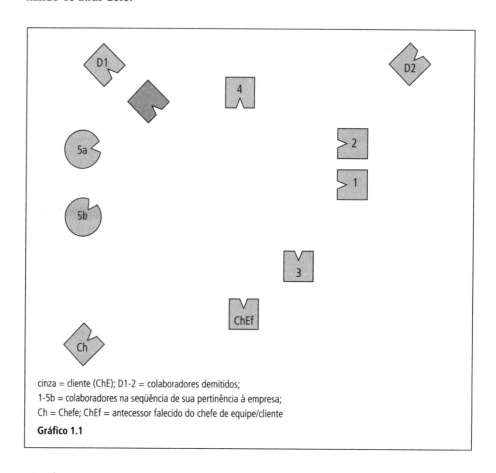

cinza = cliente (ChE); D1-2 = colaboradores demitidos;
1-5b = colaboradores na seqüência de sua pertinência à empresa;
Ch = Chefe; ChEf = antecessor falecido do chefe de equipe/cliente

Gráfico 1.1

(*Questionamento sobre a primeira impressão*)

*O questionamento segue de acordo com a hierarquia.

T: Como se sente o chefe da empresa,* como se sentem os outros?

Ch (*Chefe*): Confuso e muito pensativo em relação ao que acontece aqui.

ChEf (*Chefe de equipe falecido*): Na verdade ainda faço parte, e parece que ainda há algum relacionamento com ele (*apontando para o membro 3 da equipe*).*

*Identificação? Contrato? Assunção?

*ChE não está em contato com a sua força, não está em seu lugar.

ChE (*Chefe de equipe, representante do cliente*): Minhas mãos estão suadas, minha respiração está mais fraca, sinto medo!*

1 (*membro mais velho da equipe*): Não estou interessado em quase nada aqui, a não ser o colega mais novo, ali (*apontando para o 4*).* A princípio sinto-me bastante forte aqui.

*Pergunta: De onde vem esse interesse unilateral?!

D2 (*apontando para o ChEf*): Sinto-me atraído por ele.

3 (*o terceiro na hierarquia da equipe*): Tenho uma sensação horripilante.* Sinto-me rígido (*apontando para o representante do cliente*). Ele está aí, mas de alguma forma não existe.

2 (*o segundo na hierarquia da equipe*): Sinto-me como o 1. (*Apontando para o ChEf*). Para mim ele é o mais importante.* Algo que está atrás de mim ainda não está resolvido.

5a (*novo contratado a*): Quero sair daqui!

5b (*novo contratado b*): Sinto uma grande atração pelo antecessor (*depois aponta para o Ch*), e ele me incomoda ali.

T (*coloca 5a mais próximo de 5b*)*: Vou primeiro trabalhar nessa área, para tirar um pouco de tensão do sistema. (*Diz ao grupo*) O que vocês estão vendo aqui é a grande influência de um falecido; ele – do ponto de vista sistêmico – ainda não foi embora. (*Diz para D2*) Como você se sente aí atrás?

D2: Estou muito tenso.

T: Então vire-se para cá.

(*D2 se vira e olha novamente para o grupo*)*

D2: Agora sinto-me seguro.

T (*diz para D1*): E como você se sente?

D1 (*apontando para ChE*): Antes de ele ficar aqui, estava bem. Mas agora sinto muita agressão e desrespeito em relação a ele.

(*T coloca 3 diante de ChEf*)

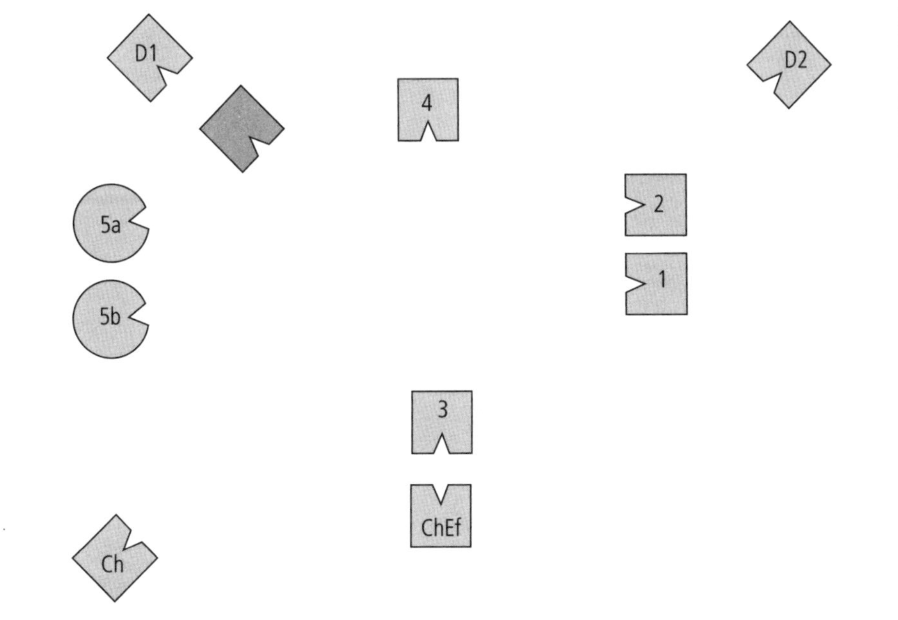

*Quando os mortos não estão na nossa visão, seu efeito é inquietante – no duplo sentido da palavra.

*Para 3 e 2 o ChEf ainda é existente. Por isso não podem perceber ChE como chefe, eles vivem um conflito de lealdade.

*Colocando os dois novos membros um ao lado do outro ele facilita a situação para os dois, isso corresponde à sua entrada simultânea no sistema.

*O pressuposto nesse caso é: O olhar e a verdadeira percepção aliviam o medo, que é resultado de imagens internas.

Gráfico 1.2

Constelações Organizacionais

T: Como você se sente quando ele olha para você?

ChEf: Para mim está sendo muito direto.

*3 expressa uma necessidade infantil, que não é adequada à sua idade e nem ao tipo de relacionamento.

3: Sinto-me dividido, atraído e repelido. Ao mesmo tempo, quero que ele me abrace.*

*A frase interveniente coloca 3 novamente em uma situação adulta e expressa de forma adequada seu respeito e sua valorização.

T (*diz para 3*): Diga ao antecessor: "Você foi meu chefe e respeitei muito você. (*Pausa*) E estou triste por você ter morrido."*

(*3 repete a frase*)

T: Isso é verdade?

3: É.

*Ver: "Dar a bênção" (p. 237).

T: Então diga: "Por favor, dê-me a sua bênção,* para eu ficar bem aqui na empresa, mesmo sem você."

(*3 repete a frase*)

T (*diz para ChEf*): Como você se sente ao ouvir isso?

ChEf: Me sinto bem.

T (*diz para ChEf*): Diga a ele: "Você tem a minha bênção. Mesmo que eu esteja morto e você esteja vivo. E quero que você fique bem." (*ChEf repete a frase*) Isso está certo para você?

ChEf: Não!

T: É verdade. Então diga: "Pena que estou morto, gostaria de viver!"

(*ChEf repete a frase*)

*Aqui temos a seguinte dinâmica: faço isso por você. Continuarei por você!

3 (*diz para ChEf*): Continuarei o seu trabalho.*

T (*diz para 3*): Como você se sente quando diz isso?

3: Sinto-me aliviado.

ChEf (*diz espontaneamente para 3*): E isso não é possível! Você só pode continuar o seu trabalho.

T (*diz para 3*): Como você se sente agora?

*Na sucessão também há uma certa presunção: abrir mão dela significa reduzir-se em seu próprio lugar a sua própria medida – diminuir.

3: Estou tremendo muito. Minhas pernas doem.

T: Isso mesmo. Assim você também diminui um pouco.*

3 (*diz para ChEf*): É verdade, fui presunçoso.

ChEf: O fato de eu estar morto e você vivo é o meu destino. Você não pode se intrometer.

T (*diz para 3*): Você aceita isso?

3: (*Balança a cabeça negativamente*)

T: Um que quer ser chefe. (*T dá a 3 uma bolsa como símbolo para algo que ele carrega*).* Diga ao seu ex-chefe: "Assumi isso de você, não é meu, vou lhe devolver!"

*Só agora que 3 consegue se desligar de sua atitude arrogante, devolvendo algo praticamente, como ato simbólico mas também de fato, que pode ser vivido para a restituição da ordem de responsabilidade e competência.

T: Como você se sente agora?

3: Agora sinto-me mais leve.

T (*diz para ChEf*): Sinta isso. (*T observa o ChEf*) Isso mesmo, é seu!

ChEf (*balança a cabeça afirmativamente*): É verdade, é meu.

(*T coloca 3 mais para cima, alinhado entre 4 e 2*)*

*Restituição da ordem de acordo com a hierarquia no sistema.

T: Veja como você se sente nesse lugar.

T (*diz para ChE*): Você pode vir aqui, para este lugar?

(*ChE toma a antiga posição diante de 3, com o rosto voltado para ChEf*).*

*Começa o esclarecimento na relação entre o cliente, seu antecessor e seu chefe.

T: (*Leva o Chefe para perto do ChE e do ChEf*)

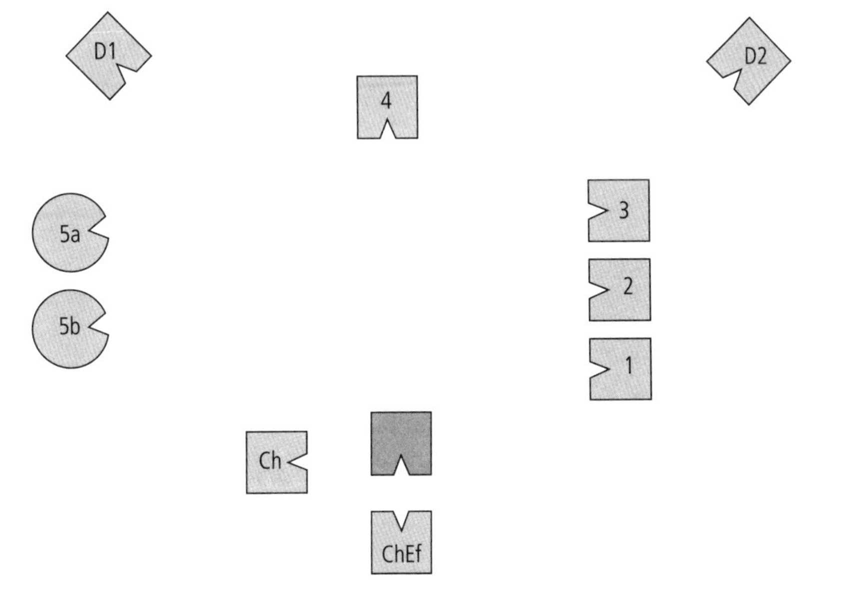

Gráfico 1.3

T (*diz para o chefe*): Você o escolheu como sucessor (*depois afasta ChE e ChEf*).

T: Como você se sente?

Ch: Estou com um peso na consciência.

T: Certo. Você sabe dizer por quê?

Ch (*apontando para ChEf*): ... ele ainda está aqui! E, além disso, deixei-o (*apontando para ChE*) muito na mão.

(*O treinador coloca o ChE ao lado de 1 e o Ch diante do ChEf*)*

*Aqui o relacionamento forte, mesmo que latente entre o Ch e o ChEf é trazido à luz e à consciência em um encontro entre ambos.

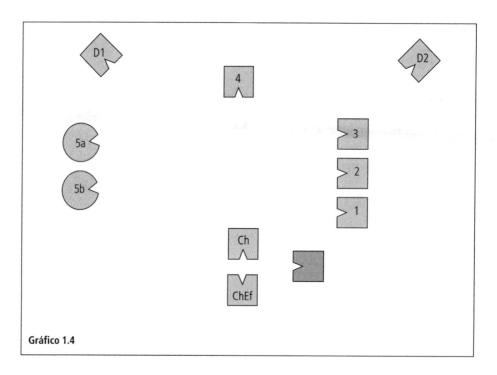

Gráfico 1.4

T: Olhe para o antecessor que morreu. Diga a ele: "Sinto muito a sua falta. Pena que você já morreu."

T (*para ChEf*): Você conseguiu assimilar isso?

ChEf: Não sei dizer ao certo.

(*T tira o peso de ChEf; coloca o Ch ao lado do ChEf*)

ChEf: Não tenho certeza se tínhamos mesmo esse relacionamento.

T: Tudo bem. (*diz para ChEf*). Diga ao seu ex-chefe: "Não senti nosso relacionamento muito forte!"

Ch (*diz espontaneamente*): Eu compreendo, mas da minha parte ele existiu mesmo assim.

T (*coloca o ChE diante do Ch; diz ao Ch*): E você diga ao chefe de equipe atual: "O que houve entre nós dois é um problema só nosso.* Você não tem nada a ver com isso. Você está livre. E se eu incluí você em algo que não lhe diz respeito, sinto muito."

*Solução da triangulação por parte do "triangulador" com frases de solução...

(*Ch faz isso*)

T (*dá um peso ao ChE*): Diga ao seu chefe: "Assumi isso de você. Agora estou lhe devolvendo!"

(*ChE devolve o peso*)*

*...e na parte do "triangulado" com a devolução da competência indevida.

T: É, posso ver que isso fez bem.

ChE (*visivelmente aliviado*): Sim, isso fez bem.

T (*coloca o ChE diante do ChEf*): Diga a ele: "Você foi o primeiro, eu sou o segundo."*

*Para reforçar o efeito da solução da triangulação, a seqüência verdadeira é novamente conscientizada.

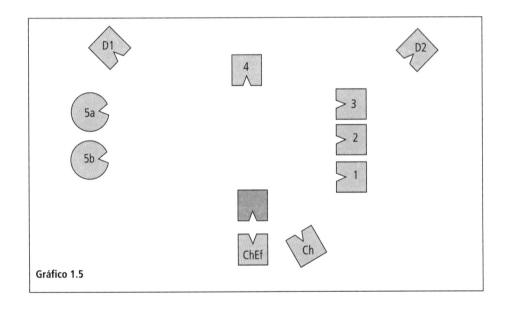

Gráfico 1.5

T (*diz para o ChEf*): Como você se sente quando ouve isso?

ChEf: Não sei se eu teria tomado essa separação, digo, decisão.*

*Presunção!

T (*diz ao chefe*): Diga ao ex-chefe de equipe: "Isso também não teria sido sua decisão!"

T (*diz para o cliente*): Isso é verdade do ponto de vista jurídico? Essa teria sido a decisão do chefe?

(*O cliente balança a cabeça afirmativamente*)

T (*diz ao chefe*): Diga a ele (*ChEf*): "Essa é a minha decisão, não a sua!"

T (*diz ao ChEf*): Deu para assimilar isso?

ChEf: Estou um pouco pensativo.

T (*diz ao ChEf*): Faça uma reverência diante do Chefe! Diga a ele: "Você é o chefe, não eu!"*

*A reverência é um ritual para expressar em uma estrutura de ordem o respeito ao superior. Ver "dar a honra" (p. 236).

ChEf (*diz com uma postura ereta e orgulhosa*): Mas eu me sinto como um chefe!

T: É verdade, consigo sentir isso (*coloca o antigo chefe de equipe diante do chefe*).

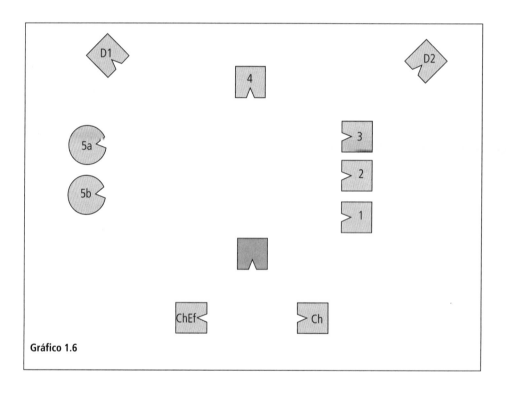

Gráfico 1.6

T (*dá um peso ao ChEf*): Olhe para o seu Chefe e diga a ele: "Aqui eu carreguei algo por você que não é meu. Estou lhe devolvendo."*

*A devolução de um peso simbólico como uma forma de resolver a assunção de algo estranho (presunção).

(*ChEf o devolve*)

T: Como você se sente agora?

ChEf: Sei lá.

T (*coloca-se ao lado do chefe*): Fique em pé com uma postura mais enérgica e diga: "Eu sou o chefe. E se eu passei a você atribuições que seriam minhas, sinto muito. Não foi certo."

T (*observa a reação do ChEf e depois diz a ele*): E você também gostou!

ChEf (*balançando a cabeça afirmativamente*): Fiz com prazer e gostei de fazê-lo.*

T (*diz ao ChEf*): ...mas – não – foi certo.

ChEf (*diz ao Chefe*): Gostei de fazê-lo, mas não foi certo.

T: Como você se sente agora?

ChEf (*pensativo*): Ainda existe um conflito posterior.

T (*vira o ChEf para o centro, onde está o ChE*): Diga a ele: "Você é meu sucessor."

*Triangulações em organizações sempre representam um lucro para o triangulado (reputação, competência etc.)

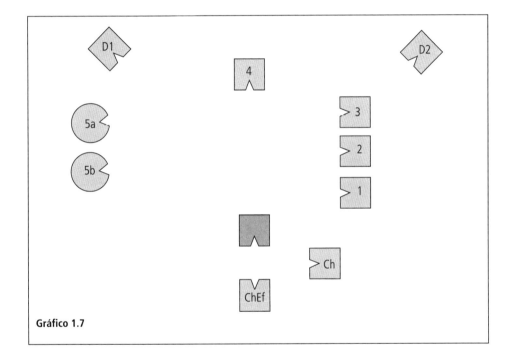

Gráfico 1.7

T (*diz para o ChE*): Como você se sente ouvindo isso?

ChE: Não é convincente.

ChEf: Eu gostaria de ter continuado.

T: Podemos sentir isso.

T (*diz para ChE*): Diga: "O fato de você estar morto e eu vivo é o seu próprio destino, não o meu. (*Diz para ChEf*) O que acontece quando você ouve isso?

ChEf: Não quero aceitar.*

(*T vira o ChEf 180 graus, de costas para o grupo*)

*A dinâmica aqui não pode ser resolvida com o fato de que o ChEf abandone a atitude da qual ele se apropriou; para o cliente a situação pode ser resolvida satisfatoriamente colocando o Chefe entre os dois.

Constelações Organizacionais

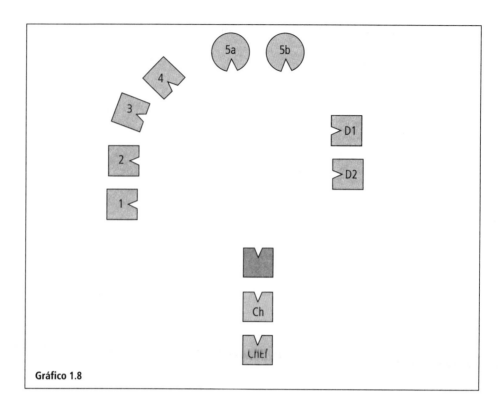

Gráfico 1.8

*O efeito no grupo mostra como essa recolocação foi adequada.

(*Todos os representantes sentem-se mais leves, descontraídos*)*

T: O que acontece no sistema? Muito alívio, é o que vejo!

ChE: Ficou mais fácil.

*A seqüência é colocada no sentido horário.

T: Ótimo (*coloca o Chefe atrás do chefe de equipe, depois ele coloca a seqüência à esquerda de acordo com o tempo de pertinência no grupo*)*.

T: Como vocês se sentem?

1: Bem.

2: Ótimo.

3: Estou muito bem. Especialmente entre estes dois aqui.

T: Isso mesmo. Você está no seu lugar.

4. Bem, também.

T: Como se sentem as duas mulheres?

5a: Muito bem.

5b: Meu ombro esquerdo está doendo muito.

T: Certo. (*Para D1 e D2*) E como vocês se sentem?

D1: Estou muito mais descontraído. Tenho a sensação de estar em paz agora.

D2: Aqui está bem. No lugar anterior, lá atrás, eu não estava bem. Havia muita tristeza.

T (*virando-se para 5b*): Olhe um pouco para os dois demitidos.

5b (*o faz*): Gostaria de ficar perto dos dois.

T (*coloca 5b ao lado do D1; 5b relaxa imediatamente seu corpo; depois ele diz para o grupo*): Vocês podem observar aqui: a mais nova dentro do sistema identificou-se com aqueles que tiveram o pior destino, aqueles que foram demitidos. O mais fraco se identifica com aquele que não foi honrado e o segue.

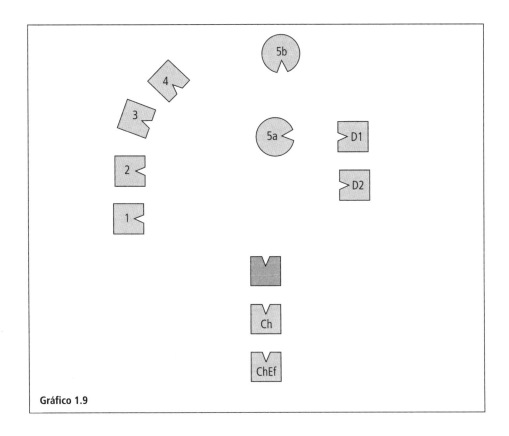

Gráfico 1.9

(*T coloca 5b diante de D1*)

T: Diga: "Gostaria muito de seguir você."

(*5b o faz*)

T (*diz a D1*): Como você se sente quando ouve isso?

D1: Isso quase me deixa orgulhoso. Mas não quero isso!

T (*diz a D1*): Exato! Diga a ela: "Fico feliz, mas não quero isso. O seu lugar é no sistema. E meu lugar é fora dele."

(*D1 repete*)

5b (*olha para D1 com carinho*): Eu sei. Só estou muito preocupada com você.

*Devolução

T: Isso. Você está carregando algo (*ele dá a 5b um peso para carregar*)*. Diga a ele: "Estou lhe devolvendo isso!" (*E entrega o peso a D1*). Isso. E agora diga a ele: "Olhe-me com bons olhos, se eu estiver bem nesta empresa."*

*Aqui o remanescente pede a bênção ao demitido, para que o remanescente possa aceitar a sua continuação na empresa.

(*5b repete, D1 sorri para ela, enquanto isso*)

T (*diz para a nova colaboradora 5b*): É o que ele está fazendo. Você está vendo?

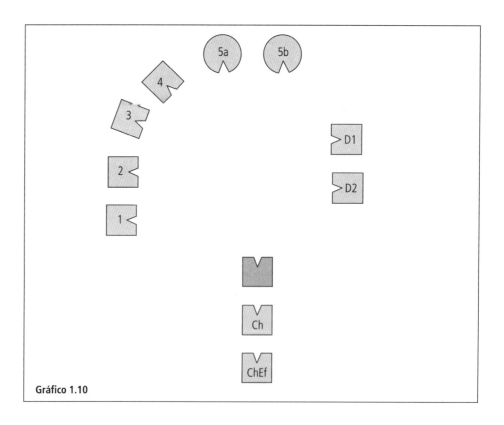

Gráfico 1.10

5b (*acenando com a cabeça, satisfeita*): Agora estou com uma sensação quente no coração (*e retorna ao local anterior*).

T (*virando-se para D2, que aparentemente quer dizer algo*): Diga.

D2: Quando estava lá atrás, tive a seguinte sensação: Eu só fui demitido porque o antecessor achava que a equipe deveria ser mais nova! (*diz para ChE*) A demissão não partiu de seu interior. Mas eu queria que a demissão tivesse sido uma decisão sua!

T (*para D2*): Bem, aqui parece que houve uma espécie de atribuição. Isso é possível. (*Diz para ChE*) Como você se sente quando ouve isso?

ChE: Talvez tenha sido assim. Não sei.

T: Mas parece não ser tão importante. (*Olha em torno de si e vê que todos os participantes da constelação estão parados eretos e concentrados*) Certo.

(*Substituição do representante pelo cliente*)

T (*substitui o ChE pelo cliente; diz ao cliente*): Isso, agora olhe para todos!

C (*olha em torno de si, depois sorri*): Sim, essa é uma boa equipe! E sinto um novo relacionamento com aquele, que anteriormente estava na minha mira (*diz com uma voz alegre e dinâmica*). Nossa, estou gostando. Agora estou mesmo com as costas livres!

Chefe: Estou bem. Mas continuo cuidadoso.

T: Cuidadoso, mas bem. Certo, era isso. (*Diz ao grupo*) Vocês podem se sentar. Obrigado por participar.

(*Todos se sentam novamente*)

DISCUSSÃO POSTERIOR

Part/1: Com esse ritual de despedida me senti mais livre e minhas costas esquentaram.

Part/D2: Quando assumiram mais responsabilidade ali na frente eu me senti mais livre e mais forte.

T: Aqui vocês podem ver, se o chefe está mesmo em seu lugar cumprindo a sua função, todos se sentem melhor.

Part/D2: Tive a sensação de que agora posso respeitá-lo.

T: Como vocês puderam ver, havia alguma influência do passado, algo que não pudemos esclarecer aqui. Pudemos ver isso. O antigo chefe do sistema saiu do sistema, e quem assume a responsabilidade por aquele que saiu? O chefe, ele se coloca no meio, assim ele tem as costas livres.

*O cliente assume a nova imagem interna e espera que ela surta efeito.

E essa é agora a sua imagem interna:* Ele (cliente) não pode fazer com que o Chefe dê esse passo, e nem precisa. – Bem, então vamos encerrar por aqui.

POR QUE AS MINHAS ORDENS NÃO SÃO CUMPRIDAS?
CONSTELAÇÃO 2A

Cliente: O meu tema é o seguinte: muitas vezes há situações nas quais as instruções estabelecidas no âmbito da empresa não são cumpridas! Não corretamente, não em tempo hábil, não de acordo com o sentido ou são simplesmente ignoradas. Depende. Por isso quero fazer uma constelação para descobrir o motivo.

Treinador: Certo, então procure um representante para você e para os gerentes de departamento. Primeiro somente para você e para o plano de gerência.*

*Comece com o mínimo de acordo com a questão: aquele que dá as ordens e aqueles que deverão cumpri-las.

(*O cliente procura representantes e constela a imagem*)

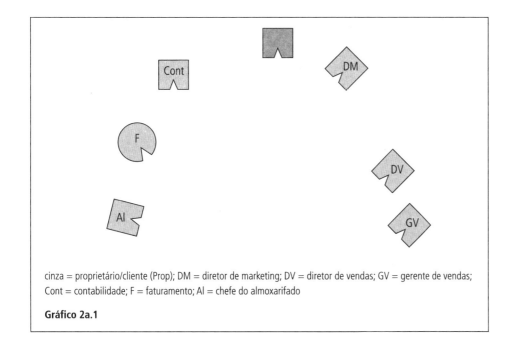

cinza = proprietário/cliente (Prop); DM = diretor de marketing; DV = diretor de vendas; GV = gerente de vendas; Cont = contabilidade; F = faturamento; Al = chefe do almoxarifado

Gráfico 2a.1

(*Questionamento sobre a primeira impressão*)

T: Como se sente o chefe?

Prop (*olhou com olhar admirado em torno de si*): Estou acima de tudo irritado.

T: Certo. Como está o diretor de marketing? O diretor de vendas e o gerente de vendas?

DM: Incerto!

DV: Estou um pouco perdido nesta posição, junto com o gerente de vendas.

GV (*olhando fixamente para a frente*): Nem consigo olhar para a diretoria. Não estou percebendo tudo isso. Sinto-me excluído.

T: Certo. Como se sentem a contabilidade e o faturamento?

Cont: Não participo e estou um pouco perdido. Olho para o vazio e não tenho contato com ninguém.

F: Sinto-me por um lado como não-participante, e por outro lado não me sinto bem. Aqui há alguma coisa estranha. E tenho a impressão de estar sendo tiranizado para encobrir alguma outra coisa.

T: Como se sente o almoxarifado?

Al: Sinto-me isolado, talvez sozinho. Estou olhando para fora, colecionando impressões. Os dois funcionários de vendas parecem bastante tensos, o diretor de marketing meio deslocado, ou algo assim. (*Enfatizando*) E o chefe não entende nada aqui.

T: Como se sente o chefe quando escuta isso?

Prop (*triste*): Por mais organizado que tudo pareça geometricamente, sinto-me desorganizado internamente. As vendas teriam de se aproximar muito mais, estão muito longe. Bem, aqui no centro sinto-me perdido.

T: No centro você se sente perdido. Certo. (*Diz ao cliente*) Então coloque agora a segunda diretora.*

(*O cliente escolhe uma mulher e a insere na imagem*)

*A primeira rodada apresentou a imagem de um isolamento completo dos respectivos departamentos para o relacionamento entre diretoria e gerentes. Para obter mais informações sobre a estrutura das relações precisa ser acrescentado o segundo membro da diretoria. Como em uma experiência de física, todas as variáveis permanecem constantes para que se possa medir os efeitos da mudança em um ponto (2ª diretora).

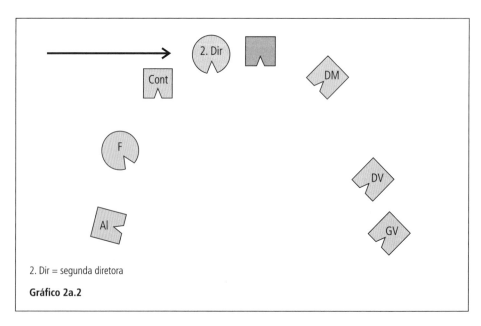

2. Dir = segunda diretora

Gráfico 2a.2

T: Quem sentiu alguma mudança? (*Cinco dos representantes levantam a mão*) Certo. O que exatamente mudou?

GV: A atenção agora está voltada para ela.

Cont: Eu teria a tendência de me afastar um pouco dela.

F: Sinto algo semelhante.

Al: Com respeito, mas também com muita atenção.

Prop: Estou ainda mais irritado do que antes.

F: Eu também.

T: Certo. O que acontece com a diretora?

2ª Dir (*bastante altiva*): Ora, eu me sinto bem no centro, tenho o poder. Mas também não sei o que fazer com isso.*

T: Certo. (*Diz para F e Cont*) Vocês dois, sigam simplesmente os seus impulsos. Façam o que vocês têm vontade fazer.

(*Ambos se afastam um pouco da 2ª diretora, F aproxima-se mais do Al e Cont vira-se mais para a frente*)

T (*diz para o cliente*): Escolha por favor alguém para representar os seus clientes. Um homem ou uma mulher.

(*O cliente coloca um homem*)*

*O proprietário havia dito anteriormente que ele se sentia perdido no centro do poder. Aparentemente há uma troca de papéis.

*A constelação até o momento reflete a situação atual da empresa como um sistema fechado. Com a introdução dos clientes podemos obter informações sobre determinadas estruturas de interesses, atenção e solidariedade, quando o sistema é confrontado com o seu ambiente, quando encontra seus contatos externos em seus clientes. O que é importante? Para quem e de que forma? Quais estruturas internas se transformam, para quem e de que forma? Como o olhar para fora muda as estruturas internas? Além disso, o cliente poderá vivenciar o efeito da situação atual da empresa sobre os seus clientes.

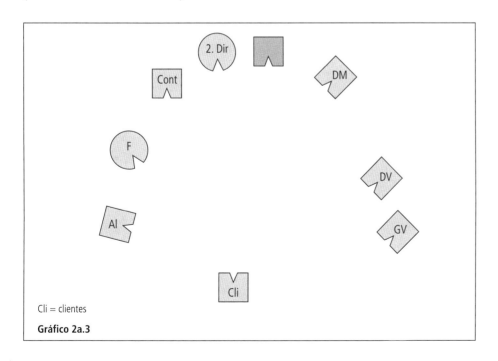

Cli = clientes

Gráfico 2a.3

T: O que acontece agora, quando há os clientes? (*Cinco representantes levantam a mão*) Com o chefe?

Prop (*com uma voz de espanto*): Tenho arrepios. E me sinto ameaçado.

2ª Dir: Para mim logo ficou mais claro. Estou muito focalizada.

DM: (*vital*) Esse é o animal que devemos caçar. Que eu caço.

T: Significa que você está melhor ou pior?

DM: Melhor. Agora há um direcionamento.

T: Certo. Como se sente o pessoal de vendas?

DV (*estressado*): O cliente só tem um efeito indireto como direcionamento. Primeiramente, pensei que obteria um foco com isso. Mas não consigo mantê-lo a longo prazo, pois estou em uma posição fraca. Estou sempre com a diretora na minha frente. Ela é quem estabelece o que acontece com os clientes.

T: Certo. E o que sentem os outros?

GV: Muito mais leve em relação à pressão de eu me sentir excluído. (*Apontando para o cliente*) Tenho, pela primeira vez, alguém como referência. Alguém que está diante de mim, e que gosta de mim.

Cont: Eu diria o mesmo. Enfim há alguém para quem eu posso olhar. Há um sentido. Mas o vínculo com o outro aqui continua não existindo.

F: Agora me sinto menos ameaçado pela diretora. O foco de minha atenção também está no cliente. Posso sentir isso nitidamente. E meu primeiro pensamento em relação ao cliente foi: Sinto muita pena dele!

DV: Posso me concentrar nele, e isso permite que eu olhe para longe da diretoria.

Al (*apontando para os Cli*): Isso é o essencial! Mas tenho a impressão de que cada um faz isso de uma forma. Não em conjunto, mas isoladamente.

T: É verdade (*pensando*). Cada um parece orientado no cliente, mas não juntos como equipe; cada um de uma forma. Todos estão voltados para o cliente, mas sem o apoio da diretoria. Como se sente o cliente?

Cli: A atenção que recebo como cliente é boa para mim. Mas sinto-me acuada! Meu primeiro impulso seria me afastar um pouco.

T: Concordo. Faça isso.

(*O representante do cliente dá sete passos para trás, depois suspira aliviado e pára*)

Cli: Aqui está mais fácil.

T: Ah, sim. O que sente o diretor?

Prop (*aliviado*): Isso já está mais simpático. E tenho a sensação de que eles (*apontando para os respectivos chefes de departamentos*) deveriam ter um vínculo mais forte comigo.

*Fim do levantamento de informações na forma como ela resulta da imagem constelada pelo cliente.

T: Isso. Vamos começar.*

(*O treinador faz um reposicionamento; coloca a segunda diretora do lado esquerdo do proprietário e depois vira ambos um pouco frente a frente*).*

*O esclarecimento iniciado aqui se orienta na formação encontrada por Hellinger para as famílias, segundo a qual o membro da família que representa a família para fora, deverá estar à direita.

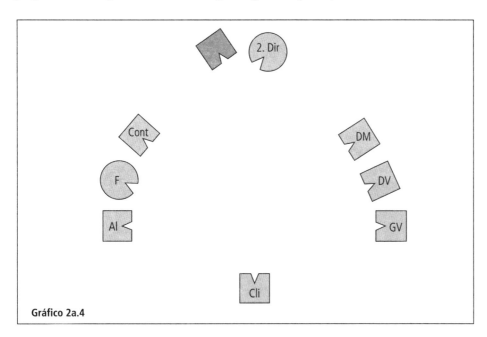

Gráfico 2a.4

T: O que acontece quando vocês se entreolham? O que sente a diretora?

2ª Dir: No início me senti mal aqui, à esquerda dele. Lá atrás estava melhor. Agora está começando a se formar um relacionamento. Antes, lá atrás, nem o (*o proprietário*) percebi.*

*Segundo a técnica de constelação a 2ª Dir agora está no 2º lugar, o que para ela, que se sente o verdadeiro centro, parece ser visivelmente desagradável. No entanto, aqui ela pode pela primeira vez enxergar o verdadeiro número 1.

Prop: Anteriormente, quando ela estava a minha direita parecia uma espécie de concorrência. Agora tenho mais a sensação de: Vamos fazer algo juntos!

T: Certo. (*Diz à 2ª Dir*) O que acontece com você quando o ouve dizer isso?

2ª Dir: Gostaria de voltar para lá!

T: Sim, mas não é o seu lugar. Diga a ele (*Prop*): "Você é o primeiro e eu sou a segunda." (*2ª Dir diz*). Como você se sente quando ouve isso?*

*Reconhecimento, delimitação e posicionamento do proprietário em relação à 2ª Dir.

Prop: Isso me faz bem.

T: Então olhe para ela e diga: "Sim, é isso mesmo!"

CONSTELAÇÕES ORGANIZACIONAIS

*...que no entanto permanece no plano verbal para a 2ª Dir. A 2ª Dir não consegue aceitar esse fato como realidade (interna)...

(*Prop o faz*)

2ª Dir (*pensa, olha para o Prop, depois olha para o chão e diz em voz baixa*): Sim. Para mim é difícil aceitar isso!*

T: Diga em voz alta!

(*A 2ª Dir repete a sua afirmação em voz alta e clara*)

*...pois o problema é complementar: ele não assume a sua posição e ela preenche a lacuna. Enquanto o Prop não preencher completamente a sua posição, a 2ª Dir não o aceitará em seu papel de liderança.

T (*diz ao Prop*): Parece que até agora você também teve dificuldades em assumir de verdade essa posição como primeiro. (*2ª Dir balançou a cabeça afirmativamente*)*. Então não precisamos nos admirar se o seu pessoal está por aí desorientado. Olhe novamente para ela. E diga a ela: "Agora assumo o meu lugar como primeiro."

(*Prop o faz*)

2ª Dir: Sinto uma determinada teimosia dentro de mim. (*Olha intensivamente para o Prop, depois diz em voz baixa*) Sim. Você é o primeiro!

*Começa a esclarecer passo a passo a relação entre os respectivos gerentes com a diretoria. Começa pelas finanças, como sendo o departamento primário para a sobrevivência da empresa.

T: Pronto. (*Diz ao cliente*) Quem aqui é responsável pelas finanças?

C: Primeiramente a primeira diretora. E depois o contador.

(*O treinador coloca o contador à esquerda ao lado da 2ª Dir*)*

T: Como você se sente?

*Assim como a Cont, F também diz que qualquer aproximação com os dois diretores, ou seja, o contato mais íntimo com o nível de diretoria sempre é percebido como ameaça, com o risco de triangulação. A falta de clareza entre os dois diretores se manifesta em um plano inferior, como uma espécie de estratégia de evitação com a qual os gerentes dos departamentos negam um contato com a diretoria para não se tornarem parte do conflito.
Como os gerentes de departamento de fato não conseguem (e não podem) resolver o conflito da diretoria, é importante para eles se delimitarem claramente do nível da diretoria.

Cont: Não é agradável. Há algo aqui. Como uma ameaça. Sentia-me melhor quando o Prop ficava nesta posição. Dela (*2ª Dir*) parte uma ameaça.

T: De que consiste a ameaça?

Cont: Olhando para ela quero dar um passo para trás. Mas olhando para ele me sinto mais seguro.

T: Certo. (*O treinador coloca o Cont do lado direito do Prop*)

Cont (*olhando para o Prop*): Muito melhor.

T: Muito bem. (*O treinador coloca F ao lado direito da Cont*) Como você se sente?

F: Agora está muito perto. Não muito perto do contador, mas muito perto dos dois diretores. Tenho medo de ser incluído no conflito deles.*

T: Bem. Então vamos fazer algo. (*Coloca F diante da Cont e da 2ª Dir*)

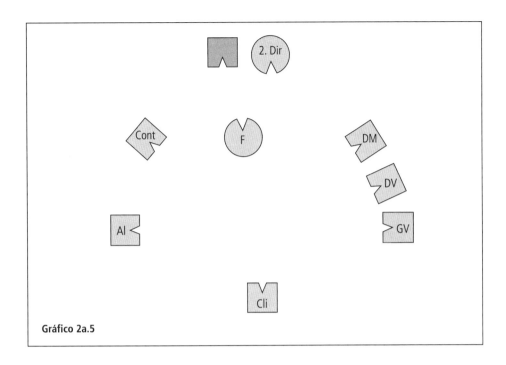

Gráfico 2a.5

T: Como você se sente nessa posição?

F: Algo me puxa para trás, para longe dos diretores.

T: Certo. (*Diz ao proprietário*) Diga a ela (*F*): "Você é responsável pelo faturamento. E você não tem nada a ver com os problemas que há entre nós dois."

(*Prop repete*)*

F: Não está muito claro aqui.

Cont: Eu senti um alívio. Como se fosse o lema: Se ela (*F*) estiver lá, então eu estou fora, não tenho mais nada a ver com o conflito.

T: Bom. (*Coloca um peso na mão de F, diz a ela*) Diga a ele: "Carreguei algo por você, como responsabilidade ...*

F (*repete e depois diz*): Não tenho mais certeza se estamos falando de responsabilidade ou de um peso dele.

T: Certo. Diga a ele: "...carreguei um peso que não é meu. Eu o devolvo para você."

F (*entrega o peso*): Foi muito leve. Na verdade teria de ser mais.

T: Na verdade teria de ser um peso pesado. Certo. (*Para o Prop*) Como você se sente agora?

Prop: Melhor.

*Enfatização das competências e dos limites de hierarquia – primeiro partindo do Chefe/do "Triangulador"...

*...depois do gerente de departamento/do "triangulado" como devolução de uma responsabilidade para a sua própria área de competências.

CONSTELAÇÕES ORGANIZACIONAIS

*Quem carrega os seus próprios "assuntos", cresce.

T: Fortalecido! (*Prop acena com a cabeça*) Isso. Você cresceu.* Podemos ver isso! (*Coloca a gerente da contabilidade novamente ao lado direito do contador*) Como você se sente agora?

F (*hesitante*): Ainda estou um pouco perto dos dois diretores.

T: Certo. Então se afaste um pouco.

(*Ambos se afastam para a direita*)

F: Melhor.

T: Bem. E como se sente o almoxarifado?

Al (*afastando-se*): No momento ainda não estou a fim de entrar em maior contato com os dois diretores.*

*Como os outros dois gerentes de departamento, Al também evita o contato com a diretoria.

T: Isso significa que você também está carregando algo?

Al: Estou simplesmente com muito calor. Gostaria de ter uma distância mais segura em relação a ela.

(*F dá uma risada cúmplice*)

T (*olha para Cont*): Você também está com calor?

Cont: É, já tentei tirar minha jaqueta.

T: Então fique diante dos dois (*T coloca Cont diante da 2ª Dir e lhe coloca um peso nas mãos*).

Cont: Sinto algo. Agora minha cabeça está ficando quente.

*Simplesmente recuar (ver acima) não foi suficiente; Cont também precisa realizar o ritual da devolução para esclarecer seu relacionamento com a diretoria.

T: Diga a ela: "Estou carregando algo para você, que não faz parte de mim. É seu. Eu lhe devolvo isto."*

(*Cont repete e depois entrega o peso à 2ª Dir*)

T (*pergunta à Cont*): Isso é verdadeiro?

Cont: Acho que sim.

*Se o problema no plano de diretoria for um problema bilateral complementar, ele pertence igualmente aos dois diretores. Ou seja, um só não o identificará e aceitará como sendo seu.

2ª Dir (*diz um pouco sobrecarregada*): Isto é pesado. Não consigo aceitar isto muito bem.*

Cont: Tenho a impressão de que o conflito que nós três como gerentes de departamentos sentimos no início é, na verdade, o conflito entre os dois diretores.

T: Compreendo. (*Diz aos diretores*) Carreguem o peso juntos.

(Os diretores seguram os pesos entre si)

2ª Dir: Assim é melhor. Isso faz de nós uma espécie de sociedade.

T: Isso mesmo. *(Coloca F ao lado de Cont)* Como você se sente?

F: Ainda não estou me sentindo muito bem, em olhar para a diretora. Parece-me pouco familiar. Mas estou bem com o contador.

(Cont e F se entreolham com simpatia)

Cont: Tenho a sensação de que agora pode funcionar entre nós.*

F: Sim, simpatia entre colegas.

(O treinador coloca os dois de volta em seus lugares)

T: Como se sente o gerente do almoxarifado? *(Al parece bastante desmotivado)* Bem, também não ficou melhor. Podemos ver. *(O treinador coloca o Al diante dos dois diretores)* O que acontece agora com o almoxarifado?

Al: Ainda há bloqueio do lado dela. Sinto-me atraído por ele, mas ainda é um pouco fraco.

T: Humm... O que sente a segunda diretora quando ouve isso?

2ª Dir *(olhando em torno de si)*: Não consigo bom contato com ninguém, a não ser com os clientes. Não consigo entrar em contato com ninguém que se posiciona aqui entre nós. Todos parecem envoltos em uma bolha, isolados.*

Al *(acusador)*: Sinto-me polarizado aqui. Podemos decidir por um ou por outro lado. E eu decidi por ele. Com ela me fecho completamente, tento bloquear tudo que parte dela.

2ª Dir *(diz olhando para o Al)*: Mas que bando preguiçoso, que só procura o caminho mais fácil!

T *(pega mais um peso e o coloca nas mãos do Al)*: Diga aos dois: "Não tenho nada a ver com o conflito de vocês. Não quero ter de decidir entre vocês dois! Sou responsável pelo almoxarifado. Todo o resto não tem a ver comigo. Devolvo isto a vocês."*

Al *(repete e entrega o peso aos dois)*: Assim está melhor. Muito melhor.

T: *(coloca o Al de volta em seu antigo lugar)*

Al: Aos poucos está entrando em equilíbrio. É de fato como ela disse anteriormente. É fácil fazer o caminho mais cômodo, é verdade. Agora tenho a idéia de que posso me concentrar na minha tarefa e ver com mais exatidão o que realmente acontece e o que está exagerado.

T: Certo. Então vamos para o outro lado. *(O treinador se coloca ao lado de DM)*. Como se sente o marketing?

*Mesmo que os dois gerentes de departamento não tenham esclarecido os seus relacionamentos entre si, mas sim em relação à diretoria, o esclarecimento individual vertical também resolve o isolamento e a sensação de abandono dos departamentos: ambos saem dos emaranhamentos com a diretoria e estão reduzidos a um campo de competência e responsabilidade; como "somente" gerentes de departamentos eles se encontram pela primeira vez em um plano de colegas.

*O isolamento percebido pela 2ª Dir reflete como os gerentes de departamento agem em relação a ela: como ela ainda não está na posição que lhe compete, mas assume o papel de nº 1, os colaboradores a encaram com uma espécie de confusão e resistência.

*Assim como anteriormente F e Cont, agora também o Al sai de sua atitude assumida com ajuda do módulo de devolução.

> Analogamente aos passos de esclarecimento com os quais os representantes do faturamento, da contabilidade e gerência de almoxarifado foram retirados de sua atitude triangulada ou assumida diante da diretoria, nesse ponto incluímos o esclarecimento para os três representantes de marketing e dos departamentos de vendas. Como os três departamentos anteriores, eles também evitavam o contato com a diretoria, viam-se obrigados a tomar partido de um ou de outro lado (Prop ou 2ª Dir) e, portanto, realizaram da mesma forma o ritual de devolução das responsabilidades e competências que não lhes competiam.
>
> Continuamos com a intervenção no ponto onde termina o esclarecimento entre o proprietário e o chefe de vendas.

T (*colocando GV mais perto dos diretores, diz*): Faça uma reverência diante dele e diga: "Reverencio você como meu chefe. E respeito a forma como você conduz a empresa, como sua tentativa de solução. A empresa é sua, não minha!"

GV: (*o faz*)

T: Essa última afirmação parece ser muito importante para o homem que você representa; ele precisa entender isso. Diga novamente: "A empresa é sua, não minha!"

(*GV o repete com voz mais clara*)

T (*diz ao Prop*): Como você se sente quando ouve isso?

Prop: Estranho. Estou crescendo. (*Espontaneamente para GV*) A melhor forma de me ajudar é você fazer o seu trabalho.

GV: Eu me sinto muito reduzido.

T: Isso. Para o seu tamanho normal. Certo. (*Coloca o GV novamente no local anterior*) Como você se sente agora entre os seus colegas?

GV (*aponta para F e Cont*): Eles de repente aparecem e são visíveis (*DV sorri*).

T: Parece que o diretor de vendas está feliz?

DV: Agora podemos fazer algo juntos. Agora ele está visível.

DM: Posso percebê-lo pela primeira vez.

T: Ótimo. Como se sente a contabilidade?

Cont: É bom finalmente sentir todos aqui. Pela primeira vez tive a sensação de ser parte de um grupo! E sinto também que agora algo pode acontecer.

T: Certo. E como está o faturamento?

F: Sinto o mesmo que a contabilidade. Olhando os colegas, também acho que faço parte de uma equipe. Mas de resto não estou bem. Estou o tempo todo tonto, fraco e inquieto.

T: Você tem uma noção de onde isso surgiu?

F: Bem, há pouco tive a impressão de que isso parte da diretoria. Estou mais fixado nele (*desesperado*) – mas preciso dos dois! E dela parte uma espécie de agressividade vital. Nada maldoso. Assim como se ela procurasse e precisasse de uma área de atrito. Parece que ela gosta de fazer pressão. (*Muito desesperado*) Não sei fazer isso, não faz meu gênero.

T: Certo. (*colocando F diante da 2ª Dir*)

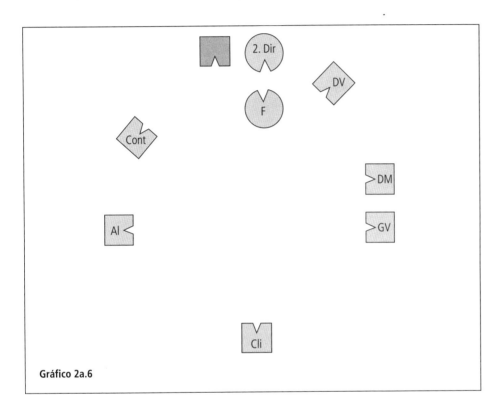

Gráfico 2a.6

F: Algo forte parte dela em direção a mim. Essa minha defesa me custa muita energia. Uma energia que eu precisaria para fazer bem meu trabalho.

2ª Dir (*com voz irônica e amarga, como que falando com uma bobinha*): Bem, você também está nessa posição no meio do caminho em direção ao meu objetivo, o cliente.

T: Sim, sim. Só o coloquei ali para esclarecer isso.

F: Estou me referindo exatamente a esse diálogo.

T (*para a 2ª Dir*): Isso não pode estar certo, enquanto ela não sentir que está certo.

2ª Dir (*agressiva*): Quando eu olho para ela lá, minhas orelhas ficam quentes.

T: Isso mesmo. Entre essas duas mulheres algo absolutamente não está esclarecido. Tenho uma idéia. Vamos testar isso. Diga a ela: "Projetei algo em você, que não tem nada a ver com você!"

(*A 2ª Dir o faz*)

F (*concorda*): Isso mesmo.

T: Parece que está certo. (*Coloca uma mulher do grupo atrás de F e depois coloca F ao lado, para que a 2ª Dir e a mulher fiquem frente a frente.*)*

*Essa intervenção é uma técnica de constelação para resolver projeções ou as denominadas duplas exposições, nas quais alguém vê algo na outra pessoa que nega em si mesmo (projeção) ou que vivenciou com uma terceira pessoa e agora parece reconhecer na pessoa à sua frente (dupla exposição). Ao colocar uma representante atrás da "área de projeção" (F), a qual representa o verdadeiro conteúdo, ou a pessoa ligada ao sentimento e depois retirando a "área de projeção", podemos visualizar a verdadeira origem dessa projeção/dupla exposição. Ver: Solucionando a dupla exposição.

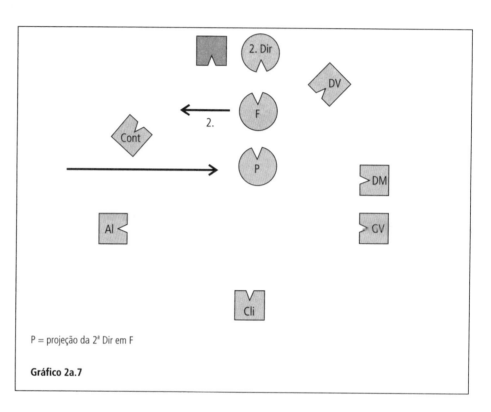

P = projeção da 2ª Dir em F

Gráfico 2a.7

T (*diz para a 2ª Dir*): O que acontece quando você olha para essa mulher?

2ª Dir: Não consigo avaliar isso, mas o sentimento é muito opressivo, muito ruim.

T: Sim. Bem, não sei quem é essa mulher! Mas aparentemente há algo nessa responsável pelo faturamento que lhe faz lembrar esta mulher aqui.

Mulher (*P*): Estou com taquicardia.

T: Certo. Então farei o seguinte: você diz ao faturamento: "O que não está esclarecido entre essa mulher e eu não tem nada a ver com você. Mas eu o projetei em você. Sinto muito."*

*Verbalização importante para F, que a 2ª Dir a partir daquele momento distinguirá expressamente entre F e a mulher não identificada: "Você não é ela!"

2ª Dir (*repete, depois com voz hesitante, como se tivesse de se controlar*): ...Sinto muito.

(*F ri, divertida*)

T: Sim. (*Pausa*) Diga: "Não foi correto."

(*2ª Dir o faz*)

F (*perdoando*): Isso é bom. Por isso também não conseguia aceitar você como chefe.

T: Bem. Não podemos esclarecer isso aqui.

(*F senta-se novamente*)

T (*para a segunda diretora, que está afastada*): Para você é importante esclarecermos isso. E talvez você já tenha uma idéia de quem ela seria. (*Ela balança negativamente a cabeça*) Certo. O mais importante é que separamos isso. (*Ela confirma, com uma atitude um pouco impertinente*) Ótimo. (*Vira-se novamente para a fileira à esquerda*). Como se sente o almoxarifado?

Al: Tenho a sensação de que aqui está crescendo algo, aqui algo pode ser gerado. Mas ainda não tenho lugar. E não tenho meta.

T: Certo. Então procure um lugar.

Al (*assume diferentes posições, coloca-se provisoriamente entre DM e GV*): Neste lugar sinto-me maior...

T: ... isso, demasiadamente grande.

Al (*posiciona-se à esquerda do GV e diz com voz de deboche*): Temo que seja este o lugar.

T: Então olhe para o seu vizinho e diga: "Acho que o meu lugar é aqui."

Al (*olha para GV e diz*): Acho que o meu lugar é aqui.

(*Muitos membros do grupo acenam com a cabeça e sorriem para ele*)

T: Sim. É esse. Como se sente o gerente de vendas?

GV: Sinto-me atraído pelo diretor de vendas. Atrás do diretor de marketing sinto-me um pouco pesado.

T: Sim, tente isso.

GV (*se coloca ao lado de DV*): Sim, aqui está bem.

T: Ótimo. Como se sente o diretor de marketing?

DM: Quero um pouco de distância do pessoal de vendas. (*Posiciona-se a dois passos à direita e acena com a cabeça*) Sim, isto está bom. Sinto-me tranqüilo.

Al.: Agora ficou estranho novamente.

(*O treinador coloca Al à esquerda do GV; depois DM um pouco mais à esquerda. Todos os representantes dessa fileira parecem bastante satisfeitos e em clima de coleguismo*)

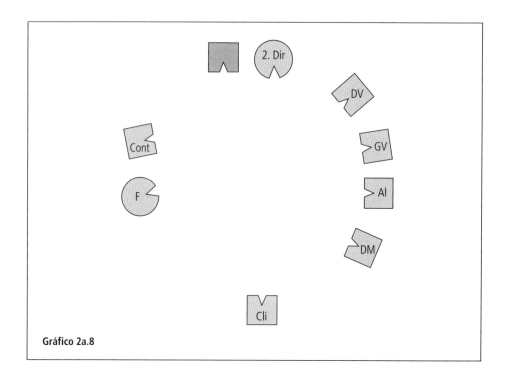

Gráfico 2a.8

T: Bem, devagar as coisas vão se encaixando.

Al: Agora está mais sério e melhor.

T: Bom. (*Virando-se para o outro lado*) Como se sente a contabilidade? (*Cont parece um pouco perdida*) Aparentemente ainda não está perfeito.

Cont: Não tenho muita certeza. Estamos aqui só nós dois, e a nossa frente, quatro pessoas...

T: Sim, mas contabilidade e faturamento são coisas diferentes do que os quatro lá fazem. Vocês querem ir para lá?

Cont: Não sei se ficaria melhor.

F: Bem, essa posição frente a frente tem algo de bom. Como se algo acontecesse aqui, que permitisse à diretoria progredir! Mas sinto falta dele (*apontando para o DV*). De alguma forma tenho a impressão de que eu teria de ficar diretamente diante do diretor de vendas, em minha atribuição.

T: Claro. (*Coloca F diretamente diante de DV*) Talvez possamos estabelecer um contato assim.

F: Isso me faz bem.

T: Isso mesmo. Então diga a ele: "Desejo um contato mais intensivo com você."

F (*repete*): E desejo mais contato.

T: Como você se sente quando ouve isso?

DV: Boa idéia. Vamos cuidar disso.

T: Ótimo. (*Coloca F de novo em seu lugar*) Como se sente a contabilidade?

Cont: O mesmo também vale para mim.

T: Certo. (*Coloca a Cont diante do grupo de quatro*)

T: Diga: "Sou responsável pela contabilidade. E quero mais contato com cada um de vocês."

(*Cont o faz*)

T: Como vocês se sentem?

DM (*com voz de deboche*): Não quero ser maldoso, mas existe um certo descaso funcional.

(*O grupo ri*)

T: Ah, sim! (*O treinador também ri*) Certo. Então faça uma reverência diante da contabilidade e diga: "Respeito a necessidade de seu trabalho. E honro o que você faz!"

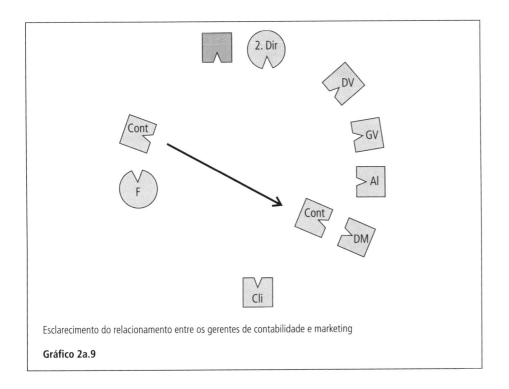

Esclarecimento do relacionamento entre os gerentes de contabilidade e marketing

Gráfico 2a.9

(DM o faz)

T: Isso, e olhe para ele. Como você se sente?

DM: Sim. Posso dizer isso assim.

T (*diz à Cont*): E você diz a ele: "E eu honro o seu trabalho."

(A Cont o faz)

DM: Isso agora me deixa impressionado.

(Risada no grupo)

Cont (*diz em um tom de mágoa*): Não consigo entender isso. Pois tenho a sensação de gostar dele. Ele tem algo de maluco e arrojado.

T: Diga: "Gosto de você. E honro o que você faz. E estou feliz em ser honrado por você. Isso é importante para mim."

(Cont o faz)

DM: Agora temos uma relação.

Cont: Sim. É verdade.

T: Bom. (*Coloca a Cont novamente em seu lugar e posiciona-se ao lado do cliente*) Como está o cliente?

C: Como cliente, a ordem interna da empresa na verdade não me interessa. Mas depois de ter vivenciado tudo isso, estou claramente fixado no gerente de vendas e digo: essa é a pessoa de contato para mim, e se tudo estiver certo com vocês, podemos fazer bons negócios.

T: Certo. Então terminamos assim. Obrigado. Vocês podem sentar-se.

POR QUE A MINHA COMPETÊNCIA NÃO É RESPEITADA?
CONSTELAÇÃO 2B

Antes a constelação empresarial havia sido criada segundo a imagem interna do primeiro diretor e proprietário (ver constelação 2a), agora o mesmo sistema é constelado segundo a perspectiva da segunda diretora (2ª Dir na constelação 2a).

Treinador (*voltado para a segunda diretora da empresa, que está sentada ao lado dele como cliente*): Qual é a sua questão?

Cliente: Tenho uma questão em relação às minhas competências e às dificuldades em demonstrá-las – onde penso que as tenho – aos colaboradores. E quero também que eles as aceitem.

T: Quando você está falando dos colaboradores, você se refere aos gerentes de departamentos ou a outros colaboradores também?

C: Também a outros colaboradores.

T: Você tem contato com todos os gerentes de departamentos? (*a cliente confirma*) Certo, isso significa que precisamos de alguém para representar você como diretora, depois os respectivos gerentes de departamento. E para que não fique muito grande, alguém para representar todos os colaboradores.

C: São homens e mulheres.

T: Então um homem e uma mulher para os colaboradores. É uma boa idéia. Agora escolha os representantes.

(*A cliente seleciona na maior parte os mesmos representantes como o primeiro diretor e proprietário. Mas para o faturamento ela escolhe uma nova representante e constela a imagem*)

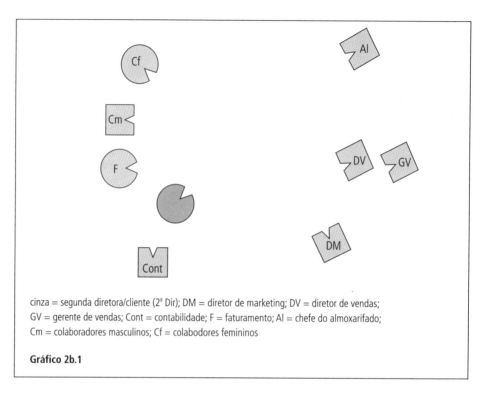

cinza = segunda diretora/cliente (2ª Dir); DM = diretor de marketing; DV = diretor de vendas; GV = gerente de vendas; Cont = contabilidade; F = faturamento; Al = chefe do almoxarifado; Cm = colaboradores masculinos; Cf = colabodores femininos

Gráfico 2b.1

(*Questionamento sobre a primeira impressão*)

T: Como se sente a diretora?

2ª Dir: Não muito bem. Não tenho controle nenhum. A única coisa que tenho no foco é o gerente do almoxarifado (*Al*).

T: Como se sentem os outros?

Cont: Bem. Mas gostaria de ter mais contato visual com a diretora.

DM (*inquieto*): Estranho. (*Olhando para a diretora*) É como uma confrontação.*

DV (*altivo*): Estou fortemente visualizando os colaboradores homens. Estou de olho em todo aquele lado. E o que está atrás de mim, tenho mais ou menos sob controle.

GV (*fazendo piadas*): Tenho aqui um espaço protegido, liberdade plena! O diretor de vendas afasta tudo de mim. Ele parece um *iceberg* que avança. Posso fazer o que eu quero. É ótimo! Só que – não tenho nada a ver com esta empresa aqui.

(*Risadas no grupo*)

Al: A diretora está me fitando, mas isso não me toca muito. No mais, não percebo quase nada.

F (*tímida*): Para o lado da diretora está frio. Isso me dá medo. E me sinto relacionada com os colaboradores.

*O questionamento sobre a primeira impressão mostra que os gerentes de departamento não têm contato entre si, nem com a diretora, e que a estrutura é percebida como difusa e indeterminada. Aqui se mostra um paralelo à constelação do proprietário (2a), na qual os gerentes de departamento se sentiram completamente isolados.

Cm (*estressado*): Sinto-me em um lugar completamente errado aqui, perto demais da diretoria e na confrontação com o gerente de vendas.

Cf: Mal consigo perceber a diretora, mas não por ela não estar em meu campo de visão. Meu foco está completamente no diretor de vendas, como se seguisse qualquer movimento dele. Isso me assusta um pouco e quase não vejo os outros.*

T (*diz à cliente*): Então coloque o outro diretor, seu parceiro.

(*A cliente coloca seu parceiro do lado direito de sua representante*)

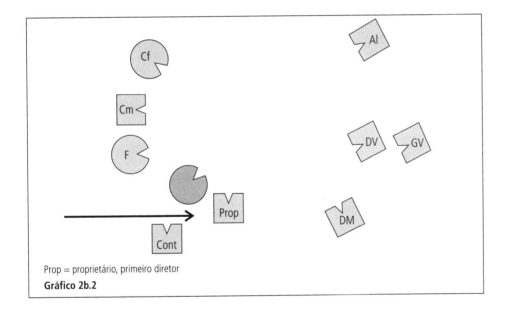

Prop = proprietário, primeiro diretor
Gráfico 2b.2

* A hierarquia não esclarecida entre proprietário e diretora está refletida no plano dos colaboradores sendo que eles a) não conseguem encontrar o seu próprio lugar no sistema, b) o clima de coleguismo está perturbado, e c) o contato com a diretoria é evitado devido à insegurança. No contexto usual de consultoria, quando temos problemas assim, muitas vezes tentamos ajudar a desenvolver uma solução com treinamentos de gestão, comunicação e desenvolvimentos de equipe. As medidas acima mencionadas pressupõem que, no âmago, trata-se de um problema comunicativo que pode ser compensado com medidas de treinamento. Como isso não funciona no caso de emaranhamentos sistêmicos, muitas vezes trocam-se os treinadores e os métodos (soluções "mais do mesmo" de primeira categoria) uma vez que muitas vezes não há uma consciência de que emaranhamentos exigem medidas qualitativamente diferentes.

T: Onde mudou alguma coisa? (*Todos os representantes levantam a mão*) Então, todos. Vamos começar com a diretora. Como você se sente agora?

2ª Dir (*feliz*): Foi muito, muito agradável quando ele entrou no foco. Mas quanto mais perto ele ficava de mim, mais tive a sensação de que algo não estava certo conosco.

Cont: Também acho agradável que ele esteja aqui. Mas estou muito próximo à diretoria.

DV (*mais fraco*): Sim, meu olhar também está todo voltado para os dois diretores. O que acontece entre os dois é o mais importante! Toda a minha atenção está voltada para lá!

F: Desde que ele está lá, a ameaça diminuiu. Mas também estou mais assíduo e estou sem orientação.

Cm: Quando ele veio, ficou quente e agradável. Mas quando ele ficou naquele lugar pensei, isso poderia dar margem para fofocas na empresa. Não há identificação com ele.

Cf (*mais alegre*): Estou melhor. A atenção logo se voltou para ele. Meu olhar está mais aberto. Mas o diretor de vendas ainda é o principal foco, continuo seguindo qualquer ordem dele. Estou muito sobrecarregada para liberar minha atenção.

T: Podemos ver isso. (*Diz à cliente*) Você pode colocar mais alguém para representar os clientes?

*A introdução do proprietário proporcionou alívio e há esperança em encontrar uma solução.

(*A cliente o faz*)*

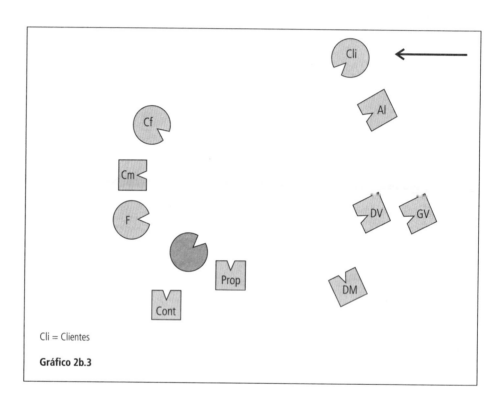

Gráfico 2b.3

T: Como se sente o cliente nesse lugar?

Cli (*em voz baixa*): Em geral, mais desagradável. Tive a sensação de que o primeiro diretor era meramente um figurante.

T: Até aí, tudo bem. (*Coloca a imagem na seqüência da constelação 2a.7, diz ao primeiro diretor*)

T: Como está agora?

2ª Dir: Ficou novamente mais sério.

DM: Sim, assim está bom como equipe.

T: Certo. (*Olhando em torno de si*) Como se sentem os colaboradores homens?

Cm: Sinto-me um pouco afastado aqui.

T: Bem. (*Coloca o Cm diante dos dois diretores*) Como você se sente aqui?

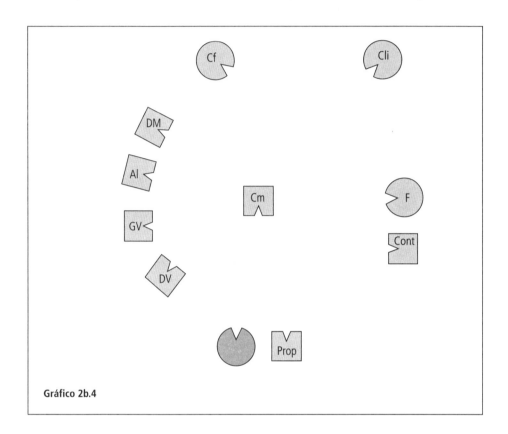

Gráfico 2b.4

Cm (*rejeitando*): Sinto que uma forte severidade parte dela, a qual é compensada pela benevolência dele.*

T: Isso certamente esclareceria em parte a sua dúvida (*questão da cliente*). (*Diz à 2ª Dir*) Ele diz que você irradia severidade. Você também vê isso assim?

2ª Dir (*pensativa*): Sim. Mas no sentido de ser focalizada, muito direta! (*Em um tom de voz que pede desculpas*) Não sou severa por princípio, tenho um bom sentimento com todos. Gostaria de me orientar direta e claramente na meta.

T: Como você se sente, como colaborador, quando ouve isso?

Cm (*em pé com os ombros tensos*): Acho desagradável até mesmo conversar sobre isso.

T: O que acontece com o chefe quando ouve isso?

Prop (*com voz tímida*): Sinto-me excluído. (*Olha para a 2ª Dir*) Vocês falam em "orientação em metas" e coisas semelhantes. Eu também estou aqui! Você ri quando diz isso.

(*Risadas no grupo*)*

---

*Cm considera a Dir como a verdadeira chefe que tem os objetivos da empresa e as necessidades de trabalho em vista; o proprietário, no entanto, é visto como a "mãe complacente". A inversão da primeira e da segunda posição pode ser um indício para o lugar não esclarecido dos protagonistas (*proprietário/diretora*) em seu sistema de origem.

*As risadas no grupo e o sentimento do proprietário mostram que ele não assume o primeiro lugar, o que os colaboradores respondem com uma mistura de insegurança e presunção.

81

T: Isso. (*Coloca a 2ª Dir um pouco mais para trás*) O que muda quando ela está meio passo para trás?

Cont: Bem, a minha impressão é de que os dois já nos deveriam ter dito algo há tempo. (*Para os dois*) Digam alguma coisa para nós, dêem uma definição, qualquer ordem, ou pelo menos mostrem alguma emoção.

DV: Piorou.

DM: Está mais agradável.

Al (*apontando alternadamente para os dois diretores*): Isso é o foco principal.

*Começa o esclarecimento na relação Prop/Dir.

T: Sim. (*Coloca os dois diretores frente a frente*) Como você se sente ao olhar para ela?*

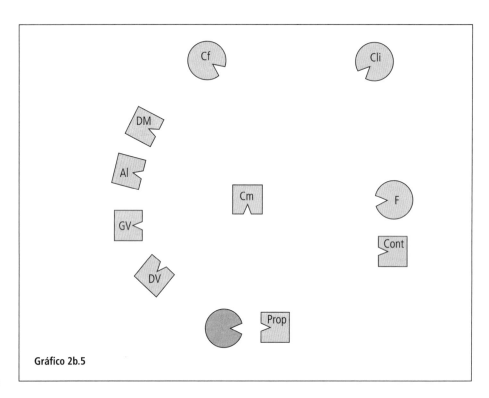

Gráfico 2b.5

*Além do relacionamento de negócios há ainda uma amizade pessoal entre o Prop e a Dir, mas não um relacionamento amoroso. Quando a Dir diz "particular" ela pode estar por um lado referindo-se ao aspecto da amizade, mas pode também ser um primeiro indício inconsciente de que estejam reencenando na relação comercial os emaranhamentos complementares referentes à sua posição não esclarecida em sua família de origem.

Prop: Como se algo entre nós não estivesse esclarecido.

2ª Dir: Isso, uma mistura entre questões particulares e os negócios.*

Prop: Isso mesmo. Agora há pouco tive a sensação de que somente nós dois temos algum relacionamento. Os outros aqui têm uma função marginal.

T: Exato. Então diga a ela: "Enquanto o nosso relacionamento, particular e comercial, não estiver esclarecido, essa insegurança será transferida à empresa. E isso não é bom. Para nenhum dos participantes."*

Prop: (*repete*)

2ª Dir: Sim, isso é um alívio.

T: Bom. Diga a ele: "Tentei assumir muito de você. E com isso assumi uma posição que não me cabe. E que também me sobrecarrega, mas não gosto de confessar isso!"

(*2ª Dir repete com voz fraca*)

(*Durante esse diálogo a sala ficou muito, muito quieta*)

Prop: Sim, é isso!

T (*para o Prop*): Diga a ela: "Você preencheu um vazio que eu deixei acontecer."

(*Prop repete*)

2ª Dir (*para o Prop com voz emocionada*): Você não assumiu a sua posição. E com isso eu me senti inclinada a manter um pé na porta. Se você assumir a sua posição, posso ficar ao seu lado.

T: Isso mesmo. (*Diz para o Prop*) Deu para entender?

Prop (*pensativo*): Sim. É compreensível.

T: O que acontece com os colaboradores?

Cm (*descontraído*): Isso que está entre os dois precisa ser esclarecido. Depois tudo aqui ficará bem. O resto já está excelente. Assim teremos uma nova direção, uma nova energia.

Al (*espontaneamente*): Essa é a questão, mesmo que antes eu não quisesse assumir isso. Essa dureza e severidade que parte dela não são verdadeiras. E não têm credibilidade. E isso as faz inaceitáveis do ponto de vista humano.

T: Isso. A dureza e a severidade são uma tentativa de preencher uma posição que ela não pode preencher de verdade, pois não é a sua. E depois ela tenta compensar com dureza! (*Para Cm*) Como você se sente agora, olhando para lá?

Cm: Estou um pouco mais leve. Mas gostaria de sair deste lugar.

T: Claro. (*Coloca Cm de volta no seu lugar e depois olha para Cli*) Como se sente o cliente?

Cli: Estou passando mal. Quero ir embora. Tenho a sensação de que não tenho nada a ver com isso!

*O ponto central da constelação agora ficou claro: Somente se o proprietário puder mesmo aceitar a sua posição como primeiro, os problemas que foram motivo para a constelação poderão ser resolvidos. Se o proprietário pode assumir essa posição e por que ele não o fez até o momento, não pode ser compreendido no contexto empresarial. Portanto, há motivo para suspeitar que a não-assunção da primeira posição na própria empresa representa uma reencenação da família de origem.

CONSTELAÇÕES ORGANIZACIONAIS

*Na reação do cliente evidencia-se que as relações de gestão não esclarecidas também têm efeito negativo nos contatos externos da empresa. Os colaboradores tentam – dependendo de quão forte é o seu vínculo com a empresa, com os clientes e sua respectiva tarefa – compensar esse déficit. Muitas vezes aqui também há uma tentativa de melhorar a relação perturbada com o cliente com treinamentos de vendas, medidas de relações públicas etc. Isso, via de regra, não funciona quando o "motivo fundamental", os emaranhamentos sistêmicos não são visualizados. Muitas vezes os respectivos consultores recebem, quando há esses problemas, uma mensagem da diretoria sinalizando: "Resolvam meu problema, mas deixem-me de fora. Isso representa uma constelação típica para uma contratação envenenada. Quando falta o vínculo com o cliente, então deve ser sempre considerada a possibilidade de que os emaranhamentos sistêmicos da diretoria também se refletem na relação com o cliente. Relações ruins com os clientes, portanto, não precisam ter nada a ver com a qualidade dos produtos, preços e atendimento.

T (*coloca-se ao lado do Cli e olha de lá para o grupo*): Sim. Bem, esse é o efeito para os clientes, se isso não for esclarecido.*

Cli: Eu me pergunto, por que ainda estou aqui.

T (*ao Cli*): Sua tendência é sair! Inequivocadamente. O cliente percebe o que acontece aqui – mas de forma desagradável. O que acontece com a diretora?

2ª Dir: Isso causa um impulso imediato de ação em mim. Não quero isso! Agora há claramente uma necessidade de esclarecimento entre ele (*apontando para Prop*) e eu.

T: Sim, essa necessidade agora está mais clara! (*Diz para o Cli*) Vá para algum lugar nessa constelação onde você tem a sensação de estar bem.

(*O Cli se posiciona na margem extrema*)

T: Alguém ainda tem algo a dizer?

Cm: Parece que há uma pressão sobre nós dois (*aponta para Cf*).

T: Sim. Isso sempre é assim. Os pequenos funcionários e colaboradores carregam o maior peso. Eles têm o maior vínculo com a diretoria e por isso eles sofrem mais.

(*O treinador coloca os colaboradores diante da diretora e esclarece seu relacionamento com os colaboradores e depois comenta*)

T: As colaboradoras mulheres aparentemente têm a impressão de que elas precisam compensar algo, para que o negócio funcione, e isso as sobrecarrega completamente.

Cf: ...o que me deixa mais sem capacidade de ação.

T: Exatamente.

2ª Dir (*Com a voz um pouco fraca*): O interessante foi que, quando ela (*Cf*) disse isso, tive uma sensação muito forte de "assumir responsabilidade em conjunto".

Cf (*suspira visivelmente aliviada*): Isso me parece bom. (*Olha para a 2ª Dir, reconciliada*) Isso alivia. E sinto bastante benevolência e simpatia em relação a ela. Antes não tinha nem energia para reconhecer de quem eu gosto ou não.

Cont (*diz espontaneamente*): Tenho a impressão de que algo não foi dito pela diretora, que tem efeito negativo sobre a relação com os clientes. E ela não vê que é relevante e que é prejudicial para o relacionamento com os clientes. Sempre que ela diz algo, balanço a cabeça e penso: Ainda não é isso!

T: Isso é verdade. (*Coloca o Cli diante da 2ª Dir e o proprietário três passos ao lado*)

T: Como você se sente como cliente, face à diretora?

Cli (*muito desapontado*): Uma sensação desagradável! Sinto-me rodeado. Quando vim para cá, tive o ímpeto de ficar atrás, com os colaboradores. (*Olhando para a 2ª Dir*) Como se ela estivesse dizendo: Espere, esse é o meu lugar! (*diz ao T*) Falta algo, não é suficiente resolver isso só com ela.

T (*para a 2ª Dir*) Como você se sente quando ouve isso?

2ª Dir: Não sei o que fazer. Estou completamente perdida.

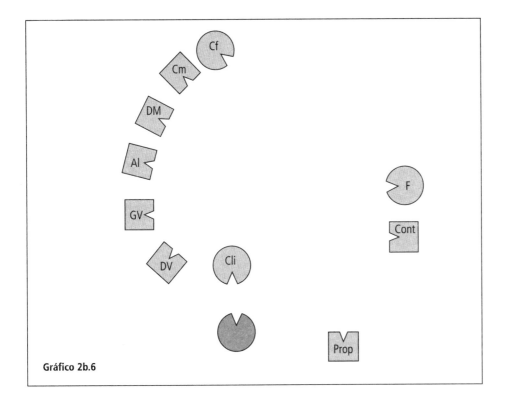

Gráfico 2b.6

T: Então está bem. (*Coloca o proprietário novamente ao lado da segunda diretora*)

Cli: Melhor.

T: Então está bem. (*Diz para o grupo*) Bem, temos de esclarecer o que precisa ser esclarecido entre os dois diretores. Mas não nesta constelação. Isso é uma questão para as respectivas constelações familiares tanto do proprietário como da diretora.*

(*O treinador coloca o Cli novamente em seu lugar original*)

T: Alguém ainda quer dizer algo? (*Não há reação*) Obrigado. Então vocês podem se sentar.

(*Todos se sentam*)

O treinador e sua equipe trabalham com os respectivos diretores.

*Nas duas constelações mostrou-se como tema principal o fato de que o proprietário não assume sua posição de líder, a qual, em vez disso, é preenchida pela diretora. Isso tem conseqüências negativas para todos os participantes. Além disso, ambas as constelações não apresentaram indícios sobre o que poderia ter causado essa inversão entre o primeiro e o segundo lugar no âmbito do sistema empresarial. Por isso, uma constelação familiar deverá ser feita depois da mera constelação empresarial. Generalizando, podemos dizer, segundo nossas experiências, que quando uma pessoa não assume o seu lugar em sua empresa, que ela própria fundou, temos sempre um indício para um emaranhamento na família de origem.

Foram encontradas soluções para assuntos sistêmicos pessoais que possuem um efeito negativo em relação ao sistema e que haviam impedido a ordem empresarial procurada.

Se quisermos avaliar o comportamento da mulher podemos dizer resumidamente: ela assume o primeiro lugar na empresa, uma vez que o proprietário recusa a liderança. Na constelação de sua família de origem foi constatado que seu irmão mais velho (ela é a segunda filha) morreu cedo e que a família excluiu completamente essa criança, de modo que a cliente se sentia como se fosse a filha mais velha e primeira. Quando o irmão mais velho foi visualizado, ela se colocou no segundo lugar, o lugar que compete a ela. Assim, sentiu um profundo alívio e a dinâmica no âmbito profissional logo ficou clara para ela: ela reencenou na profissão a seqüência inversa de sua família de origem e assim experimentou uma forte sensação de sobrecarga, que ela sempre conheceu na vida. No momento em que ficou em seu lugar na família de origem, a necessidade de assumir o lugar do chefe passou.

A dinâmica na família de origem do proprietário da empresa impossibilitou-o de assumir o primeiro lugar, a posição de líder.

Mostrou-se ainda que – ao menos no momento da constelação – o proprietário da empresa não pôde ou não estava disposto a realizar o passo interno necessário para resolver a identificação existente com o seu avô. Por isso, foi tentado na constelação a ativar os recursos que o proprietário possui e que seriam necessários para assumir o primeiro lugar. Foram colocados o pai, o avô e o bisavô, ou seja, a linha masculina, para fortalecer dentro dele (que na empresa até o momento representara a "mãe benevolente") a força masculina.

Para a empresa resulta a seguinte situação: a diretora não assume mais o primeiro lugar e o proprietário da empresa ainda não o assume. Assim a empresa não tem líder. Isso gera, por um lado, uma pressão sobre a representante, de assumir novamente o antigo papel, para que a empresa não fique por aí como um barco sem liderança; mas há também a pressão sobre o proprietário, em dar o passo necessário.

Constelação final

Depois das respectivas constelações individuais para o proprietário e a diretora, o sistema empresarial é constelado com novas imagens interiores.

(*Está novamente constelada a imagem da empresa. Todos os representantes parecem bem e descontraídos*)

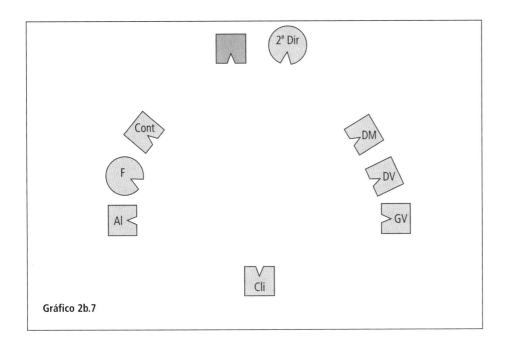

Gráfico 2b.7

T: Certo. Como vocês se sentem?

Prop (*olha ao redor de si alegre e animado e depois diz num tom admirado*): Estou bem. Muito bem. Apesar de todos estarem nas mesmas posições que anteriormente (*2a.3*). (*Fazendo gracinhas*) Estranho.

2ª Dir (*olhando com respeito e simpatia para o Prop*): Estou bem. E posso visualizar bem os clientes.

DV (*diz provocando*): Melhor. A cabeça está livre. (*Apontando para os dois diretores*) Daqui vem algo. A força está aí.

GV: Muita vitalidade.

Al (*concentrado*): Sinto-me muito forte. E a segunda diretora agora está mais humana.

DM (*diz decidido*): Agora tenho a forte consciência de que a contabilidade e o faturamento prestam muitos serviços. E que eles ajudam a todos nós.

Cont (*descontraído*): Gosto de olhar para a diretoria. Tenho a impressão de que eles vão resolver o que têm para resolver. Assim posso fazer o meu trabalho.

Cli: O produto dessa empresa agora ficou leve. O que era pesado sumiu completamente. Muito agradável para mim, como cliente.*

T: Que bom. (*Troca os representantes pelos dois clientes e coloca-os frente a frente; diz ao proprietário*) Diga a ela: "Agradeço por tudo de bom que recebi de você."

2ª Dir (*sorri para ele*): Fiz isso com prazer.

*Pode parecer uma surpresa que os *feedbacks* dos representantes sejam basicamente positivos, apesar de que o cliente, em sua família de origem, ainda não tenha dado o passo decisivo. Pode ser que aqui se tenha evidenciado uma possibilidade provável, assim que o proprietário realizar internamente o passo nos próximos tempos.
Não só a constelação tem um efeito terapêutico, mas também a vida. O cliente conhece o próximo passo e sua colega fez a sua parte, de modo que as novas possibilidades e realidades começam a ter efeito.

T (*diz à segunda diretora*): Então diga a ele: "E eu sei que seu lugar é no primeiro lugar. E o meu no segundo. E quando estou no segundo lugar, estou bem."

(*A 2ª Dir repete*)

T: Como você se sente quando ouve isso?

Prop (*está de pé, ereto e descontraído, apresenta um aspecto concentrado e forte*): É ótimo.

T: Que bom.

(*Coloca os dois diretores novamente lado a lado*)

T: Bem, então olhem para a sua empresa. E para seus clientes.

Prop (*olhando feliz para o cliente*): Ele está radiante. Isso é bom.

T (*ri*): Isso, é daí que vem o lucro (*alegria no grupo*). Então olhe para o diretor de vendas, o tesoureiro, o chefe do almoxarifado, marketing, contabilidade e faturamento.

(*Os dois diretores olham concentradamente para cada um deles, permanecendo por um momento nesse contato. Há um clima de grande vitalidade*)

T: E depois olhem para todos e digam juntos: "Nós estamos aqui para vocês! E para os nossos clientes."

(*Ambos estão muito eretos e concentrados e repetem a frase num clima descontraído*)

T: Obrigado. É só isso. Vocês podem se sentar.

ENCONTRAR MEU LUGAR NA SITUAÇÃO ALTERADA DA EMPRESA
3ª CONSTELAÇÃO

Para esta constelação a entrevista inicial evidenciou a seguinte estrutura: A cliente trabalha como chefe de recursos humanos em uma empresa familiar do setor de bens de investimento, parcialmente associada a um grupo no âmbito de uma *joint venture*.* Uma filial** – anteriormente concorrente da empresa – tornou-se acionista,*** mas não acionista majoritária. No entanto, essa filial rege a empresa por meio de relações no conselho e praticamente tem o poder de decisão, mesmo que os herdeiros da família fundadora da empresa (2ª geração da antiga empresa) ainda possuam a maioria das ações.

A cliente, como chefe do departamento de recursos humanos, é responsável pelo pessoal da empresa original e agora também pela parte de colaboradores novos da antiga filial do grupo. Como chefe de recursos humanos, a cliente está subordinada a três gerentes iguais, dos quais um é recém-chegado ao Grupo. Ela se reporta diretamente ao gerente que está há mais tempo na antiga empresa.

O nome da antiga empresa foi mudado no âmbito da fusão. Houve uma Assembléia Geral para a antiga empresa, na qual o trabalho dos colaboradores até o momento foi honrado. Para os colaboradores da produção, que foi incluída na empresa, nada aconteceu. Foram apenas informados de que, a partir da data de transferência, fariam parte de uma nova empresa.

A cliente tem a sensação de que a nova situação da empresa mudará o seu trabalho e o seu papel. Ela acredita estar sujeita a influências desconhecidas, as quais partem do Conselho, do Presidente, do novo terceiro gerente e da controladoria da empresa em sua área de trabalho.

Treinador: Qual é a sua questão para fazer uma constelação específica?

Cliente: Quero encontrar o meu lugar nesse sistema que ficou complicado. A partir do organograma, tenho o conhecimento de quem toma de fato as decisões, mas há algo diferente na empresa.

*Joint Venture = colaboração de parceiros de empresas não sediadas na região com parceiros do exterior.
**Filial = empresa que depende da matriz (via de regra acionista em 100%)
***Acionista = proprietário de participações da empresa que, por intermédio do Conselho Fiscal, influencia amplamente as deliberações da empresa.

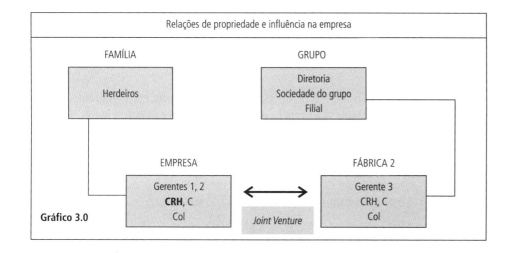

Gráfico 3.0

*Como a questão da cliente estava relacionada ao seu novo papel em uma constelação empresarial alterada, é bom levantar a diferença entre a situação antiga e a situação nova. Por isso, começamos a constelar primeiro a situação antiga, para podermos visualizar as transformações das relações de propriedade e organização alteradas. Com esse método podemos particularmente constatar dinâmicas, que podem nos dar indícios de causas sistêmicas para problemas dessa fusão de empresas.

T: Tudo bem. A minha idéia é colocarmos primeiramente só as pessoas mais importantes da empresa na qual você trabalha e olharmos a energia da empresa antes da fusão. Depois incluímos o grupo que assumiu a empresa e olhamos como se desenvolvem as energias nesse grupo misto.* É importante selecionar uma pessoa para representar cada um dos dois gerentes, uma para representar os colaboradores como um todo, uma para representar você, uma para representar os clientes e alguém para representar as metas da empresa.

(*A cliente constela os representantes*)

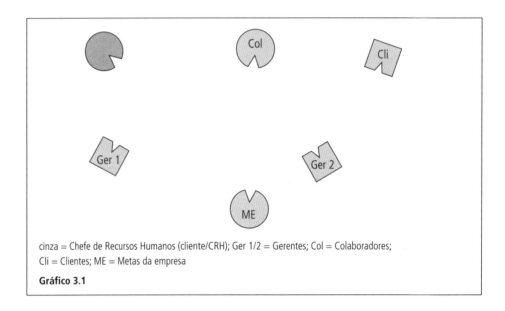

cinza = Chefe de Recursos Humanos (cliente/CRH); Ger 1/2 = Gerentes; Col = Colaboradores; Cli = Clientes; ME = Metas da empresa

Gráfico 3.1

(*Questionamento sobre a primeira impressão*)

*As perguntas começam em ordem hierárquica.

T (*diz ao Ger 1*): Como se sente o primeiro gerente, como se sentem os outros?*

Ger 1: Os colaboradores estão me atrapalhando, tenho algo me puxando pelas costas.

Ger 2: Parece que algo está começando a se movimentar mas, na verdade, nada me toca; nem as metas, nem os clientes, nem os colaboradores.

CRH (*apontando para o Ger 1*): Do meu lado direito está mais frio e do lado esquerdo (*apontando para o Col e o Cli*) mais quente e pesado.

*As afirmações e, especialmente, as posições dos representantes demonstram uma forte tendência da empresa em ocupar-se em primeiro lugar consigo mesma; uma forma hermética de se autotematizar: os clientes estão "excluídos" e sentem-se como tal.

Col (*apontando para o Ger 1*): Sinto um contato relativamente forte com o gerente, e relativamente fraco (*apontando para a direita*) com a chefe de recursos humanos. E estou fortemente orientado para as metas. Essa também é a minha referência na empresa. Não tenho muito a ver com os clientes. Eles ficam um pouco de lado, como se aqui nós girássemos em torno de nós mesmos (*apontando para a ME e o Ger 1*).

Ger 1: Sim, isto aqui é um redemoinho (*olhando para o centro*).

Cli: De preferência nem olharia para cá e iria embora!*

T (*diz à cliente*): Isso combina com a situação da empresa antes da fusão?

CRH: Temo que sim.

T: Então escolha um representante para a família que possui a participação majoritária na empresa e coloque-o ou coloque-a também na constelação.*

(*A cliente escolhe uma mulher de meia-idade e a coloca atrás dos clientes e colaboradores*)

*Como há problemas graves no plano inferior e médio, há a suspeita de que nesses planos sejam vividos ou manifestados problemas de sistema, que não foram resolvidos nos planos superiores e competentes. Por isso, a inclusão da família proprietária.

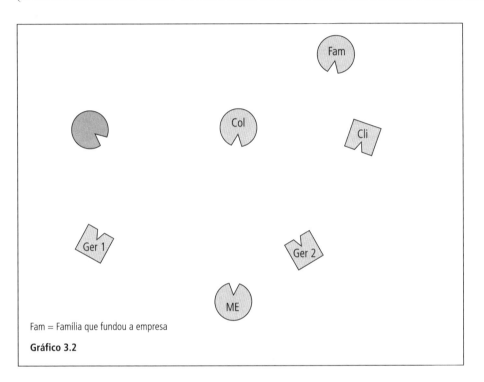

Fam = Família que fundou a empresa
Gráfico 3.2

(*Questionamento sobre a impressão*)

T (*diz à cliente*): Essa família oficialmente é apenas a financiadora em segundo plano? E não atua na administração?

CRH: Isso mesmo.

T (*diz para os representantes*): Para quem mudou alguma coisa?

Ger 1 (*pergunta para a C*): Eu fui contratado pela família? (*O cliente balança a cabeça afirmativamente*) Pois eu sinto um dever de obrigação com essa família, tenho uma ligação com ela.

Ger 2: Sinto-me um pouco pressionado.

CRH: Não estou completamente presente como pessoa.*

Col: Sinto-me dividido (*apontando para o Ger 1*). Aqui nesse lado é mais fácil; no outro lado sinto uma quase ameaça.

*Informação importante: no momento em que os proprietários entram no foco, a representante da cliente não se sente mais presente como pessoa; "sem a pessoalidade" ela se reduz a uma função!

Constelações Organizacionais

T: Como se sentem os representantes para as metas, quando entra o proprietário?

ME: Não é importante, somente os colaboradores são importantes.

Col: Posso dizer algo a esse respeito?

T: Sim?

Col: A sensação de ameaça está aumentando. Continuo tendo um forte impulso nessa direção (*apontando para o Ger 1*). E isso para mim é muito, muito suspeito! E ela (*apontando para a CRH*) continua dependente da diretoria!*

*O colaborador confirma a funcionalização da CRH pela diretoria da empresa.

T: Certo. Como se sentem os clientes?

Cli: Continuo sentindo uma forte pressão nas costas. O único lugar para onde gosto de olhar é para lá (*aponta para o Ger 2*). No mais, continuo preferindo ir embora.

Fam: Sinto uma forte referência nessa direção (*apontando em direção ao Ger 1*), mas que não é somente positiva, há mais alguma ressonância.

T (*diz para o Ger 1*): Isso lhe diz alguma coisa?

Ger 1: Tenho uma idéia de onde gostaria que ela (*Fam*) ficasse.

T: Onde?

*Ger 1 expressa uma necessidade que na realidade não foi satisfeita.

Ger 1: Atrás de mim, assim ela poderia me dar um apoio atrás.*

C: Foi exatamente isso que eles não fizeram.

*T testa se a necessidade do Ger 1 teria sido uma possível solução para o sistema. Caso positivo, concentra-se na hipótese de que os problemas da empresa foram gerados pela recusa da família de proprietários em realizar os passos decisivos necessários nesse caso.

T: Então vamos experimentar rapidamente que efeito isso teria tido.* (*Coloca a Fam atrás do Ger 1*)

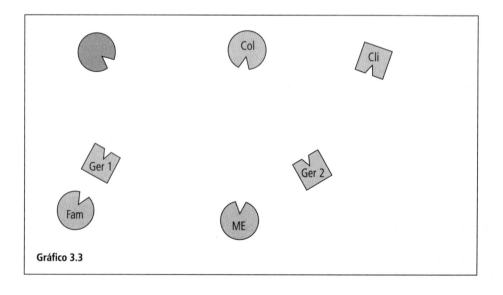

Gráfico 3.3

T: Quais mudanças vocês sentem?

Ger 1: Força e energia.

Col: Um grande alívio.

Cli: Melhor.

CRH: Também me sinto melhor.

Ger 2: O desconforto foi deslocado. Primeiramente, senti um pouco de alívio, mas agora a inquietude está aí novamente.

ME: Consigo visualizar melhor os clientes.

T (*explica ao grupo*): Certo, esse já teria sido um passo de solução, se não houvesse ocorrido essa fusão. (*Diz à Fam*) Volte para sua antiga posição. (*Diz para a cliente*) Isso não aconteceu na antiga constelação. Em vez disso venderam uma parte. E agora temos uma situação de fusão, agora há novos acionistas. Vamos então colocar a diretoria. Esse é o plano superior do poder.

(*A cliente seleciona um participante e o coloca*)

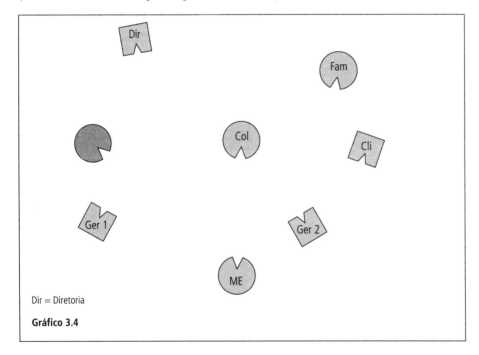

Dir = Diretoria

Gráfico 3.4

(*Questionamento sobre as sensações*)

T: Como se sente a diretoria do grupo?

Dir (*está em pé, descontraído, com as mãos nos bolsos, olha em torno de si*): Bem, é maluco!

T: Isso já mostra pouca consideração com essa empresa.

(*Todos os demais representantes parecem bastante tensos*)

Dir: Eu me divirto muito.

T (*diz ao Ger 1*): Como se sente o gerente ao ouvir isso?

Ger 1: Estou com raiva. Poderia ser uma boa empresa se esses dois aí (*apontando para a Dir e depois para a Fam*) não fizessem tanta besteira. Agora piorou muito!

T: Como se sente a família fundadora?

Fam: Tenho uma atração por ele (*apontando com a mão em direção à Dir*).

T: Como se sente o segundo gerente?

Ger 2: Quando a diretoria entrou tive, no primeiro momento, uma sensação de repressão. Com os colaboradores tive uma sensação mais quente. Os outros são todos suspeitos. Não tenho sensação negativa com o primeiro gerente. Em geral tenho mais a sensação de que não estou participando muito.

C (*diz para o T*): Isso é exatamente a impressão que tenho de nossa gerência: o que acontece na empresa parece passar despercebido para eles.

T (*para a cliente*): Esse era, portanto, o relacionamento entre os gerentes e a empresa. Como é que estão as metas depois que essa diretoria entrou?

ME: Estou com muito calor.

CRH: E eu tenho vontade de virar as costas!

Col: Sinto-me encurralado. (*Com voz zangada*) E estar no centro como colaborador é chato mesmo. Tudo passa por cima de mim, meu gerente (Ger 1) está ainda mais fraco e com isso não tenho mais referência nenhuma. E, para mim, as metas também não são mais relevantes. Poderia até me despedir aqui mesmo.

C (*diz ao treinador*): Posso confirmar esse clima!

T (*diz para C*): Confere. Tudo bem. (*Pergunta ao Cli*) Como se sente o cliente?

Cli: Fiquei mais inquieto ainda, estou com taquicardia. Agora não quero mais olhar para lá (*Ger 1*), isso para mim também é negativo. Agora só quero mesmo sair daqui!

T (*diz para a cliente*): Aqui já teríamos uma escultura para você, só falta resolver a sua dúvida...

C: ...o que eu faço agora?

T: Isso. O que acontece com a sua questão quando você olha para isso tudo? A sua dúvida ainda é sobre o seu lugar no sistema, ou algo mudou?*

*A constelação até esse momento faz praticamente o balanço da situação atual da empresa, mostrando que abaixo do plano de diretoria e proprietários há grandes conflitos. Como a cliente agora já tem a respectiva informação, mas como ela não está na posição de interferir para esclarecer algo, fica a pergunta sobre possíveis conseqüências em relação à dúvida inicial.

C: A dúvida mudou no sentido de que eu me pergunto se, afinal, ainda tenho algum lugar.

T: Então a pergunta seria: Afinal, ainda tenho um lugar?

C: Isso. Posso confessar que no meu íntimo e, secretamente, já me perguntei isso. Mas deixei isso de lado.

T (*diz para a cliente*): Entre no seu lugar na constelação! Depois se vire e sinta como seria continuar ou sair da empresa. (*Diz para o grupo*) Minha idéia é: poderíamos realizar na escultura alguma conciliação entre a diretoria, a família fundadora e a gerência. Mas isso não está no âmbito de decisão dela.* (*Apontando para CRH*) E no momento não vejo solução. (*O treinador coloca a cliente no lugar da CRH*)

*Importante: Para quem a imagem é constelada? Em que plano hierárquico ele/ela está?

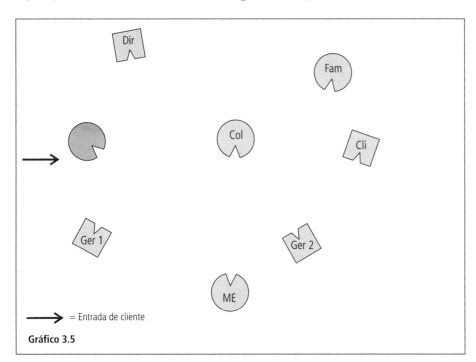

Gráfico 3.5

T (*fica ao lado da cliente*): Sinta um pouco a situação. Olhe para todas as pessoas, deixe isso ter efeito sobre você.

C (*abre os braços em direção à Col*): Bem, esta eu quero abraçar. Para protegê-la!

T: Certo, vamos continuar daqui mais tarde. Por enquanto, veja somente o que você sente no momento, nesse lugar no sistema.

C: Está bem. (*Olhando em torno de si e depois apontando para a Dir*) Aqui tenho a impressão de que ele também tem vontade de ir embora.

T (*pergunta para a Dir*): Isso corresponde às suas percepções?

Dir: Percebo que a energia sai (*olhando em torno de si*), é desarmonia completa. Gostaria de fugir! (*Balança a cabeça*) Desconforto absoluto!

T: Gostaria de desfazer o negócio?

Dir: Isso.

T (*diz para a cliente*): Quando você tiver assimilado a imagem, vire-se.

C (*olhando em torno de si, depois apontando para o Ger 2*): Em algum plano nós nos entendemos, temos pontos em comum, a percepção do que está acontecendo. (*Olha para ME*) A empresa a meu ver é, na verdade, muito simpática, e tenho a impressão de que ninguém a olha com carinho. (*Com a voz cheia de desilusão, um pouco triste; olha para Ger 1*) Aqui sinto o desamparo: Ele também já não sabe mais como as coisas devem continuar. O único sentimento claro que eu tenho, é para com os Colaboradores.

Col: Minha sensação é que a chefe de recursos humanos já não está presente há algum tempo!

C: Mas eu tenho um sentimento forte em relação a você. (*Quando ela diz isso, Col dá de ombros*)

T: Certo, vamos fazer o seguinte: vire-se e dê alguns passos. Isso agora significa: você está deixando o sistema. (*A cliente está em pé à margem, de costas para o sistema*) Como você se sente parada ali?

C (*com voz incerta*): Aqui não tem nada. A responsabilidade não me prende mais, mas...

T: Melhor ou pior do que antes? Diga espontaneamente, melhor ou pior?

C (*suspirando*): Assim está melhor!

T (*pergunta ao grupo de representantes*): O que aconteceu com vocês? Alguns de vocês riram no momento em que ela se virou.

Ger 1 (*está mais enérgico, com os braços apoiados na cintura*): Mais claro.

Col: Mais claro. (*Com voz mais animada, aponta para o Ger 1*) Na verdade, ele é minha referência.

Ger 1: Agora está tudo aberto novamente (*apontando para o centro onde ele sentira o turbilhão anteriormente*), podemos voltar a fazer algo aqui.

ME: Aliviada.

Ger 2: Pouca reação. Sinto-me um pouco mais livre. Primeiro, tive a impressão de que ficara uma lacuna (*apontando para o antigo lugar de CRH*). Num segundo momento (*com a voz um pouco mais forte*), está bem.

*"Está melhor sem mim" tem a estrutura de uma crença limitadora, portanto, é um indício para uma repetição (reencenação) de padrões individuais da cliente no contexto profissional.

T (*pergunta para a cliente*): Está melhor sem você, e você reconhece isso?!*

C: Sim.

T: Vire-se novamente e diga para o grupo: "Minha impressão é de que funciona melhor sem mim."

(*A cliente o faz; os ombros do Ger 1 ficam tensos, ele se inclina levemente para a frente, como se tivesse de carregar um peso*)

T (*pergunta ao grupo de representantes*): Aconteceu algo com algum de vocês?

Ger 2: Tenho a sensação de que apareceu um assunto muito pessoal, como uma onda. E tenho a impressão de que eu não quero uma relação pessoal nessa empresa e aqui está acontecendo algo pessoal, algo particular.

T: Como se sente o primeiro gerente?

Ger 1: Parece que estou caindo um pouco. Mas depois que o Ger 2 disse isso, não há mais nada que acrescentar. É verdade, tenho de confirmar isso.

Col: Não quero ter nada a ver com isso.*

> *Ger 1, Ger 2 e Col sentem que a frase não é somente uma descrição objetiva de um fato, mas eles sentem inequivocadamente o caráter de reencenação.

T: Gostaria de tentar algo nesse momento. (*T coloca Ger 1, Ger 2 e Col em fileira diante da cliente e diz para a cliente*) Agora olhe para aqueles na empresa com os quais você teve um bom relacionamento e diga: "Agradeço a vocês por tudo de bom que recebi de vocês. Agora vou retomar o meu próprio caminho."

(*A cliente o faz*)

T: O que acontece com o gerente?

Ger 1: Sim, isso está certo.

Col: Isso está em ordem. Ela deve ir (*ele ri; o Ger 1 dá um sorriso maldoso*).

T (*diz para Col*): Então diga a ela: "Agradeço a você por tudo de bom que recebi de você!"

Col: Não posso dizer isso. Só poderia dizer isso por educação.

T: É verdade, isso não seria verdadeiro.

Col: É uma sensação. Alguma coisa com a fusão – como colaborador eu me senti usado. Por ele (*apontando para o Ger 1*) e por ela (*apontando para a cliente*), mas com ela fiquei magoado, pois ela na verdade deveria...

> *Aqui o funcionamento de crenças limitadoras fica evidente no sentido de uma profecia auto-realizadora. Para que a frase: "Funciona melhor sem mim" possa funcionar, a cliente precisa assumir uma culpa (de terceiros) para que a sua saída seja plausível e legitimada.
> Ao mesmo tempo, aqui ficou claro como crenças e emaranhamentos sistêmicos podem se misturar. A disponibilidade da cliente em assumir isso é indício para uma possível triangulação, parentificação, dinâmica de sucessão, estrutura de culpa.

T (*diz ao grupo*): Nós agora estamos em um ponto decisivo: Quando ela se virou, todos estavam aliviados. Isso os faz lembrar o quê? Já expliquei isso uma vez logo no início: é culpa! Ela carrega algo para o sistema, especialmente para todos os colaboradores, a culpa pela mudança. E quando ela sair, assim pensam todos, a culpa vai junto e todos ficam felizes. E essa é a questão pessoal do sistema. (*T coloca um peso na mão da cliente*) Ela gosta de carregar a culpa dos outros, não é mesmo?* (*Diz para a cliente*) Isso você deveria esclarecer pessoalmente, em uma constelação familiar (*Olhando novamente para a família*) Olhe para a sócia-cotista (*T acompanha a cliente até a família proprietária*) e diga a ela: "Carrego isso por você, isso não é meu!"

(*A cliente repete e entrega o peso para a Fam*)

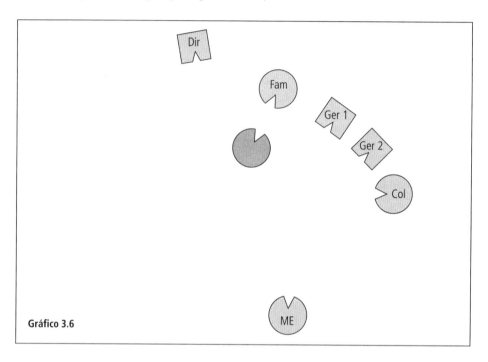

Gráfico 3.6

Fam (*verifica se isso pertence à família dos proprietários*): Sim. Isso pertence a nós.

T: Exatamente. Foi só isso. Olhe como o primeiro gerente está emocionado.

Ger 1 (*diz em um tom de voz aliviado*): Enfim a responsabilidade está onde deve estar.

*Anteriormente Col sentiu a chefe do RH como se "não estivesse presente pessoalmente" e "pendurada na diretoria". Ou seja, via-a meramente como função, como ela havia funcionado no sistema até o momento, como portadora de culpa e responsabilidade para a família proprietária. Se essa responsabilidade foi devolvida para o seu devido lugar. Se, portanto, a chefe de RH estiver liberada de atribuições que não lhe competem, então ela e seu trabalho tornam-se visíveis para todos e podem ser honrados por todos.

Col (*apontando para C*): Agora consigo vê-la.*

T: Isso. (*Para C*): Vire-se e dê um passo à frente, como se você quisesse ir embora. (*A cliente o faz; pergunta aos Col*) O que acontece agora com os Col?

Col: Não consigo honrar o que ela fez por mim.

T (*diz para o grupo*): Isso significa que ela assume a culpa pela venda da firma. A família recebeu dinheiro por isso, eles são os donos e tinham o direito de fazê-lo! Mas deveriam também assumir as conseqüências que isso acarretou; inclusive as conseqüências para os colaboradores e as conseqüências para as metas. Mas isso não tinha nada a ver com ela (*apontando para a C*). Como ela se sente responsável pelos colaboradores, ela assume essa responsabilidade e, obviamente, os colaboradores olham para ela dizendo: Mas quem é essa?

Col: Agora também compreendo por que eu não queria olhar para ela anteriormente. Agora ficou claro.

T: Isso mesmo. (*Diz para a cliente*) Gostaria de deixar isso assim, por enquanto; deixe que isso tenha efeito, não aja com muita pressa. E realize essa devolução internamente. Tudo bem? (*Ela balança a cabeça afirmativamente*) Ótimo, então terminamos.*

Discussão posterior

Conduzido pelo conhecimento ou conduzido pelas emoções

T: Vocês estão vendo como isso é sedutor. A cliente se vira e todos ficam aliviados, até mesmo um tanto atrevidos. E ela, imediatamente, assume o papel da vítima: Isto aqui funciona melhor sem mim! E aqui é muito importante saber que, se vocês entrarem nesse jogo, tudo estará perdido. Nesse plano não há solução! Em um segundo plano, portanto, ficou evidente que ela carrega algo que pertence à família proprietária, ou seja, a responsabilidade pelas conseqüências da venda. Assim que isso foi devolvido, a situação mudou completamente. Isso significa que vocês não podem se deixar enganar pela emoção que surge nesse momento. A única coisa que protege vocês é o conhecimento. Minha intervenção foi conduzida pelo conhecimento, não pela emoção.

Capacidade de ação

Part: Pergunto-me se os outros agora vão aceitar isso, agora que ela é capaz de agir. Pois assim ela pode fazer algo.

T: Exato. No momento em que alguém acredita que só pode agir quando o sistema está em ordem, ele pode esperar para o resto da vida. Um grupo multinacional não pode ser reestruturado para que a chefe de recursos humanos em uma parte da empresa tenha capacidade de ação. Em vez disso, ela pode se perguntar: O que eu preciso fazer para ter capacidade de ação? O pressuposto é: Há sempre alguma coisa que eu posso fazer. E uma coisa é clara: Deixar a empresa com essa culpa seria a pior das soluções! Seria um novo ciclo com o padrão antigo: Sem mim funciona melhor! E o padrão desse sistema é que uma pessoa assume a culpa desse sistema. E quando ela sai, todos ficam felizes por acreditarem que a culpa foi embora. Mas mesmo que ela tivesse pedido demissão, a culpa, a responsabilidade sempre teriam sido dos sócios-proprietários. Ela não pode levar embora a culpa. Ela pode assumi-la psicologicamente mas, de fato, a responsabilidade continua sendo da família dos sócios. Obviamente, essa família pode vender a empresa mas, nesse caso, ela também é responsável pelas conseqüências.

Realizar a devolução

Part: Como seria realizada a devolução em uma empresa?

T: Supondo que o chefe, proprietário da empresa ou coisa semelhante tenha "empurrado" algo para um colaborador, que não é dele, então podemos fazer algo simples: Internamente, isso é tomado de volta e, quando foi tomado de volta internamente, podemos pensar que conseqüências isso tem para a organização. Muitas vezes nem traz conseqüências para a organização, apenas muda algo no plano energético. Supondo que essa família de proprietários agora assume a responsabilidade, então ela (C) continua sendo chefe dos recursos

---

* Em relação à dúvida se a cliente pode ficar ou não, podemos interromper aqui mesmo, uma vez que ela já conhece essa sua tendência de assumir responsabilidades e as conseqüências que dela resultam; ela já possui a condição de realizar em sua profissão uma separação clara das competências e pode voltar à empresa com uma imagem interna cheia de recursos para iniciar, com base nestes, um processo em cujo término ela encontrará a resposta à sua pergunta inicial.

humanos e formalmente nada acontece. Ela se sente diferente, é percebida de forma diferente pelos colaboradores e tem um relacionamento diferente com os dois gerentes etc. Mas, visivelmente, a princípio não aconteceu nada. Em um segundo passo, essa devolução também poderá ser realizada de forma visível, aproximando-se de um colaborador e esclarecendo a ele em uma conversa: "Acabei colocando você em algo que não lhe diz respeito – vamos parar com isso de uma vez por todas!" Segundo minhas experiências, contudo, isso nem é mais necessário. O importante é primeiramente a realização interna. Assim que estiver esclarecido internamente, todos sentem isso e, muitas vezes, o sentem antes de voltar à empresa.

Conseqüências da devolução para todo o sistema

Part: Mas isso tem conseqüências para toda a organização, todos os colaboradores sentem isso.

T: Sim, isso é bom. Tem um efeito curativo. Influencia o sistema inteiro. Se cada um assumir a sua responsabilidade, isso tem um efeito apaziguante e energizante para todo o sistema. As pessoas gostam mais de trabalhar, a qualidade melhora, os clientes estão mais satisfeitos, as metas são melhor satisfeitas, pois voltam para o centro das atenções. Quanto mais desordem há no sistema, mais as metas e os clientes são perdidos de vista! Quanto mais livre de atritos o sistema funcionar, mais as metas e os clientes entrarão no foco das atenções. E com isso essa empresa se torna mais econômica no amplo sentido.

Quem na hierarquia constela o quê?

Part: Faz sentido se os gerentes e a diretoria se juntarem, buscarem vinte representantes e disserem a eles: Façam uma constelação, com metas, clientes, colaboradores etc.?

T: Isso deverá ser feito sempre por uma única pessoa. O presidente constela o sistema empresarial na frente dos demais membros da diretoria de forma que todos os participantes – ou seja, o chefe mais a diretoria e aqueles que participam – possam ver como está a dinâmica em seu sistema.
A vantagem é a seguinte: Se vocês trabalharem em um plano, que poderá mesmo decidir possíveis reestruturações, então vocês poderão realizar esses reposicionamentos na constelação. Vocês podem, por exemplo, colocar o proprietário atrás do gerente ou podem verificar onde o acionista principal deverá ficar – de preferência na presença destes. Quando estão presentes, eles se tornam capazes de agir com essas informações, pois eles possuem capacidade de decisão. Isso significa que vocês deverão sempre prestar atenção para quem vocês estão fazendo a constelação. Se aqueles que têm o poder de decisão estiverem juntos, então todos os agrupamentos organizacionais que não fizemos agora poderiam ter sido feitos pois, nesse caso, não seriam somente um jogo de contas de vidro, mas representariam alternativas de ação para os verdadeiros portadores de decisões.

Part: Quem poderia colocar essa última constelação. Somente os proprietários?

T: Na minha opinião o gerente, a família ou o novo presidente poderiam ter constelado. A princípio precisamos, no entanto, ter sempre em mente que esse trabalho tem um determinado objetivo. O importante é que aquele que constela sempre veja novas alternativas de ação. Nesse caso, novas possibilidades de ação significam, por um lado, a realização interna no sentido de assumir responsabilidade e, por outro, a ação externa, ou seja, as conseqüências práticas: o que significaria, na prática, colocar-me atrás do gerente, me encontrar mais vezes com ele, fazer reuniões empresariais e demonstrar minha confiança nele etc.? Como a questão é sempre proporcionar aos atores capacidade de ação, não faz muito sentido realizar reagrupamentos que dêem capacidade de ação a pessoas que não estão presentes.

Fundamentos familiares e constelação empresarial

Part: Nessa forma de trabalho não existe o risco de que fundamentos familiares se tornem evidentes? Em caso positivo, o que isso significa para a empresa?

T: Claro. E isso não seria feito diante do grupo. Isso seria constelado separadamente, num fim de semana. E depois de um determinado tempo, quando isso tivesse sido assimilado, o sistema empresarial seria constelado novamente. Muitas vezes já se está completamente diferente. O cliente, freqüentemente, já vem com uma questão diferente, uma vez que com a constelação familiar muita coisa mudou na empresa. Isso significa que ele possivelmente dissolveu um emaranhamento familiar que ele tenha trazido anteriormente à empresa devido à sua posição de poder e, possivelmente, esse já tenha sido o passo necessário. Pois, como proprietário de uma empresa, tenho obviamente a possibilidade de projetar todos os meus emaranhamentos sistêmicos na empresa. Determino quem trabalha como e onde. Se eu dissolver isso, terei um efeito enorme em minha empresa. Muitas vezes trabalhamos até o momento em que a pessoa diz: Era isso, não precisamos mais de constelação empresarial. Ou então: Isso foi muito bom, mas ainda há algumas incertezas. Nesse caso é bom fazer mais uma constelação.

Poder e ordem

Part: Há tantos níveis de poder, como posso separá-los da área da ordem sistêmica e como separá-los das constelações familiares?

T: Muito simples: Existe uma ordem do sistema! E a ordem do sistema não tem nada a ver com a ordem da família de origem. Quem é o chefe? Quem é o proprietário da empresa? Quem tem as participações majoritárias etc.? E dessa ordem resulta o poder, o que não significa nada mais do que a posição na hierarquia da empresa. Quanto mais alta a minha posição na hierarquia, maior é o meu poder do ponto de vista funcional. Aqui o conceito de poder é um aspecto da posição na hierarquia.

Part: Sim, mas isso é somente um plano do poder.

T: Exatamente. Mas aqui só consideramos esse plano. Os demais seriam planos comunicativos etc. Se observássemos os outros planos do poder, então precisaríamos de outras técnicas; seriam estas, por exemplo, PNL, treinamento de comunicação, processos de desenvolvimento de equipes, *coaching* que seriam adequados para aquela área. Mas aqui a posição dentro da ordem tem um papel predominante.

Part: Ou seja, existem diferenças no sistema quando a ordem sistêmica interfere, por exemplo, com outras ordens, digamos, as ordens familiares.

T: É isso mesmo. Isso muitas vezes fica evidente em empresas familiares.

Metas e objetivo de um sistema

Part: Você perguntou pelo objetivo. Que efeito tem essa pergunta sobre o objetivo?

T: Às vezes pergunto pelo objetivo. Quando uma empresa não tem objetivo social definido, isso, via de regra, acarreta uma identificação muito fraca dos funcionários da empresa. É importante haver metas ou um objetivo na empresa. Há uma diferença se uma empresa tem como primeiro objetivo a sua autopreservação e produz bons produtos para obter um lucro máximo, ou se a empresa, além disso, possui no objetivo social uma meta superior. Vocês ainda se lembram onde estava o maior vínculo com os colaboradores? Com as metas. E as metas têm uma ligação forte com os colaboradores.

Part: Ainda não entendi isso completamente. Ela respondeu: somos uma empresa no segmento dos bens de investimento. Isso já é um objetivo social? O que é um objetivo social? Não entendi bem.

T: Nesse caso, o principal para mim era o contexto! Talvez possamos mostrar a questão do objetivo social com um exemplo: Trabalhei uma vez com uma Caixa Econômica que oferecia uma linha de crédito para pessoas de baixa renda. Ela foi fundada, originalmente, com o objetivo de fornecer a essas pessoas empréstimos para a construção de suas casas. No decorrer do tempo essa Caixa Econômica aceitou cada vez mais negócios, ampliando o seu leque de produtos para outros setores. Com o tempo, instaurou-se um novo gerenciamento que focalizava-se em reestruturar essa Caixa Econômica, transformando-a numa empresa visando lucros. Isso significa que a meta, o objetivo pelo qual a empresa fora constituída, passou cada vez mais para segundo plano. Na constelação, o efeito foi o seguinte: ocorreu uma forte flutuação de colaboradores, o pessoal queria sair. E era exatamente essa a dúvida do cliente: por que a flutuação de colaboradores na Caixa Econômica é tão grande, por que tantos colaboradores vão embora? Porque o objetivo original pelo qual eles se constituíram passou para o segundo plano. Isso ficou evidente na falta de identificação dos colaboradores com a empresa.

Part: Como você registraria a diferença entre metas e objetivos?

T: Bem, com base em Marx podemos dizer que o objetivo se orienta no valor da utilidade e a meta no valor de troca. No caso do valor de utilidade, o essencial é a utilidade de conteúdo qualitativa do trabalho e, no caso da meta, trata-se mais do valor de troca, do lucro e semelhantes. Não queremos desvalorizar isso. Mas podemos dizer: se uma empresa vê somente o valor de troca como objetivo, então a identificação dos colaboradores com o conteúdo nem é possível; os colaboradores se identificam prioritariamente com o conteúdo, uma vez que consideram que o que fazem tem sentido! E, ao mesmo tempo, está claro que a empresa precisa obter lucros, ou não poderia sobreviver.
O sentido do trabalho é derivado do valor de utilidade, e não do valor de troca. Sob esse ponto de vista as concepções como *shareholder-value* obviamente tornam-se altamente discutíveis. Mas só para deixar bem claro: o tipo de trabalho que realizamos aqui nos proíbe de discutir o efeito do *shareholder-value*, pois não precisamos arriscar grandes especulações, mas devemos simplesmente constelar um sistema, como ele era antes da

administração se orientar no *shareholder-value*. Depois incluímos o *shareholder-value* e observamos o efeito.

Desse ponto de vista, o que fazemos é um procedimento empírico sem quaisquer pressupostos de como seria o correto. Em vez disso, ainda vemos os efeitos e descartamos nossos pressupostos ideológicos que, obviamente, temos no nosso trabalho quando percebemos que é diferente do que pensamos. Nesse aspecto, o trabalho é bastante empírico. Aceitamos as surpresas daquilo que se evidencia. Assim, aceitamos os aprendizados do que é trazido à luz.

Part: Então o crescimento seria uma visão empresarial?

T: Crescimento é sempre uma meta, nunca uma visão. Se o mero crescimento for uma visão para alguém, ele tem boas chances de desenvolver um câncer. Câncer é crescimento puro. Sem nenhuma concretização de conteúdo, o câncer é um mero crescimento – só como um exemplo.

Meus clientes estragam o meu sucesso
4ª constelação

Cliente: Trabalho como representante comercial de empresas, e tenho sempre a impressão de que elas estragam o meu sucesso. Por exemplo, intermediei um cliente para uma empresa e visitei o cliente junto com um representante da empresa, para a qual fiz o contato. No local, a empresa estraga a minha negociação.

Treinador: Bem, então escolha alguém para representar uma dessas empresas e suas metas e coloque-os de acordo com a sua imagem interna.*

*O problema consiste em um padrão, uma estrutura estereotípica de interação que impede o sucesso do cliente a longo prazo. Esses padrões são, via de regra, um indício de que a causa está mais na situação pessoal do cliente do que em sua atual situação profissional. Mesmo assim, a constelação começa com a situação profissional, uma vez que não se pode excluir a possibilidade de esta ser a causa do problema. Por outro lado, a situação profissional existente oferece os recursos mínimos para a constelação, ou seja, a menor unidade necessária para iniciar-se em geral as constelações.

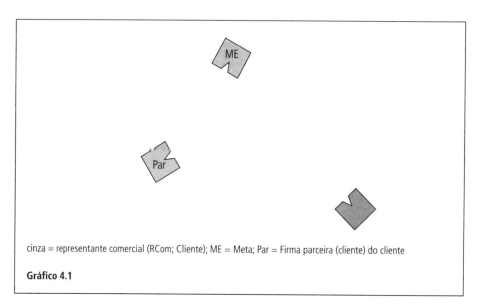

cinza = representante comercial (RCom; Cliente); ME = Meta; Par = Firma parceira (cliente) do cliente

Gráfico 4.1

C: Sinto-me irritado, não tenho muita noção.

ME (*diz com uma voz mais alienada*): Nem sei o que estou fazendo aqui.

T: Como você se sente em relação ao representante comercial? Você é a meta dele!

ME: Sim, já entendi. Mas não consigo imaginar isso.

C: Ainda sinto o seguinte: Eu responsabilizo a empresa parceira para eu chegar ali (*à meta*).

T (*diz para C*): Como se a empresa parceira tivesse a responsabilidade para alcançar a sua meta?

C (*balançando a cabeça afirmativamente*): E por isso fico tão aborrecido, que ela (*Par*) não cumpra isso.

T: E ela (*apontando para Par*) também é o bode expiatório, quando não funciona?

C: Isso.

T: Como se sente a empresa parceira?

Par: Nem sei o que fazer com isso aqui (*a meta*). Aqui está uma meta estranha! E não sei se ele aqui (*apontando para C*) é um parceiro com o qual eu poderei trabalhar.

ME: Tenho a impressão de que eu, como meta, tenho a responsabilidade de que tudo se junte. Acho isso um pouco estranho.

Par (*diz para T*): Não sei se estou entendendo direito: Sou uma empresa que quer vender coisas e ele (*C*) as leva às pessoas?

T: Isso mesmo. Ele (*C*) trabalha com essa empresa para alcançar essa meta (*apontando para ME*).

Par (*balançando a cabeça*): Não consigo imaginar.

T: Certo. Essa é a situação no momento. (*Diz ao cliente*) Procure alguém para representar o assunto propriamente dito que, na verdade, é a questão. Vamos supor que aqui temos um.*

C (*diz com uma voz desorientada*): Bem, na verdade não sei qual é o verdadeiro assunto que está sendo trabalhado.

T (*diz para C*): É o que eu sinto! Por isso coloque simplesmente um representante, de acordo com seu sentimento.

(*O cliente escolhe como representante da verdadeira questão um homem de trinta e poucos anos que, inicialmente, está inseguro dentro da constelação*)

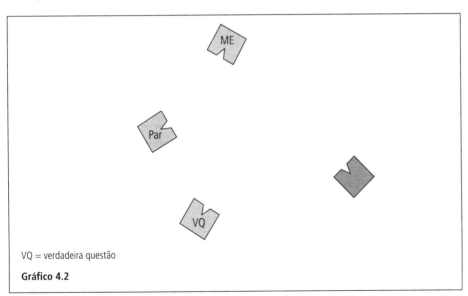

VQ = verdadeira questão

Gráfico 4.2

T (*pergunta para VQ*): Como se sente VQ olhando para essas três pessoas?

VQ (*olha em torno de si e depois coloca as mãos na cintura de forma decidida*): Sim, eu controlo os três!

---

*A situação atual é caracterizada pela plena confusão e incerteza dos elementos participantes em relação à sua própria função, sobre o papel dos outros e sobre a relação entre si. Nesse ponto, também seria possível realizar um trabalho orientado para os recursos, apresentando às respectivas partes seus papéis, suas funções e posições. Mesmo que esse procedimento não seja errado, ele permanece, no entanto, no plano sintomático – no contexto profissional. Para visualizar, em vez disso, o plano causal desse conflito constante, esse plano é incluído como um diferencial da situação atual, "aquilo que é o essencial". O intuito da técnica de intervenção de incluir a "verdadeira questão" (inicialmente pressuposta) tem, por um lado, o objetivo de manifestar uma problemática inconsciente ao cliente e tenta, por outro lado, abrir com um representante não-definido o caminho para o plano pessoal acima referido, no qual haveria um possível emaranhamento.

T: Como é seu relacionamento com o representante (*C*)?

VQ (*com desdém*): Esse não é nada de mais!

C: Desde que ele (*VQ*) entrou na conversa, estou inquieto. Preferia continuar com o jogo aqui (*apontando para a empresa parceira e a meta*).

T: Certo. (*Para ME*) O que acontece com a meta?

ME: Acho que VQ está incomodando! O mero fato de aparecer por aqui é presunçoso. Seria melhor se nós pudéssemos permanecer em nosso grupo.*

T: Para poder manter as aparências! Já entendi. Como se sente a empresa parceira?

Par: Não tenho nada a ver com os outros (*C e VQ*). Se eu tivesse algo a ver com a meta, então procuraria outro parceiro. (*Faz um gesto de desdém em direção a C e VQ*)

T: Compreendo. Então vamos fazer o seguinte. (*O treinador coloca VQ e C frente a frente*)

T (*diz para C e VQ*): Olhem um para o outro.

(*Os dois estão frente a frente e temos a impressão de uma velha amizade ou inimizade de juventude na qual VQ seria o autor e C seria a vítima*)

T (*para C e VQ*): Alguém tem uma idéia de quem ele poderia ser?*

C e VQ: (*sem comentários*)

T (*diz ao cliente*): Pode ser seu pai?

C: Pode ser. Estou dividido entre meu ex-chefe e meu pai.

VQ (*diz para T*): Quando você disse que ele deveria selecionar alguém para representar a verdadeira questão, tive a impressão de que teria de ser uma mulher.

T (*pergunta para C*): O que você acha?

C: Não sei.

T: Então vamos simplesmente testar. Faremos das duas formas e veremos o que combina melhor.

(*Uma mulher de meia-idade balança a cabeça afirmativamente*)

T (*diz para essa mulher*): Você está concordando, você gostaria de fazer isso? Certo, então venha.

(*A mulher troca de lugar com VQ; o homem que representou VQ se senta*)

*Mesmo que o representante para a meta inicialmente não soubesse "o que estava fazendo ali" e tenha se admirado de ser responsável por tudo, aparentemente, essa outra situação-problema ainda era mais agradável do que a nova. Isso é um indício de que o problema do cliente é na verdade essa solução que ele encontrou para encobrir outro problema subjacente (inconsciente). Isso aumenta a suspeita de haver um problema atrás do problema.

*Aqui o intuito é preencher esse espaço vazio da "verdadeira questão".

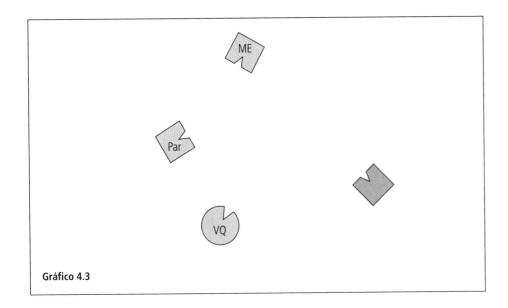

Gráfico 4.3

(*A mulher está de pé com a mesma postura de cabeça e ombros do homem que representou VQ anteriormente nessa posição*)

VQ: Sinto uma forte rejeição contra ele (*C*). Ele está bem no meu caminho. Incomoda-me muito. Ele tirou alguma coisa completamente do trilho.

C: E eu sinto uma exigência, algo para oferecer e...

VQ: Isso, já que você está aqui, deveria fazer algo, algo muito importante.*

T (*diz para o cliente*): Você consegue compreender isso?

(*C pensa, não encontra resposta*)

T (*diz para C*): Você foi um filho planejado?*

C (*pensa*): Não sei.

T: Então vamos colocar seu pai e sua mãe juntos.

(*T coloca o pai, que anteriormente representou VQ 'ao lado da mãe' que também representou VQ*)

*VQ formula a exigência ao RCom/Cliente de ter de legitimar a sua existência com um empenho fora do comum.

*O motivo da pergunta do T: Quem é querido, não precisa justificar a sua existência. Quem, na verdade, se sente indesejado, está sempre sujeito a justificar sua própria existência.
Se a "verdadeira questão" for uma relação problemática entre pais e filhos, então sugerimos que os representantes escolhidos para a VQ continuem sendo representantes para os pais que entram na constelação: o assunto em pauta torna-se evidente.

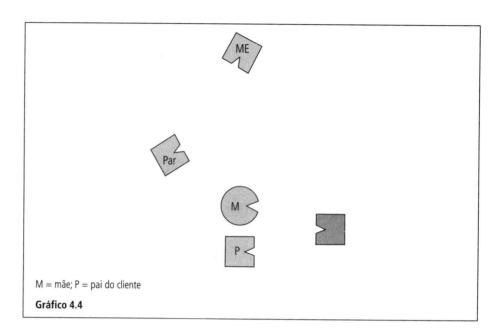

M = mãe; P = pai do cliente
Gráfico 4.4

(*P coloca novamente as mãos na cintura, sua pose é de superioridade*)

M (*diz para T*): Ele (*P*) é arrogante.

T: Acho que agora ficou claro: o pai gerou o problema e a mãe teve de arcar com as conseqüências. O pai representa a empresa parceira. E a mãe representa a meta. (*Diz para C*) Isso faz sentido para você?

C: Não sei, ainda não consigo compreender.

T (*para o cliente*): Então entre aqui na constelação.

(*T troca C pelo cliente*)

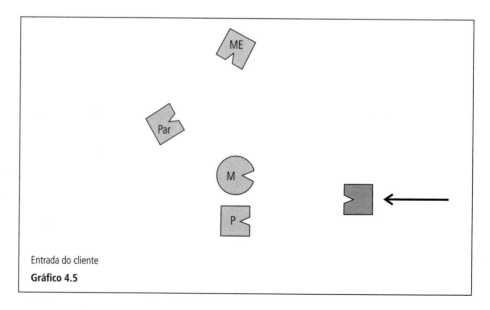

Entrada do cliente
Gráfico 4.5

C: (*Ele fica em pé em uma postura quase que idêntica à de seu representante, anteriormente, e tem uma aparência estressada*)

T (*diz para C*): Preste atenção. Eu posso sugerir uma solução, mas é um caminho difícil. Farei esse caminho com você, mas só se você estiver internamente disposto a percorrê-lo. (*C balança a cabeça afirmativamente*) Tenho carta branca?

(*C balança a cabeça afirmativamente*)

T: Está bem. Então aproxime-se mais de seus pais.

(*C geme quando recebe a orientação e seu corpo fica rígido por um tempo*)

T: Bem. Vamos lá. (*Coloca a mão nas costas do cliente, apoiando-o*)

(*C respira fundo e se movimenta com passos pequenos, hesitantes em direção aos pais, junto com T*)

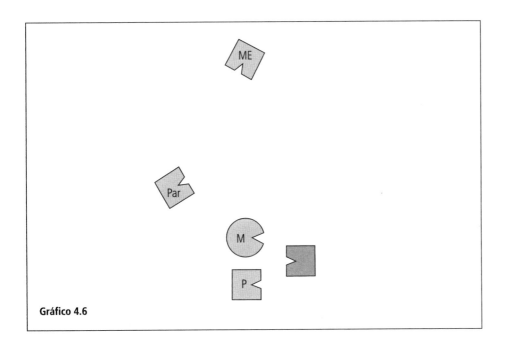

Gráfico 4.6

(*O cliente está em pé diante dos pais, transpirando, o treinador fica ao lado*)

(*P ainda está com as mãos na cintura, em um gesto ameaçador e dominante*)

C (*diz para T*): Ele (*P*) me olha de forma ameaçadora.

T (*diz para P*): Você poderia soltar os braços? (*P o faz*)

M (*diz em voz tímida e baixa*): Ele (*C*) deveria ficar comigo!

T (*diz ao P*): E o que você sente?

*Ninguém precisa justificar a própria existência, uma vez que ninguém é responsável por ter nascido. Se o cliente tem essa necessidade existencial de se justificar, então ele carrega um peso que lhe foi conferido ilegitimamente, o qual ele segura nas mãos como peso simbólico.

(*P olha com olhar duro para C e responde "rangendo os dentes"*)

T (*afasta M um pouco de P; dá ao cliente um peso para carregar* e diz para o cliente*): Fique em pé diante dele!

C: (*Se coloca diante do pai com o peso que ele carrega nas mãos*)

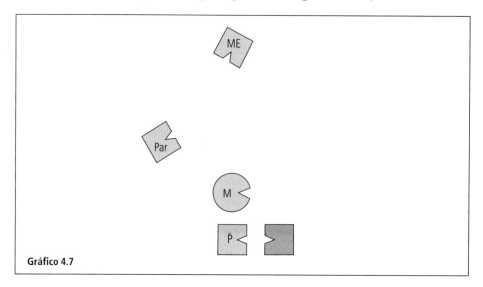

Gráfico 4.7

T (*diz para o C*) E diga a ele: "Pai, carrego isto para você! Isto não é meu. Devolvo a você." E depois você o devolve a ele.*

*Aqui o filho recebe a tarefa de devolver a atribuição àquele que a conferiu a ele.

(*C repete, hesita e depois entrega o peso*)

(*M sorri leve e discretamente, enquanto a devolução é realizada*)

(*T coloca a mãe ao lado do pai, que agora carrega o peso*)

M: Do meu lado está tudo aberto!

T (*diz aos pais*): Vocês carregam isso juntos?!

(*M e P seguram o peso entre si e o carregam juntos*)

*Aparentemente a exigência foi feita por ambos os pais ao mesmo tempo.

M: Sim, isso está melhor.

*Quem assume alguma coisa sempre tem também um lucro secundário dessa apropriação. Por isso é importante manifestar o limite do plano entre pais e filhos por ambos os lados: devolução da criança para os pais, por um lado, e esclarecimento da própria competência pelos pais, por outro.

(*P também balança a cabeça afirmativamente*)*

C: Assim, para mim também, está melhor do que antes.

T (*diz para P*): Diga a ele (*C*): "Você é o nosso filho. Eu sou o seu pai. E essa (*apontando para M*) é a sua mãe. Se nós tivermos problemas como homem e mulher, isso é de nossa responsabilidade. Você não pode ser responsável por isso. Fique fora disso!"*

(*P repete*)

T (*para C*): Você compreendeu?

(*C balança a cabeça afirmativamente em silêncio*)

T (*diz para M*): Diga a ele (*C*): "Concordo com o seu pai. Também encaro isso assim."

(*M o faz*)

(*C balança a cabeça afirmativamente várias vezes, como que em transe*)

T (*fica ao lado do cliente*): Como você se sente agora?

C: Bem, a pressão diminuiu (*faz um gesto para o chão*), não estou mais tão trêmulo. Eu a percebo de forma diferente, seus traços são mais meigos. Carreguei esse peso com ela por muito tempo!*

> *C pode pela primeira vez assumir seu lugar como filho e, portanto, vê pela primeira vez seus pais.

T: Sim. (*Diz para P*) Diga a ele: "Meu querido filho, se você quiser alcançar as suas próprias metas na vida..."

(*C baixa o olhar*)

T (*diz para C*): Olhe para ele, está bem? Você precisa encarar isso.*

> *O fato de olhar e perceber a pessoa diante dele é absolutamente necessário para, com a nova realidade do sistema, "tirar o poder" das imagens internas anteriores do cliente.

(*C olha novamente para P*)

T (*diz para P*): "Se você quiser alcançar as suas próprias metas na vida, tem a minha bênção!"

(*P repete com voz carinhosa*)

(*C balança a cabeça afirmativamente em silêncio*)

T (*diz para C*): Você quer se aproximar dele (*P*)?

(*O cliente se aproxima do pai*)

T (*diz ao P*): Você poderia abraçá-lo?

(*P abraça seu filho de forma carinhosa, com um sorriso aliviado.* O cliente encosta no peito do pai, respira forte, P sorri carinhosamente e passa a mão carinhosa e paternalmente pelo seu cabelo; os dois se abraçam por muito tempo; depois o pai segura o filho pelos ombros e o empurra cuidadosamente para longe, para poder olhá-lo nos olhos)

> *Quem carrega seu próprio peso também tem uma carga, mas possui a força e dignidade de sua própria competência e, portanto, fica livre e aberto para deixar fluir o seu amor.

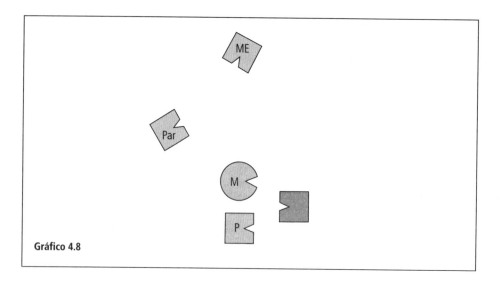

Gráfico 4.8

(*O cliente está visivelmente cansado, mas tem um olhar mais livre do que anteriormente*)

T (*diz para P e M*): Vocês podem carregar o peso juntos novamente? (*Ambos o fazem*)

T (*diz para C*): Diga aos dois: Sim, eu agora sigo o meu próprio caminho!

C: (*Diz essa frase aos seus pais, com muita concentração*)

(*Nisso a meta, ao fundo, muda a sua postura para uma posição orgulhosa e altiva*)

M (*diz para C*): Isso está certo.

T: Muito bem. Isso também me pareceu muito bom. (*Diz ao cliente*) Olhe para o seu cliente! Ele está acenando com simpatia para você, ele também está gostando disso. Como se sente a meta?

ME: Melhor.

(*C vira-se para a meta, ainda respira fortemente*)

T: Isso (*apontando para C e sua meta*) eu não vou fazer agora. Esse assunto aqui (*apontando para os pais*) foi muito pesado, vamos deixar o resto para outra hora. (*Diz aos participantes da constelação*) Muito obrigado!

Dar um tempo, para que possa surtir efeito.

Discussão posterior

T: Quando resolvemos algo assim tão pesado, é bom não dar logo o próximo passo! Senão, o que fizemos não tem tempo para agir em seu interior. Ele dá um passo agora, depois esperamos isso surtir efeito. Pode ser que o problema com os clientes e as metas se resolva automaticamente, ou podemos trabalhar mais, mas somente depois. Minha suspeita, neste caso, é de que não será necessário... (*a empresa parceira confirma balançando a cabeça*) É o que o cliente também diz!

C: Eu já não sinto mais essa pressão.

T (*diz para o grupo*): Certo, foi isso. Nesses assuntos é melhor não discutirmos muito, senão, acabamos tirando a energia positiva.

Comentários finais

Nessa constelação dois aspectos chamam a atenção, os quais gostaríamos de comentar:

1. A constelação parecer dar um salto triplo da questão apresentada para a verdadeira questão e para o relacionamento entre pais e filhos. Essa reencenação de problemas não-resolvidos da família de origem no contexto profissional não é rara. Uma primeira dica para a existência dessa dinâmica é a repetição estereotípica de dificuldades semelhantes em contextos diferentes.

2. Quando há crianças rejeitadas ocorre uma obrigação tentadora de justificar a própria existência. Os padrões típicos são:

   a) O cliente quer ser uma "pessoa boa" para provar que sua existência é justificada.
   b) O cliente quer ser famoso e/ou popular ou importante ou
   c) Poderoso.

Com todas as três posições o cliente tenta compensar de diversas formas essa aparente culpa de sua existência. Como isso não é possível, essas pessoas possuem uma auto-estima relativamente frágil durante o período no qual essa estratégia está funcionando. No momento em que a estratégia está "em risco", o medo original volta a aparecer com a mesma força. Assim, um ator disse uma vez durante um *coaching* pessoal: "Somente quando ouço os aplausos, eu vivo de verdade." Ou um treinador diz: "Quando vejo os olhos brilhantes dos participantes, sei que minha existência é justificada." E assim por diante.

Independentemente de qual das três estratégias seja utilizada, no fundo da consciência permanece a crença: "Seria melhor para todos que eu não existisse."

Essa situação problemática ainda é reforçada pelo fato de que um dos pais, ou até mesmo ambos, ainda responsabilizam o cliente expressamente pelo destino de sua existência e o peso para os pais.

Exemplo: Uma mulher quer muito se casar com um homem que não quer se casar. Ela, secretamente, deixa de tomar o anticoncepcional e engravida. Por isso, ele se casa com ela, o que não teria feito se não houvesse a criança.
Durante os primeiros três anos de casamento, ele tem muitos casos e o casal se divorcia. A criança, uma menina, fica com a mãe. Esta, muitas vezes, diz à menina que ela (a filha) é

culpada por ter arruinado sua vida. Quando a filha fica mais velha e começa a compreender como "são feitas as crianças" ela diz a sua mãe: "Mas eu não tenho culpa de você ter engravidado." Nisso a mãe dá um tapa na menina, dizendo: "Não seja malcriada."

Aqui a mentira da vida da mãe é imposta ativamente à criança, ameaçada de violência e privada de amor.

Esse caso faz parte de uma grande categoria de padrões de interação, nos quais os pais, devido aos próprios emaranhamentos e traumatizações, não assumem a responsabilidade pelos seus atos, realizando, em vez disso, construções de realidade "imaginadas", nas quais eles incluem os seus filhos. Por exemplo: "Se você me abandonar, eu me suicido"; "Afinal, sou seu pai e tenho o direito de fazer sexo com você"; e outras.

Essa categoria de padrões de interação familiares distingue-se, a princípio, dos emaranhamentos nos quais os membros da família assumem, por amor, uma sucessão ou identificação com pessoas mortas, excluídas ou sem direitos.
Nessa categoria não podemos falar de culpa pessoal, e a solução para todos os participantes é colocar os mortos, excluídos e sem direitos em foco, para que estes recebam um lugar em seu coração e sejam honrados.

No entanto, nos casos em que os pais incluem os filhos de forma subjetivamente culposa em sua infelicidade, a solução pressupõe que "algo aparentemente doloroso", que até o momento foi considerado um tabu no sistema familiar e na comunicação do dia-a-dia, seja mencionado pelas vítimas (os filhos).
Nesse caso é necessário "reconhecer o que é", inclusive contrariando a proibição dos pais de que isso não pode ser dito. Isso pode ser realizado sem arrogância, se os seguintes aspectos forem observados:

a) Os pais são vistos pelos filhos em sua família de origem.
b) O "aparentemente dolorido" é expresso pelo sentimento primário de tristeza, de mágoa e não pelo sentimento secundário de desprezo e arrogância.
c) O filho, como adulto, assume a responsabilidade de sair desse padrão de comunicação, independentemente de os pais concordarem ou não.

Essa intervenção exige algo dos pais, a que eles, à custa dos filhos, até o momento não queriam ou não podiam se sujeitar. Parece importante enfatizar especialmente esse ponto, uma vez que na prática dominante de constelações familiares existe um determinado tabu na confrontação dos pais pelos filhos. Esse tabu tem as suas raízes na idéia de que as crianças só poderão tomar o que há de bom dos pais, se estes permanecem numa postura de humildade em relação aos filhos. A arrogância faz com que o filho não consiga tomar, nem permanecer num lugar adequado a ele no sistema. Essa observação nos parece lícita. No entanto, o ponto aqui apresentado por nós não caracteriza arrogância, mas o fato de que tudo que existe deverá ser reconhecido, para que possa haver uma imagem interna adequada. Ao contrário, devemos esclarecer que uma forma sutil de usurpação também está no fato de fazer de conta que os pais deverão ser protegidos de verdades desagradáveis.

COMO POSSO ME DESLIGAR, SEM PREJUDICAR A EMPRESA
5ª CONSTELAÇÃO

Cliente: Gostaria de constelar a nossa situação empresarial.

Treinador: Sim. Como ela é?

C: Existe um diretor. Ele assumiu a empresa toda e a construiu há 15 anos. Depois eu, como procuradora...

T: E você está abaixo dele?

C: Isso. E depois há uma pessoa recém-contratada, um supervisor de gestão, é uma posição de diretoria, que... (*C aparentemente não sabe denominar essa posição*)

T: ...ele trabalha abaixo de você?

C: Não, ele atua aqui (*apontando para o flipchart*) na perpendicular ao lado. E ele (*sua voz fica rígida*) poderia ser um sucessor do diretor, que (*sua voz mostra novamente simpatia*) pretende se retirar daqui a alguns anos. E há ainda dois consultores que já trabalham conosco há muitos anos.

T: Estes consultores estão abaixo dele (*supervisor de gestão*) ou abaixo de você? A quem eles se reportam, quem costuma lhes dar orientações?

C: Não estou abaixo deles, mas ao lado, como uma equipe! Não é como se o diretor desse ordens para mim e eu as repassasse; o diretor trabalha com os consultores em assuntos técnicos.

T: Certo, então eles recebem ordens diretamente dele?

C (*balançando a cabeça afirmativamente*): Dois consultores, há muitos anos na empresa, um homem e uma mulher.

(*T toma nota*)

C: E, em alguns projetos, o supervisor de gestão também trabalha (*apontando para SG no flipchart*) como ele. Essa é a parte dos consultores. Depois há ainda o setor de criação, lá temos um diretor de arte sênior, relativamente novo; ele constrói gráficos (*olha para todos*), para aqueles que não conhecem a área. E depois há ainda um diretor de criação de textos recém-contratado.

T: Muito bem.

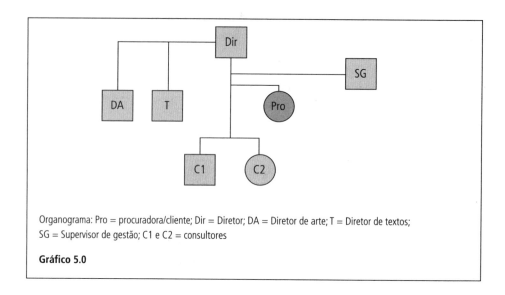

Organograma: Pro = procuradora/cliente; Dir = Diretor; DA = Diretor de arte; T = Diretor de textos; SG = Supervisor de gestão; C1 e C2 = consultores

Gráfico 5.0

C: Preciso mencionar ainda que tanto o diretor de arte como o diretor de textos já trabalharam na empresa há alguns anos, talvez há sete ou oito anos. Eles deixaram a empresa e voltaram. Aqui embaixo ainda temos (*ela volta para o flipchart*)

T: Pare, pare, pare. Isso é demais! Qual é a sua questão?*

C: Essa é a situação em que nos encontramos hoje. (*Com uma voz um pouco agressiva*) E gostaria de saber se o que está representado no gráfico é mesmo a organização e como estão as estruturas...

T: Agora eu lhe pergunto: Para quê?

C: Para o futuro. Para termos sucesso como empresa.

T: Você tem motivo para acreditar que isso não é assim?

C (*mais calma*): Tenho.

T: Quais são os motivos? Como você teve essa idéia?

C: No passado houve muitas vezes um segundo diretor, e nunca funcionou. Ele sempre deixou a empresa, o que trouxe muita inquietude a todos na empresa. Bem, o supervisor tem esse cargo rotativo.

T: Quem contratou esse novo diretor?

C: O antigo diretor.

T: Ele colocou um segundo diretor ao seu lado?

C: Sim. A dinâmica é que ele gostaria de ter alguém para fazer o trabalho, de que ele levaria a fama.

*Para o treinador é sempre importante se proteger contra uma quantidade muito grande de informações irrelevantes. Ele deve proteger a si mesmo e também ao cliente, que se desconcentra de sua questão com as explicações extensas e que perde o foco de sua energia.

T: Bem, isso não vai funcionar. Não precisamos nem constelar. E o que você tem a ver com isso?

C: Meu problema é que eu quero deixar a empresa daqui a um ano ou um ano e meio e estou interessado em saber se a constelação, como está no momento, vai funcionar; se ela funcionaria sem minha participação. E como ela funcionaria, ou o que faltaria e o que teríamos de acrescentar.

T: Então a sua questão é: Você se sente responsável por essa empresa, e como quer deixá-la daqui a algum tempo, você quer saber: Como posso sair, de forma que a minha saída não cause nenhum dano, mas que tudo aconteça de tal modo, que a empresa possa funcionar bem depois?*

*Essas repetições e reformulações não são supercorreção do treinador, mas são uma forma ativa de ouvir e contribuem para a compreensão mútua e para o esclarecimento da questão principal. O importante mesmo é que a entrevista seja realizada em forma de diálogo, para que as partes tenham uma conversa real e – apesar dos diferentes papéis – um patamar equivalente.

C: Isso.

T: Certo, entendo isso. Então vamos constelar: o diretor, você, o supervisor e os dois consultores.

(*C coloca primeiro o diretor, seu representante e o supervisor de gestão*)

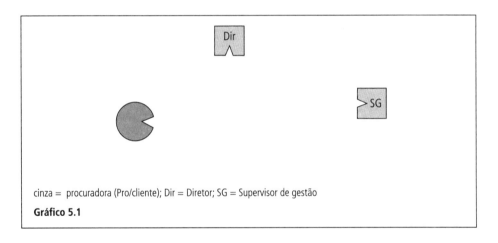

cinza = procuradora (Pro/cliente); Dir = Diretor; SG = Supervisor de gestão
Gráfico 5.1

T: Certo. Vamos deixar assim por enquanto. Somente estes três; os outros buscaremos talvez mais tarde.

(*Questionamento sobre a primeira impressão*)

T: Como se sente o diretor?*

*Consulta de acordo com a hierarquia.

Dir: Quando me viro para cá (*para SG*) sinto-me bem e seguro. (*Depois olha para a Pro*) Ela provoca uma sensação desagradável.

T: Certo. (*Pergunta para a Pro*) Como você se sente?

Pro: Tenho um vínculo ótimo nessa direção (*para SG*). Com o diretor – não sei o que há.

T: Bem, não sabe.

SG: Tenho um forte vínculo nessa direção (*SG aponta para uma posição três passos à sua frente*). É bem claro. E naquela direção (*apontando para o Dir*) não consigo nem olhar.

T: Bem. (*Diz à cliente*) Você pode colocar alguém para representar a empresa propriamente dita?

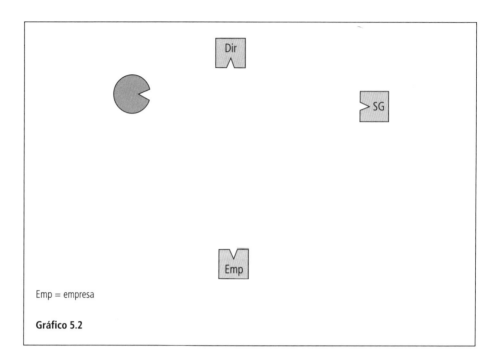

Emp = empresa

Gráfico 5.2

(*C seleciona um homem grande, com mais de quarenta anos, e o posiciona*)

Pro (*apontando para a Emp, sorri*): Sinto muita simpatia.

T: Sim, sim. (*Diz ao grupo*) O amor que ela sente pela empresa ficou bem claro. (*Diz à Emp*) Como se sente a empresa?

Emp: Um pouco de tensão no estômago. Lá (*apontando para a Pro*) está mais quente. Ali (*SG*) é "arejado". E ali (*apontando para o Dir*) tenho pouco contato.

T (*diz para a Pro*): Você poderia ficar ao lado da empresa?*

(*A Pro se coloca ao lado esquerdo da empresa*)

Emp (*suspira aliviado*): Melhor.

T: Isso. (*Para SG*) O que você sente?

SG: Tensão nas costas! Na minha frente está mais livre. E continuo não tendo contato com o diretor.

T: Você poderia ficar ao lado da empresa?*

*Se a Pro tem um vínculo tão forte com a empresa, então esse relacionamento forte deverá ficar evidente e perceptível, colocando-se ambos lado a lado.

*T testa se o relacionamento relevante para SG é com o diretor ou com a empresa.

Como posso me desligar, sem prejudicar a empresa

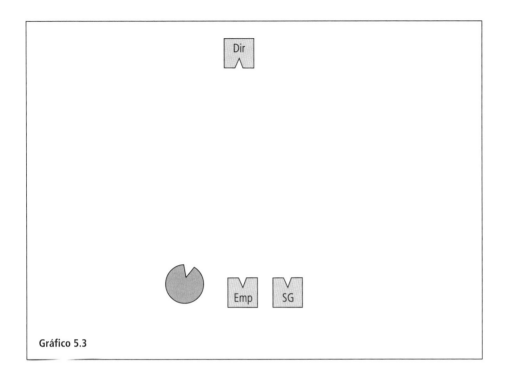

Gráfico 5.3

(*SG se coloca ao lado esquerdo da empresa*)

SG (*solta os ombros, olha para a empresa*): Muito mais agradável.

T (*pergunta ao Dir*): Como você se sente agora?

Dir: Tenho uma sensação estranha na barriga. Olhando para a empresa como um todo (*olha para o grupo Pro, Emp, SG*), tenho uma sensação de orgulho, mas também respeito. E um desconforto, pois ela é muito grande. Uma tarefa que, na verdade, é muito grande. E quando ele (*SG*) ainda estava aqui na frente (*ver gráfico 5.1*) tinha a impressão de que ali estava alguém que poderia cuidar disso, isso me deu segurança. Com ele (*SG*) parado ali (*ver gráfico 5.2*), fico muito sozinho aqui. Ele me fortalece muito.

T (*diz ao Dir*): Isso é verdade.

SG (*com voz tranqüila*): Sinto-me bem aqui, quente e forte.

Emp: Sinto uma energia na barriga. Ainda não sei o que é.*

T (*diz ao Dir*): Você poderia ficar atrás da empresa?

*Essa constelação (5.2) descreve a situação atual da empresa: um diretor relativamente inativo está isolado diante da empresa e dos condutores da empresa, intimamente vinculados a ela.

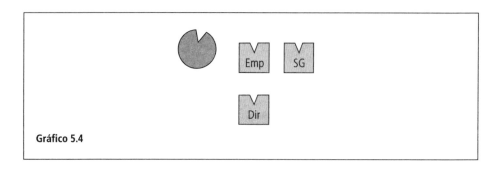

Gráfico 5.4

(*Dir o faz*)

T (*diz à Emp*): Como você se sente com ele parado aí atrás?

Emp: Ele me tira a energia.*

T: Isso. Ele gasta mais do que proporciona! (*Diz ao grupo*) Aqui está a origem da preocupação dela (*Pro*). Vocês podem entender? Ela está muito preocupada com a empresa, está muito apegada à empresa. E ela teme: O que será que vai acontecer quando eu partir? Vamos testar isso. (*Para a Pro*) Você pode se afastar?

(*Pro deixa seu lugar e se afasta da constelação*)

T: Você está indo para Hamburgo, por exemplo, (*acena para ela*) tchau! O que acontece na empresa?

Emp (*apontando para o seu lado*): Um buraco. Um buraco fundo.

T (*diz ao Dir*): Você poderia ficar lá?

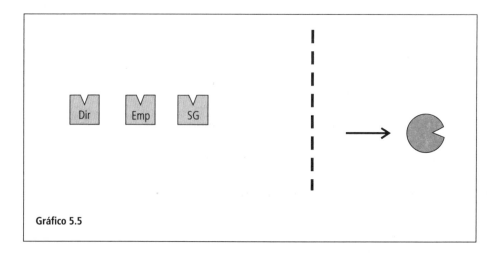

Gráfico 5.5

(*Dir se coloca ao lado da empresa*)

T: Como você se sente ao lado da empresa?

*A tentativa de construir recursos para a empresa aqui fracassou. Primeiro teria de ser esclarecido o papel do diretor, para que ele pudesse ocupar o seu lugar. Isso obviamente pode ser feito, mas a constelação é para a procuradora que pretende deixar a empresa e não para o diretor. (Pergunta fundamental: "Para quem se faz a constelação?")

Dir (*em pé estável e forte*): Aqui está ótimo. Tenho a impressão de estar novamente unido com a empresa. Tenho a responsabilidade e cuido da empresa!

T (*diz para SG*): E como você se sente?

SG: Quando havia aqui o buraco, senti algo puxar para a esquerda (*inclinando-se para a Emp*), de modo que quase tive que segurá-lo (*Emp*). Agora não há mais o buraco, mas também não está tranqüilo (*fica de pé, um pouco inseguro*).

T: Não está tranqüilo. Estava melhor quando você tinha uma colega?

SG: Estava.

Emp (*apontando para o Dir*): Tenho a impressão de que aqui do meu lado está um pouco fraco.

T (*diz para Dir e SG*): Vocês poderiam trocar de lugar?*

(*Dir e SG trocam de lugar*)

(*SG agora está de pé, ereto e estável*)

(*Dir ainda mais ativo, olhando para a frente*)

T: Melhor.

Emp: Muito melhor! (*Movimenta seus ombros*) E mais livre assim.

(*Introdução da cliente*)

T (*diz para a cliente*): Você poderia vir até aqui? Fique aqui na frente.

T: Como você se sente aqui, olhando para lá?

C (*com voz indiferente*): Está bem. Não estou triste nem eufórica. Isso assim está bem.

> *Sem ter esclarecido o papel do diretor, é procurada uma ordem que proporcione um máximo de recursos que permitam à cliente deixar a empresa sem preocupações.

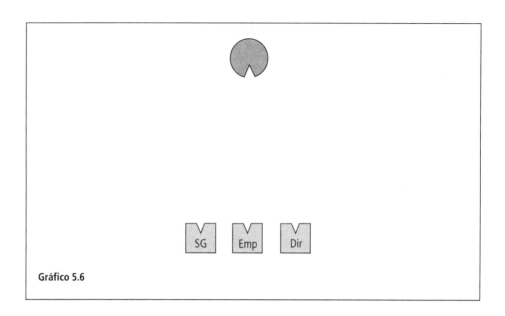

Gráfico 5.6

T (*diz para C*): Diga: "Para mim foi uma época muito boa. Desejo a vocês tudo de bom para o futuro. De todo o coração. E agora vou com o meu marido para Hamburgo."

(*C repete e, na última frase, fica mais emocionada e carinhosa*)*

T (*diz ao Dir*): Como vocês se sentem ouvindo isso? O diretor?

Dir: Tenho um peso na consciência.*

T: Você tem alguma idéia do porquê?

Dir: Não a tratei bem.

T (*pergunta à C*): Ele a tratou mal?

C: Sei lá. Às vezes.

T: Sei, sei. (*Busca a cliente e a coloca diante do Dir, diz para a C*) Tenho a impressão de que você não recebeu dele o reconhecimento de que precisaria pelo que você fez. (*Pergunta ao Dir*) É possível?

Dir: Sim, é isso. Como se alguém fosse embora e estivéssemos felizes, pois ele leva algo junto.*

T (*busca um peso e o coloca na mão de C; diz para C*): Diga: "Antes de ir embora, deixo isto aqui."

(*C repete e entrega o peso ao Dir*)

Dir (*está com o peso*): Tudo bem (*ri*). E agora ela é tão boa que me incomoda.

---

*A cliente está afirmando o que ocorre. Nada mais, nada menos.

*O contato com uma verdade que não está encoberta emocionalmente, a percepção de um sentimento verdadeiro deixa o outro mais vulnerável, confrontando-o com a própria verdade.

*Quando alguém carrega a carga de outras pessoas o ambiente normalmente fica mais aliviado quando ele vai embora, uma vez que a inadequabilidade da carga deixa as outras pessoas desconfortáveis: por um lado, a pessoa está mesmo carregando algo, o que gera pena e solidariedade mas, ao mesmo tempo, ela assumiu algo estranho que não lhe competia.

Emp (*apontando para o coração*): Sinto muito aqui dentro.

T (*coloca a cliente diante da Emp; diz para a Emp*): Diga a ela: "Você me fez bem."*

> *Aqui novamente é articulado, torna-se realidade perceptível aquilo que existe – nada mais, nada menos.

(*A Emp repete a frase, com muito respeito e emoção na voz*)

(*C começa a chorar*)

T (*coloca levemente a mão nas costas da cliente*): Diga a ela: "Estou muito grato por tudo de bom que você fez para nós. E sentiremos a sua falta."

(*Emp repete*)

T: "E desejamos a você tudo de bom."

Emp (*falando muito rápido*): E desejamos a você tudo de bom.

T: Calma, calma.

Emp (*quase chorando, ainda rápido, diz para T*): É isso, desejamos a você tudo de bom.

T: Diga com emoção.

Emp: É muito difícil dizer isso. É como se ela devesse ficar aqui.

T: Podemos fazer isso. (*Para C*): Diga: "Pensarei sempre bem de vocês!"*

> *Uma forma que permite aos que ficam não se sentirem abandonados é a certeza de ter um bom lugar no coração daquele que parte.

Emp: É bom se a sua alma boa não desaparecer, mas…

T (*diz para C*): Diga: "Isso é possível."

(*C o faz*)

T (*diz para Emp*): Vocês querem a simpatia dela, que isso fique com vocês. (*Diz para C*) Diga a eles: "Minha simpatia sempre ficará com vocês."

(*C repete a frase, muito concentrada*)

Emp: Deixamos você partir em paz. E desejamos a você tudo de bom.

T: Que bonito!

SG: Agora tenho a sensação de receber responsabilidade. E também sinto uma dor da despedida. (*Diz para C, com respeito e gratidão na voz*) Algo bonito está chegando para você. E por isso posso ficar feliz.

Emp: E eu sinto muito apoio e força dos dois lados.

T (*para SG*): Diga a ela: "É doloroso ver que você está indo embora! Mas sei que é o certo para você, e desejo a você tudo de bom."

(*SG repete com a mesma postura corporal demonstrada antes pela Emp*)

Dir: Assim está melhor.

T (*diz para C*): Bem. Então dê alguns passos para trás.

C (*dá cinco passos para trás*): Fico melhor quando me afasto, agora.

Emp: E agora tenho um sentimento de integralidade (*apontando para a esquerda e para a direita*). Algo como: Foi bom o que ela fez tantas vezes.

T: Isso.

T (*diz para C*): Você quase pecou pelo excesso, trabalhou demais nessa empresa. Seria possível que isso tenha deixado o diretor um pouco paralisado?

(*C balança a cabeça afirmativamente*)

T (*diz para C*): Olhe, ele está melhor. Você quis fazer o melhor, mas você fez muito. Mas de bom coração. Isso ficou evidente no carinho com que eles se despedem de você. Ele (*Dir*) talvez esteja sendo um pouco provocador, porque ele está um pouco acomodado. Mas ele estará em contato com a sua força, quando ele estiver em seu lugar. E se você partir, tudo ficará bem com ele e com a empresa. E essa era a sua questão.

C (*balança a cabeça afirmativamente*): Hum-humm.

Dir: É como uma boa mãe que faz por nós algo que, na verdade, nem queríamos deixar para ela fazer.

T: Isso. (*Diz para C*) Você fez muito ali. Não precisa repetir isso.

C: É, poderia reduzir isso, um pouco.

T (*ri*): Isso mesmo.

FLORESCE E MURCHA
6ª CONSTELAÇÃO

(Os clientes, um homem e uma mulher, estão sentados ao lado do treinador)

Treinador (*volta-se para o homem*): Christian, qual é a sua questão?

Cliente: Quando você falou sobre aquela empresa na qual o sucesso sobe e desce como em uma curva senoidal, fez-me lembrar o meu próprio problema. Sou autônomo há 20 anos. Conheço todos os aspectos da vida empresarial. Os pontos onde sobe muito e também os momentos de queda. E acredito que deverá haver um sistema, porque em nossas empresas a direção nem sempre é igual. Sei que do ponto de vista da empresa eu contribuí muito para isso, mas quanto mais fico neste workshop, mais eu tenho a sensação de que deve haver alguma causa sistêmica – e gostaria de ver isso.

T: Certo. (*Pergunta para a mulher*): Como é o seu nome?

Amiga do cliente: Claudia.

T: Claudia, qual é a sua função na empresa?

AC: Sou diretora de uma de suas empresas.

T (*pergunta para o homem*): Quantas empresas você tem?

C: Umas dez. Mas as empresas em si não são tão relevantes para a minha questão.

T: Certo. Compreendo. Sua dúvida é: Como é possível o seu sucesso crescer e diminuir e não atingir uma estabilidade.

C (*balança afirmativamente a cabeça*): Isso mesmo.

T: Vocês são um casal?

C: Não, somos colegas. E amigos.

T: Você é proprietário de todas as dez empresas?

C: Sou acionista majoritário em todas as empresas; com participações diferentes, mas nunca menos de cinqüenta por cento.

T: Certo. Então você é o "Big Boss". E essas empresas são conduzidas por um diretor operacional no local. Podemos dizer isso?

C: Sim.

T: Você diria que esses diretores têm capacidade para garantir um sucesso contínuo?

C: Não. (*Sorri com simpatia*) Com uma exceção. Ela está aqui do meu lado.

T: Está bem. Vou lhe contar uma história. Alguns anos atrás, veio me consultar um homem de Wiesbaden, que começou com uma loja de Antigüidades, que ia muito bem – e isso já era significativo, pois em Wiesbaden há dezenas de lojas como essa. Mas a loja ia mesmo muito bem e, um certo dia, ele contratou um diretor e abriu uma loja de louças. Esta também ia bem. Mas enquanto a loja de louças ia muito bem, a loja de Antigüidades começou a decair. Não chegou a falir, mas estava cada vez pior. Nessa situação, enquanto a loja de louças estava florescendo, ele abriu uma transportadora, que também ia muito bem. Mas enquanto esta estava bem, a loja de Antigüidades faliu e a loja de louças entrou em crise. Ficou evidente que ele havia recebido de seu pai uma tarefa que dizia: Meu filho, quero que você tenha sucesso na vida – mas não mais do que eu. Esse "mas não mais do que eu" o pai nunca havia dito explicitamente, mas ele sempre o deixou sentir. Sempre que ele chegava a uma situação melhor que a do pai, este reagia retirando o seu amor, independentemente do que faziam. Ao jogar futebol, ao construir o trenzinho – assim que ele fazia algo melhor do que o pai, o pai se afastava internamente. Uma mensagem era articulada verbalmente, a outra, não verbalmente.
Conscientemente ele seguiu a mensagem verbal: Filho, quero que você tenha sucesso. Construiu um negócio atrás do outro, que funcionavam bem. Mas ele obviamente não podia por si só levar as lojas à falência e, por isso, ele escolhia diretores com os quais teria sido um milagre se as lojas tivessem sobrevivido. Esses faziam-lhe o favor de destruir os seus negócios.
E a minha pergunta para ele foi: Imagine se seus negócios funcionassem perfeitamente bem. O que isso significaria para você? E ele disse: Significaria que eu teria conseguido. E eu perguntei: Isso é possível? E ele respondeu: Não, não é. (*Olha para o cliente*) Faz sentido, não faz? Você conhece algo assim?

C (*diz em voz baixa*): Sim, conheço. A princípio os diretores são departamentos. Centros de lucros. Era moderno, mas agora está indo para trás. Voltará a ser uma empresa moderna.

T: Parece-me que você contratou pessoas das quais ao menos uma parte de você sabe: Eles não têm cacife para que os negócios tenham sucesso permanente! – Por que você chamou essas pessoas?

C: Não sei. Bem, eles têm os departamentos e...

T: Imagine se você tivesse alguém decidido a levar mesmo o negócio para a frente, em cada um desses cargos, e que fosse qualificado para isso. E a cada semana você pudesse olhar o que acontece, como floresce, cresce, aumenta. Os números seriam excelentes e logo você precisaria providenciar uma pá enorme para guardar todo o dinheiro. O banco iria querer vender investimentos de capital a toda hora para você. Como você se sentiria?

C (*pensou por um momento, depois disse timidamente em voz baixa*): Sim, seria ótimo.

T: Se isso acontecesse, qual seria a sua conclusão?

C (*fala em voz baixa*): Que para mim não há limite.

T: O que aconteceu quando você disse que "para mim não há limite"?

C: Parece que há um limite, acabei de senti-lo.

T: Isso mesmo.

C: E eu procuro esse limite. Algo que eu possa trazer para o consciente. Isso para mim é difícil de entender. Treinei muitos anos...

T (*interrompe*): Tudo bem. Se você sente essa limitação, como você a percebe?

C (*pensa e parece um pouco confuso*): Eu não sei.

T: Bem. (*T vai ao flipchart*) Quantas pessoas havia na sua casa? Você tinha um pai e uma mãe. Você teve irmãos?*

C: Sim, eu ainda tenho dois irmãos. Na verdade havia quatro filhos, mas o filho que nasceu antes de mim morreu muito cedo.

T: E você é qual na hierarquia?

C: O mais novo.

T: Então faça o seguinte: Coloque alguém para representar você e ela (*AC*). Tudo bem para você se os outros gerentes de departamento forem representados por uma só pessoa, ou você acha que não combina?*

C: Sim, tudo bem.

T: Também foi a minha impressão. Bom. Então procure alguém para representar vocês dois e os outros.

(*C seleciona os representantes e os coloca de acordo com a sua imagem interna*)

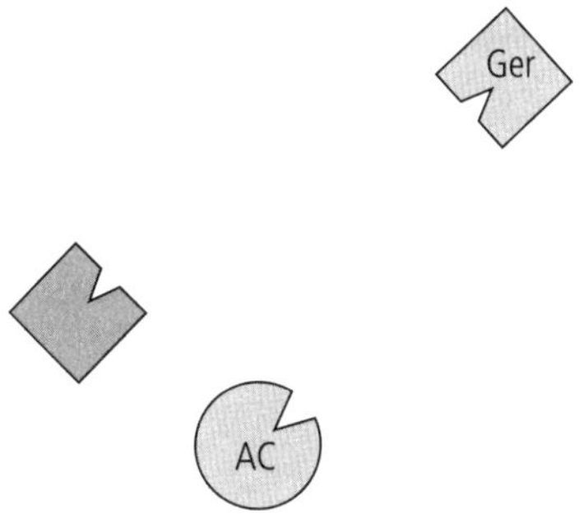

> *O limite aqui percebido pelo cliente aponta para alguma forma de proibição no sistema de origem do cliente. Por isso, nesse ponto é logo feito o genograma de sua família de origem.

> *Em um seminário de terapia familiar aqui seria constelada imediatamente a família do cliente. Mas como se trata somente de um workshop sobre consultoria organizacional sistêmico-dinâmica, a perspectiva para o assunto familiar é desenvolvida na constelação a partir da constelação organizacional.

cinza = proprietário (Pro, cliente); AC = amiga do cliente (diretora);
Ger = Grupo de gerentes

Gráfico 6.1

(Questionamento sobre a primeira impressão)

T: Como se sente o representante do cliente?

Prop (*aponta para a amiga/diretora com voz alegre*): Estou muito bem aqui.

AC: Sim, tudo bem em relação a ele. Legal em relação a ele. O gerente incomoda um pouco.

(Prop ri como se alguém tivesse feito uma piada)

T: Você parece um menino pequeno que diz para sua amiga de tanque de areia: "É legal brincar com você." Você percebe isso? Não corresponde exatamente à sua idade.

(C olha questionador para AC; esta balança a cabeça afirmativamente)

T: Sua vizinha (*AC*) está confirmando.

C (*sorrindo*): É, pode bem ser.

AC: Também me sinto bem junto dele. E nós podemos fazer brincadeiras também em nosso relacionamento. (*AC se aproxima mais do proprietário*) Por outro lado, também quero alcançar algo. (*Apontando para Ger*) E aqui tem algo me incomodando, não tenho a visão livre para o futuro.

T: Certo. (*Para Ger*) Como você se sente aqui nessa posição?

Ger: Quando estava diante dele (*Prop*), olhando para ele, tive de começar a rir espontaneamente. Pensei: brincadeira legal. No segundo momento, veio a tristeza e, logo depois, olhando para os dois, tive de rir imediatamente.*

AC (*diz um pouco indignada*): E eu acredito que ele queria levar um tapa.

T: Eu acho que ele está com uma impressão correta. Bem. (*Diz para C*). Então, procure representantes para a sua família: Pai, mãe e os três irmãos. Você sabe se a criança natimorta foi um menino ou uma menina?*

C: Um menino.

T: Certo. Então coloque pai, mãe e os três irmãos.

C (*procura representantes para a sua família*): O natimorto também?

T: Sim!

*Ger reflete a postura inadequada, a falta de seriedade do proprietário: uma risada que fica presa na garganta.

*Para esclarecer o motivo da postura inadequada que o proprietário tem em seu grupo de empresas, agora ocorre a transferência para o sistema de origem.

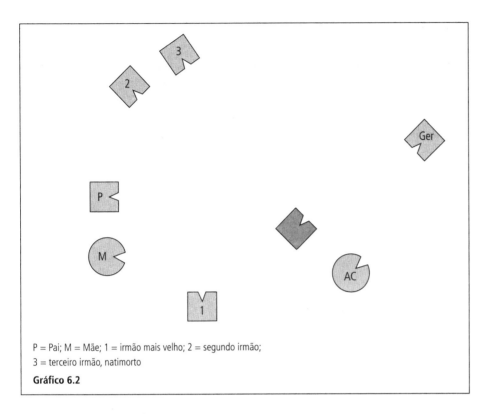

P = Pai; M = Mãe; 1 = irmão mais velho; 2 = segundo irmão;
3 = terceiro irmão, natimorto

Gráfico 6.2

T: Como se sente o pai?

P: Sinto-me tão confuso. Não consigo supervisionar tudo isso. E tenho vontade de dar um chute no traseiro dele (*apontando para o Prop*).

T: Mãe?

M: Quando vejo a criança morta (*3*) fico tonta e triste. O segundo filho eu nem vejo. Quando olho para o mais novo (*Prop*) penso: esse vai construir o seu caminho, de alguma forma. Quando olho para o mais velho, tenho um sentimento de calor. Posso confiar nele.

T: Como se sente o mais velho (*1*)?

1: Um pouco estranho. (*Apontando para 2 e 3*) Sinto mal-estar do lado esquerdo. Não dá para descrever.

T: Certo. Como se sente o segundo irmão (*2*)?

2: Sinto-me muito mal.

T: Certo. Como se sente o natimorto (*3*)?

3: Um pouco triste. E tenho um vínculo forte com ele (*2*).

T: O que mudou para o mais novo (*Prop*)?

Prop: Não vejo muito disso (*apontando para trás*). Tenho mais vontade de sair (*apontando para longe da família, para a frente*).

T: Como se sente a amiga e diretora?

AC (*concentrada*): Para mim agora há mais seriedade. E as brincadeiras cessaram. E eu acho que a imagem não está certa. Vejo muita pressão que não é adequada.

T: É verdade. (*O treinador muda a imagem; pai e mãe dois passos para fora. Coloca o filho natimorto sentado diante dos pais e os três irmãos vivos em pé, lado a lado, diante deles*)*

*A constelação de pais e a criança natimorta sentada diante deles é uma formação padronizada que permite aos representantes dos pais expressarem a sua tristeza e sua dor por uma criança (natimorta ou abortada). A criança é colocada no campo de visão de forma que se possa realizar a despedida que ainda não ocorreu.

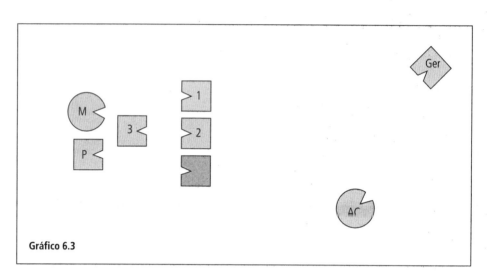

Gráfico 6.3

T (*diz para o Pai*): Olhe para a sua esposa e diga: "Vamos chorar juntos a morte de nosso filho."

P: (*repete*)

T: Agora vocês podem se despedir internamente da criança.

(*M e P se entreolham por muito tempo; ambos têm uma mão sobre a cabeça do natimorto*)

M: Tenho a sensação de que ele (*o natimorto*) está me deixando.

T: Isso. Olhe para ele (*apontando para 2*) e diga: "O seu irmão mais novo está morto. E você está vivo. E eu também. E seus outros dois irmãos estão vivos, e seu pai."

(*M repete*)

2: Difícil de aceitar.*

T: Exato. (*O treinador faz 2 sentar-se diante do natimorto*)

T (*diz para 2*): Como você se sente olhando para ele (*3*)?

(*2 tem uma expressão triste*)

T (*diz para 3*): Diga a ele (*2*): "Estou morto. E você vive. E eu quero que você viva."

*O segundo filho só pode tomar a vida de forma reduzida, uma vez que ele se queixa de sua sorte devido à morte do irmão mais novo: muitas vezes, os sobreviventes têm a tendência de se castigar pela sua sorte não merecida, por exemplo: "Por que eu posso viver e ele/ela não?"

(*3 repete*)

T (*diz para 2*): Você compreendeu?

2: Muito, muito difícil de aceitar.

T (*diz para 2*): Diga a ele: "Estou muito triste por você estar morto."

(*3 não mostra reação*)

T (*diz para 3*): Você gostaria de ter vivido? Sinta isso.

3 (*diz pensativo*): Não sei.

T: Diga: "Estou em paz com meu destino."*

(*3 repete*)

T: Você compreende isso? (*Olha para 2*) Sim. Agora está melhor. Então diga a ele: "Bom, então eu vou viver a minha vida plenamente até o fim. E depois também vou morrer. Mas só depois!"*

(*2 repete*)

T: Como você se sente? Melhor?

2: É, já ajudou.

T: Bom. (*T coloca 2 novamente na seqüência entre 1 e Prop*)

T: O que sente o mais velho agora?

1: Agora está mais certo do que antes. O que antes era uma sensação desagradável do lado esquerdo, com os dois irmãos, agora é agradável e quente. E prefiro ficar diante dos pais, do que na lateral, como antes.

M: Bem, para mim ficou mais fácil (*apontando para o natimorto*). Mas sinto ainda muita dor por parte de meu marido.

P: Sinto-me culpado por essa morte e tento compensar, me redimir. Esses dois vão conseguir (*1 e 2*), mas ele (*3*)... Isso não pode acontecer novamente.

T: Exato. (*Diz para C*) Você sabe algo sobre as circunstâncias da morte de seu irmão?

C: Não.

T (*diz para a mãe*): Sinta como esposa e como mãe dessa criança. O marido tem alguma culpa na morte dessa criança?

*Quando o vivo escuta do morto que esse não se queixa de seu destino, é mais fácil aceitar a vida.

*A consciência de que aquele que está vivo no momento também certamente morrerá e com isso passará pela mesma situação que o morto chorado parece um alívio diante da autocondenação ("Por que eu posso viver e ele não?").

M: Sinto-me sozinha, precisaria de sua empatia.

T: Isso é diferente.

M: Algo aconteceu na época da morte. Ele me deixou sozinha. Se estivesse presente, talvez ele pudesse ter evitado o pior.

T: Está bem. (*Diz para P*) Olhe para ela e diga: "Eu a deixei sozinha no momento decisivo. Sinto muito."

(*P repete*)

(*M balança afirmativamente a cabeça*)

T (*diz para M*): Diga a ele: "Mas isso não significa que você é culpado pela morte da criança. Isso seria demais."

M (*repete e depois diz*): Sinto isso também. Sofro com o fato de ele assumir essa culpa.

T: Isso mesmo. Ele também tem culpa. Mas essa que ele está assumindo é muito grande. Diga: "Você tem a sua culpa, mas não pela morte da criança."

(*P repete*)

T (*diz para P*): Como você se sente? (*P fica calado, triste*) Sabe, às vezes, quando nos sentimos culpados, temos a tendência de tornar a culpa maior do que ela é.

V: Tenho a sensação: é o que vocês acreditam. Eu sei melhor.

T: Hum, você está sentindo algo diferente. (*T coloca a criança natimorta diante do pai; diz para 3*) O que você sente quando seu pai diz que se sente culpado pela sua morte?

3 (*olha nos olhos do pai, que o olha inseguro*): Não!

P (*aliviado*): Agora está bem.

M: Para mim também.

T (*pergunta para 3*): Você quer abraçá-lo (*P*)?

(*P e 3 se abraçam, parece ser um alívio para os dois*)

T: Certo. (*Diz para Prop*) Então fique junto de seus irmãos.

(*3 fica entre 2 e Prop*)

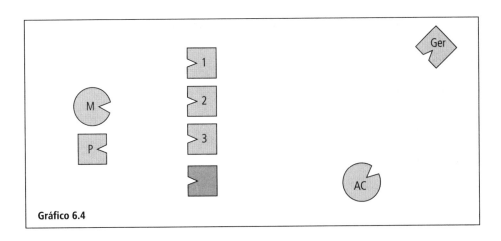

Gráfico 6.4

T: Como se sente o pai agora?

P: Agora todos os quatro são iguais. Consigo perceber todos os quatro.*

T: Isso.

Prop: Há mais ou menos dez minutos estou tendo a sensação de que isso não tem nada a ver comigo. Tenho a sensação de ver um muro à minha direita. Há algo aqui no meio.

T: Certo. (*Vira 3 e Prop frente a frente*) Olhem um para o outro.

3: Dar risada!

T (*pergunta ao Prop*): Como você se sente olhando para o seu irmão morto?

Prop: Insegurança. E alguma forma de relacionamento forte.

T: Isso. Vou trocar você. (*Diz para o cliente*) Você pode vir aqui?

(*C coloca-se no lugar diante de 3*)

*Depois que o pai foi liberado de sua culpa imaginária, ele pode perceber o que realmente existe.

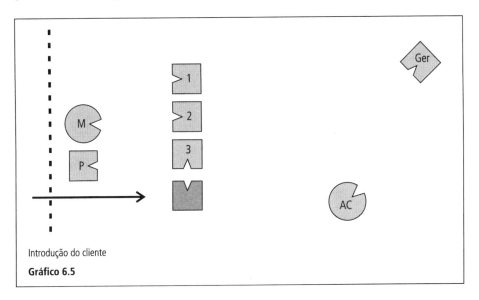

Introdução do cliente
Gráfico 6.5

*O cliente interioriza e realiza nesse momento um conhecimento racionalmente existente: na hierarquia dos irmãos ele é o quarto e não o terceiro.

*Para o número e a seqüência dos irmãos não faz diferença se alguém ainda vive ou já morreu: os mortos sempre fazem parte. Somente quando C realizar internamente que o natimorto de fato foi um irmão que possui impreterivelmente seu lugar como terceiro na hierarquia, ele pode assumir seu próprio lugar, que lhe compete: o quarto.

T (*diz para C*): Olhe nos olhos dele. O que você sente olhando para ele?

(*C respira fundo*)

T: Diga: "Você é o terceiro. E eu sou o quarto."

C (*repete, depois diz a T*): Para mim é estranho.*

T: Eu sei. Você achou que fosse o número três. Mas não é verdade, você é o número quatro. Repita isso novamente.

(*C repete*)

T: (ainda acrescenta): ...você faz parte.*

(*C repete*)

T (*pergunta para 3*): Como você se sente quando escuta isso?

3 (*satisfeito*): Está certo.

T: Diga a ele (*C*): "Estou morto e você vive. E eu quero que você viva. Estou em paz com o meu destino."

(*3 repete*)

C: É verdade.

T: Diga: "Você não precisa viver para mim. Você pode viver para você."

C (*escuta o que 3 diz e suspira*): Isso é muito bom.

T (*coloca C diante do P e 3 de volta ao lado de 2*): Ainda precisamos esclarecer algo com o pai.

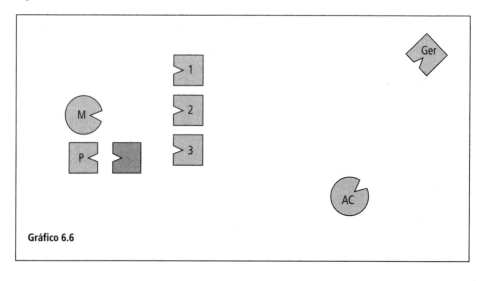

Gráfico 6.6

T: Diga: "Queria compensar você por algo que nada tinha a ver com você."

(*P repete*)

T: Como você se sente quando ouve isso?

C (*surpreso*): É uma sensação totalmente estranha de calor. Não teria acreditado, se não estivesse vendo e vivendo tudo isto.*

*Quando C está em seu lugar e o pai agora o vê e se refere a ele, e não à criança natimorta, C sente-se pela primeira vez considerado, reconhecido e amado.

T: Diga a ele: "Você tem o seu próprio lugar aqui, como meu quarto filho, como o mais novo."

(*P repete*)

C (*sorri aliviado, o olhar está bem mais claro*): Preciso aprender a contar de novo. A contar tudo de novo.

T: Isso mesmo. Então vamos começar primeiro no grupo de quatro. (*Coloca C diante da seqüência de irmãos*)

T: Diga ao irmão mais velho: "Você é o primeiro, o mais velho. Você é o meu irmão maior. Eu sou o mais novo. O quarto."*

C: (*repete e diz com voz aliviada*): É isso mesmo.

*Aqui começa, passo a passo, a realização do novo lugar diante dos irmãos. Isso permite ao cliente construir novas representações internas de seu local dentro da constelação de irmãos e ancorar o novo conhecimento instalado de seu lugar como quarto em relação aos irmãos.

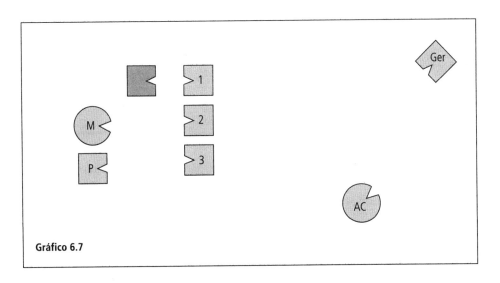

Gráfico 6.7

T: Diga ao segundo: "Você é o segundo. O segundo mais velho. Você é meu irmão mais velho. Sou o mais novo, o quarto."

(*C repete*)

2 (*diz espontaneamente*): Desejo a você o seu sucesso.

T (*coloca C diante de 3*): Diga a ele: "Você é o terceiro, o segundo mais novo, o terceiro mais velho. E eu sou o mais novo, o quarto. E tenho o meu próprio lugar, ao seu lado."

(*C repete frase após frase*)

T (*coloca o cliente ao lado dos três*): Como se sentem a mãe e o pai?

M: Isto está correto.

Pai: Bem. (*Olha para os seus filhos*) Agora está "em ordem!"

T: Isso mesmo. Então os irmãos podem se virar. (*Para C*) E você fica ao lado da diretora.

(*Para C e AC*) Olhem um para o outro. Como vocês se sentem?

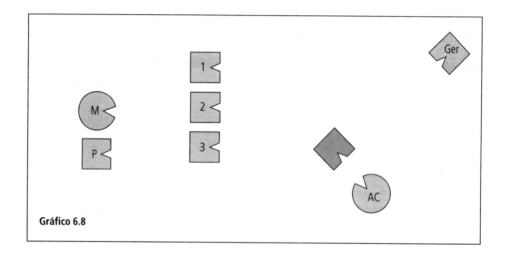

Gráfico 6.8

C: Bem.

*Depois de C realmente ter tomado o seu lugar, AC sente que ela pode exigir dele o desempenho total de suas tarefas, agora ela pode devolver a carga que assumiu, uma vez que ela sabe que ele poderá carregá-la.

AC: Tenho uma sensação de alívio. Acho que também carreguei algo que não me compete.*

T: Exato. Diga a ele: "Carreguei algo para lhe facilitar a vida. Mas isso não é meu. Eu lhe devolvo." E depois você deixa a energia fluir de volta.

AC (*repete e acrescenta com voz animada*): E agora podemos trabalhar.

T: E diga ainda a ele: "E eu o fiz com prazer."

(*AC repete*)

(*AC e C entreolham-se felizes*)

T: E agora vocês ainda precisam resolver o problema dos colaboradores. (*Mudando a imagem*) Como se sentem os colaboradores ou gerentes?

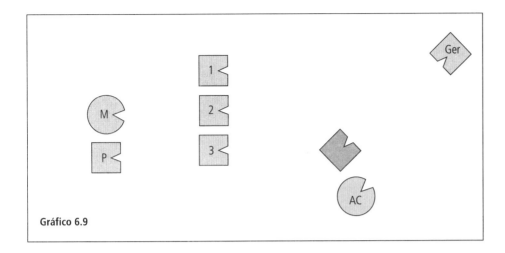

Gráfico 6.9

Ger: Varia. Quando você disse ao terceiro mais velho que ele deveria se sentar no chão, tive uma vontade grande de me abaixar também. Eu quase me sentei. No sistema da empresa agora tudo está mais forte e estável.* Agora tenho mais confiança nela (*AC*).

AC: Posso mudar de lugar?

T: Pode.

AC (*coloca-se um pouco para trás*): Sinto que meu lugar é aqui. (*Expressamente*) Ele é o chefe!*

Ger: Agora eu também me sinto melhor. Além disso, tenho a seguinte sensação: Se mais ou menos três pessoas saíssem de dentro de mim, seria melhor ainda.

T: Exato. (*T busca um homem como representante dos três gerentes para o sistema e o coloca ao lado de Ger e o orienta*) Você agora representa as pessoas que se despedem do sistema.*

*A anterior falta de seriedade, a risada que ficava entalada na garganta foi substituída por uma força e estabilidade que são provenientes da posição que o proprietário assumiu no sistema familiar.

*A posição do Pro não só é indiscutível como o sistema de fato a exige dele.

*Depois que C esclareceu a sua própria posição e depois de ter tirado a força de sua proibição de sucesso, o problema do benefício de contratar pessoas, sobre as quais já estava claro que não cumpririam as exigências, tornou-se obsoleta: Os respectivos gerentes agora partirão por iniciativa própria.

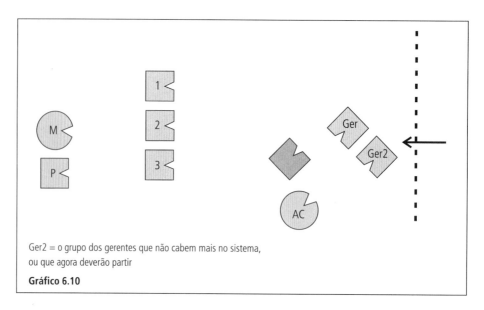

Ger2 = o grupo dos gerentes que não cabem mais no sistema, ou que agora deverão partir
Gráfico 6.10

(*Ger2 balança afirmativamente a cabeça*)

T: Diga: "Estou me despedindo. Para mim chegou a hora de partir."

(*Ger2 repete*)

T: Então olhe para o seu colega.

AC (*espontaneamente*): Gostaria de dizer algo...

T: Sim?

AC (*com simpatia para Ger2*): Algumas coisas no passado andaram errado. Mas isso não foi culpa sua. Desejo a você muito sucesso.

Ger2: Não acredito nisso.

T: No que você não acredita: que ela lhe deseja muito sucesso ou que a culpa não é sua?

Ger2: Que a culpa não é minha.

T: Ah, sim. (*Fica ao lado do C; diz para o C*) Diga a ele: "Ela tem razão."

C (*repete, depois diz*): A responsabilidade foi nossa.

Ger2: Está bem. Eu vou. (*Ger2 deixa o lugar ao lado de Ger e sai do sistema*)

T (*para Ger*): Como você se sente agora?

Ger: Alívio, quando ele disse que partiria. E eu gostaria de mudar de posição.

(*T coloca Ger à esquerda de C*)

Ger: Está bem.

(*C espontaneamente dá um passo para trás*)

T: Não, assim não. (*Coloca C novamente um passo para a frente*) Você precisa manter o cargo de chefe!

T (*coloca o pai atrás de C, o pai coloca as mãos nos ombros do cliente*): Diga a ele: "Você agora está à frente!"*

*Uma vez que, com o cliente, a energia masculina de liderança estava até o momento mal representada face a uma irresponsabilidade infantil, o pai fica atrás do cliente para dar apoio com a sua força masculina.

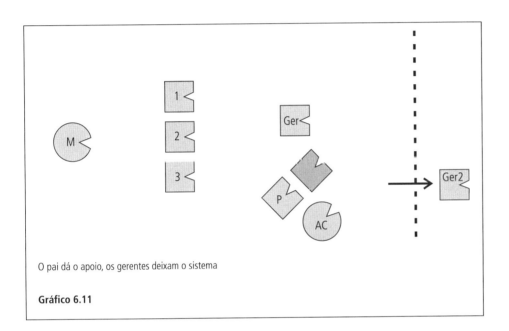

O pai dá o apoio, os gerentes deixam o sistema

Gráfico 6.11

(*P repete*)

T (*diz para Prop*): Exato. Onde você está agora é a posição de liderança. Na sua empresa isso é assim.

C (*olhando para Ger*): Onde eu estou agora é a posição de liderança.

T: Como você se sente quando escuta isso do seu chefe?

Ger: Ainda engraçado. (*Com vitalidade*) Tenho vontade de me aproximar de algo. Tenho um sentimento quente, e também atrás de mim uma boa sensação. Aqui não há resistência, está tudo bem. Vamos lá!

T: Como você se sente ao ouvir isso?

C: É coerente. Acho que preciso me posicionar mais claramente. Ainda preciso formular isso melhor.

T: Isso mesmo.

AC (*com ênfase*): Quero que ele fique claramente na frente e seja o chefe. Mas quero também que ele olhe tanto para o futuro como para mim.

T: Certo. (*Coloca AC ao lado*) Como você se sente aqui?

AC: Sim, para apoiá-lo de lado está bem. Também com ele (*Ger*) me sinto bem.

T (*pergunta para Ger*): Como você se sente assim?

Ger: Antes tive a sensação de que estaríamos indo em uma direção em comum. Agora tenho a impressão de que minha força está sendo podada novamente.

T (*para 3*): Você está concordando?

3: Também tenho a impressão de que ela está carregando algo por ele.

(*Introdução do segundo cliente*)

T: Certo. Então vamos verificar algo. (*Para a representante de AC*) Você pode se sentar. (*Pede para AC*) Você pode vir aqui? (*Introduz a amiga do cliente na constelação*)

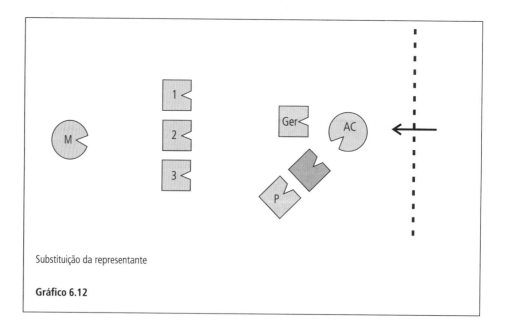

Substituição da representante

Gráfico 6.12

*O que a representante de AC já devolveu ao cliente, a amiga do cliente deverá devolver na realidade. Aparentemente, a amiga do cliente ainda não consegue compreender que o proprietário agora preenche completamente sua posição e ela não precisa mais carregar o que pertence a ele.

T (*coloca um peso na mão de AC*): Diga a ele: "Christian, por amizade carreguei isso para você."*

(*AC repete rapidamente*)

T: Não fale tão rápido. Olhe nos olhos dele. Você não precisa ficar envergonhada. Você fez algo que não lhe compete?

AC: Sim, acho que sim.

T: Então diga a ele: "Eu assumi algo que não me compete. Quero lhe devolver isso."

(*AC repete e entrega o peso*)

C: Eu o aceito.

T (*fica ao lado de C*) Diga a ela: "Você só pôde assumir isso porque eu não aceitei."*

(*C repete*)

(*AC abaixa os olhos*)

*Sempre são necessários dois: Um que assume algo de outrem, e o outro que, na verdade, deveria ter assumido, mas não assumiu.

T: Olhe para ele. Isso é verdade?

AC e C: É verdade.

T: Diga: "Nós dois participamos disso. Cada um possui a sua culpa e responsabilidade."

(*C repete com voz séria*)

T: Muito bem. Diga: "Tenho a minha e você tem a sua participação. E nós dois assumimos isso."

(*C repete*)

T: Como você se sente ouvindo isso?

AC (*triste*): Antes eu tinha a impressão de que não era verdade e me perguntei qual, afinal, era a minha posição.*

T: Vamos ver. (*T altera a imagem*) Como você se sente assim?

*Quem devolve atribuições alheias para o seu devido lugar tem dúvidas sobre seu próprio papel e posição. Por isso (lucro secundário) a disposição de assumir coisas, que deveriam permanecer com outros, é bem grande.

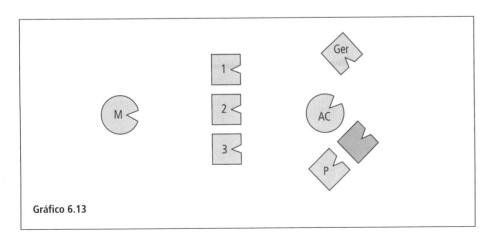

Gráfico 6.13

C (*confirmando*): Ela precisa ficar ali!

AC: Agradável.

Ger: Agora tenho a impressão: Esse é o nosso verdadeiro chefe. Com relação a ela (*AC*), tenho a impressão de que isso ainda não está corretamente esclarecido.

T: Fique diante dela.

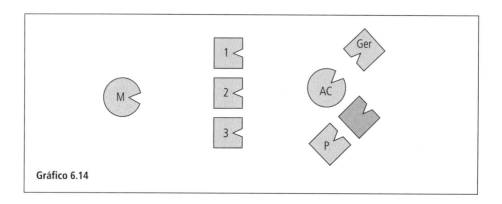

Gráfico 6.14

T (*pergunta para AC*): Como você se sente olhando para ele?

AC: Tenho um leve sentimento de ódio.

T: Minha impressão é que a arrogância dos colaboradores expressa algo entre vocês que não está esclarecido. Se os pais não esclarecem alguma coisa e incluem as crianças, estas se tornam arrogantes. (*Para AC*) Diga a ele: "Nós somos responsáveis pela organização de nosso relacionamento, e não vocês."*

*A defesa contra possíveis triangulações e parentificações dos gerentes.

(*AC fala para Ger e repete a frase*)

T (*diz para C*): Diga: "Ela tem razão. Se nós dois temos problemas, esses são de nossa responsabilidade. Isso não é da sua conta. Fiquem fora disso."*

*O importante é que ambas as partes do plano superior estabeleçam esse limite em relação ao Ger e que eles recusem claramente "propostas de ajuda" do Ger. Só assim a paridade entre si (AC e Pro) possui credibilidade perante os Ger.

(*C repete*)

T (*diz para Ger*): Como você se sente quando ouve isso?

Ger: Quando fiquei neste lugar, senti um indício de força. Agora já melhorou, mas continua estranho.

T: Exato. (*Coloca Ger novamente como no gráfico 6.13*) Isso é novidade, os colaboradores deverão se acostumar com isso. Mas quanto mais eles se acostumam, mais eles perdem a arrogância. E como você se sente, Christian?

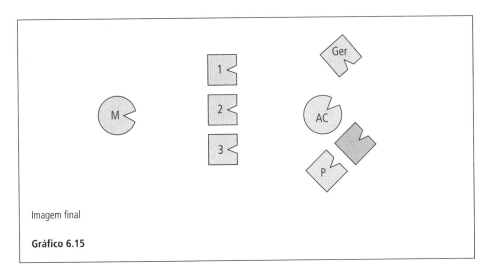

Imagem final

Gráfico 6.15

C (*suspira*): Procurei justamente essa arrogância. É um problema meu.

T: Sim. Mas isso também tem algo a ver com o seu relacionamento (*C e AC*) não esclarecido. Mas quanto mais esse se esclarecer, mais a arrogância dos colaboradores desaparecerá.

C: Para mim isso faz sentido.

T: Então é isso. Muito obrigado, vocês podem se sentar.

Discussão posterior

T: Alguém ainda tem alguma pergunta em relação a essa constelação?

Part: No início você disse ao constelador: Segure o representante, mesmo que ele já estivesse em seu lugar.

T: É claro que pode deixar um representante parado e agrupar os outros em volta. Mas, nesse caso, pode ser que ele não se sinta constelado. E, por isso, fazemos questão de que o cliente o conste ativamente.

A tentativa

Part: No final você colocou os colaboradores como maestros diante do sistema.

T: Não como maestros, mas como filhos diante dos pais. Só que vimos também que essa não era a posição correta. Foi só uma tentativa. Nesses casos eu ainda não tenho experiência suficiente para saber com certeza qual é a posição certa. Então eu experimento um pouco. Por exemplo, com relação à colega: Será que fica melhor à esquerda ou à direita? E finalmente ficou claro que à esquerda é melhor. Mas são coisas que precisam ser testadas. Quando você faz isso há muito tempo, já possui valores empíricos mas, neste caso, eu não sabia e resolvi testar até ter certeza.

Problemática familiar e profissional

T: O que vocês puderam ver aqui são talvez as principais experiências de aprendizado: por um lado, a força com a qual a problemática familiar influi na área profissional. Isso é muito típico em empresas de pequeno porte, é o que eu pude constatar. Quanto maior o grupo, maior fica a sua dinâmica própria. Em pequenas empresas, no entanto, o emaranhamento individual do chefe, do fundador é a dinâmica principal que age sobre o sistema. Isso é um aspecto.

O segundo é a arrogância dos colaboradores perante o chefe. Isso é muito típico: o mesmo relacionamento entre pais e filhos. Quando os pais não cumprem plenamente o seu papel, os filhos tornam-se arrogantes e malcriados. O mesmo se aplica a colaboradores e chefes. Quando os chefes internamente não conseguem cumprir o seu papel, os colaboradores tornam-se arrogantes e malcriados. E, às vezes, eles se tornam destrutivos, o que podemos notar quando há sabotagem secreta. E, de alguma forma, essa sabotagem é mais um apelo: Faça alguma coisa! E aí podemos dizer que o apelo teve efeito. Como em relação às crianças que são difíceis de educar. Essa resistência das crianças é um apelo: Mostre-me o limite.

Honorários para ocultar fatos

Part: Mas o que acontece quando, aqueles que devem impor os limites, são o problema – ou seja, a diretoria?

T: Minha experiência em treinamentos demonstrou que há distúrbios sistêmicos no plano dos departamentos que também podem ser resolvidos nesse âmbito. E há distúrbios sistêmicos que entram no sistema pela diretoria, os quais, obviamente, não podem ser resolvidos lá embaixo. Se nós, como consultores empresariais ou treinadores, formos contratados para fazer justamente isso, então ganhamos nosso dinheiro desse modo, mas se formos bem sinceros, trata-se de honorários para nos mantermos calados. Assim, participamos da ocultação do que é o verdadeiro assunto. Produzimos uma atividade frenética e bem no interior sabemos – se formos competentes e sinceros conosco mesmos – que aquilo que fazemos não mudará nada.

A escolha do princípio

Part: Podemos dizer que os treinamentos de comunicação não têm efeito no caso de emaranhamentos sistêmicos?

T: Há treinamentos nos quais as pessoas desenvolvem determinadas habilidades e logo o problema está resolvido. Aí fazemos o mesmo treinamento em um outro local e percebemos que simplesmente não funciona, então nos perguntamos: Qual é o motivo? E por muito tempo não tivemos noção de qual seria o motivo. Claro que o problema é que esses emaranhamentos sistêmicos, enquanto não são resolvidos, não podem ser solucionados com medidas de treinamento. Afinal, não se trata de um déficit de comunicação.

Part (*cuja dúvida foi constelada anteriormente*): Esse é o limite que percebemos.

T: Exatamente. Por isso penso também que essa forma de trabalho, independentemente das possibilidades concretas de solução, tem um valor analítico.

Part (*concorda*): Isso é verdade, o trabalho consiste de três passos: reconhecer, solucionar e depois desenvolver medidas.

A seleção das medidas

T: Correto. O importante é desenvolver uma imagem de que tipo de medidas seriam necessárias. Se, por exemplo, chamarmos B. McKinsey ou outras empresas, então, pressupõe-se que a medida necessária será a otimização operacional-administrativa. Se chamarmos um treinador, por exemplo, um treinador de PNL, pressupõe-se, então, que uma medida adequada seria a melhora da comunicação. Muitas vezes não é nem um nem outro. Mas como não temos uma solução melhor e em vez de não fazer nada diante da pressão do problema, fazemos aquilo que sabemos ou podemos. E os consultores estão na posição fatal de precisarem justificar a sua existência, fazendo de conta que acreditam que o que estão fazendo seria uma medida adequada.

Part: Estou um pouco cético no que se refere ao princípio de aquisição. Não tenho certeza se é possível mudar a cultura empresarial completa de grandes sociedades de consultoria, ensinando-os a reconhecer e solucionar esses contextos sistêmicos. Pois eles até hoje ganham dinheiro de outra forma. E se for mesmo possível obter alterações na cultura empresarial com a mudança da colaboração nas diretorias e nos grêmios que realmente contam, então estaremos de repente acionando forças autocurativas e, de repente, estas precisam somente de 50%, e, possivelmente, depois de uma fase de aprendizado, somente 10% da consultoria utilizada até aquele momento.

T: É isso mesmo.

Part: Assim o consultor se torna supérfluo.

T: O que você está dizendo é verdade.

A própria afinidade

Part (*anteriormente Ger na constelação*): Ainda tenho uma dúvida em relação à constelação. Você tem alguma experiência sobre a ligação entre a pessoa selecionada e a problemática do local? Tive anteriormente a impressão de que havia uma forte ligação entre a pessoa propriamente dita e o local, para o qual ela foi escolhida – e não poderia ser mais adequado. Como se existisse uma forte afinidade entre a pessoa e o papel. Esse papel de arrogância como gerente pareceu-me anteriormente como uma linha vermelha que passava pela minha vida. Isso começou aos três anos de idade em relação aos meus pais.

T: Sim. Também acho que foi uma boa decisão ele ter escolhido você. Já ouvi milhares de vezes as pessoas falarem: o que eu representei aqui tem tudo a ver comigo. Não há dúvida. Ao mesmo tempo é importante separar o seguinte na cabeça: Isso não fui eu! Há dentro de mim algo semelhante que começou a vibrar, algum indício para trabalhar esse tema. Mas, às vezes, acontece alguma loucura na cabeça e você pensa: Sou eu! (*Diz ao Part*) Esse não é o seu caso. Mas já vi isso. Contudo, independentemente de como a gente se sente envolvida, não se trata da própria pessoa – e ponto final. Você não é o avô de alguém. Você é você. Pronto.

Se alguém tem essa impressão: Isso me parece muito conhecido. Ótimo. A pessoa pode tomar isso como oportunidade para trabalhar o problema. Por isso é muito importante deixar o papel, dizer para si mesmo: Não sou eu, também não sou assim, mas alguma coisa no papel me animou a olhar para a minha própria vida. Isso é muito bom.

E há ainda um outro aspecto. Às vezes temos sorte de estar em um papel no qual sentimos uma força positiva que nunca sentimos em toda a nossa vida. Podemos guardar isso por mais tempo.

Part: Tenho mais uma pergunta sobre emaranhamentos sistêmicos em grêmios. Trabalho há um ano em um projeto de gerenciamento de qualidade em nossa empresa. E, finalmente, a diretoria decidiu participar também. Tenho a tarefa de desenvolver junto com os consultores uma concepção de como a diretoria poderá trabalhar o seu próprio desenvolvimento.

T: Aqui já temos um emaranhamento sistêmico. Os pais dizem para os filhos: Procurem um terapeuta! Aqui o limite natural já foi ultrapassado. E na forma como você diz isso, logo se mostra a criança precoce.

Não me entenda errado, não estou falando de uma avaliação moral. A criança precoce é simplesmente a criança que precisa tomar decisões pelos pais, não porque quer, mas porque esse papel lhe é atribuído. A criança está completamente sobrecarregada e a única saída é tornar-se uma criança precoce. Isso se aplica analogamente à diretoria. A diretoria não pode chegar para um colaborador e dizer: Você pode arrumar um *coach* para mim? Eles mesmos precisam procurar alguém. Ele pode dizer à secretária: Procure alguns endereços de *coaches* conhecidos e marque uma entrevista para que eu possa me encontrar com eles. Isso seria um trabalho de organização de uma secretária. Mas eu não posso pedir aos colaboradores que escolham um *coach* para mim.

Part: O que esse funcionário deverá fazer então? Ele está nessa situação e é responsável.

T: Posso lhe dizer: Ele fala com o seu chefe, sem arrogância ou superioridade e diz: "Tenho a impressão de que não seria bom, se eu fizesse essa escolha para o senhor." É o que eu diria.

Sobrecarga estrutural de um subalterno

T: O assunto é simples: O que eu faço, se eu estou na parte inferior na hierarquia – independentemente se sou uma criança ou um colaborador – e recebo de cima uma tarefa que ultrapassa os meus limites. Se houver alguma possibilidade, este deverá ser devolvido sem arrogância dizendo: "Sinto-me sobrecarregado com isso, não acho que eu deveria fazer isso por você." E dizendo isso dessa forma, o outro logo percebe que é verdade e o assume de volta. Isso não é uma recusa de trabalho. Aqui não se trata de uma sobrecarga por falta de competência, mas de estrutura. E há também abusos de cima para baixo. É necessário defender-se contra esse tipo de atitude.

Complementaridade

Part: Você pode dizer algo sobre a complementaridade de emaranhamentos? Pois esse exemplo mostrou ele justamente como uma criança precoce, por um lado, e ao mesmo tempo um emaranhamento com a diretoria.

T: Complementaridade – meu assunto predileto: Se os dois que têm um problema, tiverem programas complementares, isso certamente trará problemas. Quando não há complementaridade, não é possível ter um problema com outra pessoa, pois um diz ao outro: Não tenho nada a ver com isso, o que você quer de mim? Isso significa, um não entra no jogo do outro.

Dependendo do tipo de problema do qual se trata, há padrões sociais que determinam quem será considerado oficialmente como autor e quem como vítima, quem será culpado e quem será inocente. Muitas vezes há um consenso na sociedade sobre quem seria tradicionalmente considerado culpado. Mas, na verdade, isso é sempre complementar. Por exemplo: o marido de uma mulher que não se desligou emocionalmente de seu primeiro amor pode, com razão, alegar que ela, de fato, nunca o quis. Isso é verdade. Só que, como é que um homem, se ele quer mesmo esse relacionamento, vai se deixar iludir por uma mulher que diz que o ama, enquanto o seu coração pertence a outro homem? Isso é impossível. E se olharmos a história desse homem podemos, por exemplo, constatar o seguinte: ele pode estar vinculado a alguém. Não precisa necessariamente ser uma mulher, pode ser um tio, que passou uma vida inteira sem esposa porque foi mutilado na guerra e nunca se casou. E de uma forma ou outra ele se identifica com ele, toma uma mulher e até casa com ela, mas internamente ele não quer mulher.

Coaching interno na empresa

Part: Do que você disse anteriormente, posso concluir que na área de *coaching* a consultoria interna na empresa não funciona.

T: Sim. Nunca vi um *coaching* funcionar de baixo para cima. Apesar de ser feito com freqüência. Mas somente por motivos de custos. Uma psicóloga que é contratada obviamente é mais barata do que um *coach* contratado externamente.

Part: Mas eu poderia intermediar?

T: Não, isso não funciona. Mas posso ainda lhe dar uma dica: em sua situação como psicóloga numa empresa, você, muitas vezes, receberá propostas indecentes, como: Faça uma consultoria com o chefe. Se você observar bem sua primeira sensação, você perceberá que se sente sobrecarregada quando recebe esse tipo de proposta. Mas você logo combate essa sensação e diz para você mesma: Deixa pra lá. Eu tenho capacidade para fazer isso. Mas a sensação de sobrecarga sempre está presente, você sabe que você não pode fazer isso. Não devido à sua qualificação profissional, mas devido à situação. Você nem é capaz de fazer isso. A sobrecarga não é profissional, mas estrutural. Se você permanecer assim, é um indicador muito seguro.

CONSTELAÇÕES PARA EMPRESAS FAMILIARES

Ao realizar consultoria de empresas familiares há dois grandes problemas padrão: em primeiro lugar a transferência de conflitos familiares para o contexto empresarial e, em segundo lugar, a mudança de gerações. Esse último problema atualmente está especialmente difícil, uma vez que todo ano precisam ocorrer milhares de mudanças.

Em relação ao primeiro item:
Quando os membros da família têm ao mesmo tempo cargos na empresa, põe-se em primeiro lugar a pergunta: se eles têm essa posição por terem competência para tal ou por serem um membro da família. Neste último caso, podemos falar de um distúrbio da ordem ou da hierarquia, uma vez que o critério da capacidade/competência não está sendo suficientemente considerado.

Muitas vezes, somente alguns membros da família atuam ativamente na empresa, enquanto o resto, que só possui participações, não tem nada a ver com a parte operacional. Agora, se a família aos domingos, durante o café da manhã, delibera políticas empresariais que são informadas na segunda-feira aos gerentes contratados como medidas deliberadas, a competência de liderança destes é destruída e não fica claro quem de fato conduz a empresa.

Outro aspecto importante é a sucessão. Se alguém se sentir não observado ou enganado na seqüência de sucessão, o efeito é que os membros da família interferem na empresa de forma objetivamente errada somente para resolver rixas pessoais. Aqui é necessário observar, do ponto de vista sistêmico, que uma herança na verdade é um presente, ou seja, o sucessor não tem o direito de receber a herança (com exceção da parte obrigatória legal que, por sua vez, é somente uma construção jurídica e tem significado secundário do ponto de vista sistêmico).

No entanto, Bert Hellinger ensina, em relação à herança, que o herdeiro que levou vantagens deveria incluir os "que estão em desvantagem" para evitar esse tipo de conflitos.

Em relação ao segundo item:
Muitas vezes, a mudança das gerações se mostra complicada sob vários aspectos. Em primeiro lugar: a geração mais velha não transfere a empresa no momento prometido (por exemplo, quando o pai completar 65 anos), de modo que os filhos nunca podem ter certeza sobre quando, afinal, ficarão responsáveis pela diretoria da empresa. Em segundo lugar: a geração anterior se aposenta e transfere a empresa, mas o antigo chefe, por exemplo, sempre entra nas reuniões de diretoria, como se ele ainda fosse chefe, assume a condução da reunião e critica o seu filho diante dos outros diretores e gerentes, como um pai critica o filho. Em terceiro lugar: Há diversos irmãos e não está claro qual deles assumirá a gestão da empresa e/ou quem afinal quer assumi-la.

Todos esses problemas não podem ser resolvidos em um contexto de consultoria, se os emaranhamentos do sistema familiar não tiverem sido resolvidos. Só depois é possível olhar, em um segundo passo, como poderá ser realizada a boa solução para a empresa, uma vez que só nesse caso todos os participantes estão internamente livres para uma solução objetiva.

Como a troca de gerações para uma empresa familiar freqüentemente é um processo que passa, muitas vezes, por muitos anos representando para todos um grande peso emocional, podendo até levar a empresa a uma pesada crise econômica, uma consultoria empresarial sistêmico-dinâmica parece ser o instrumento principal para uma consultoria nesse âmbito de problemas para empresas de médio porte na fase de transição.

Os princípios de cunho predominantemente administrativo, jurídico e tributário muitas vezes não cumprem o seu objetivo, uma vez que não visualizam suficientemente o componente psicológico e sistêmico, nem possuem instrumentos que possam levar a soluções. Somente depois de esclarecida a base sistêmica, o caminho fica liberado para procurar um bom modelo jurídico e tributário. Os princípios de consultoria não se excluem mutuamente, mas se complementam em uma seqüência temporal.

Desde que eu sou diretor, tenho muita raiva!
7ª CONSTELAÇÃO

Cliente: Entrei há um ano e meio em uma empresa como diretor. Já tinha um bom relacionamento com os sócios, conhecia a empresa e já havia feito projetos lá.

T: Projetos de quê?

C: Introduzi, na empresa, o processamento eletrônico de dados, serviços lógicos etc. O trabalho aumentou cada vez mais, de modo que eu finalmente me tornei uma espécie de representante, como que um intermediário entre os colaboradores, os gerentes e a diretoria.* Para isso precisamos dizer que a empresa foi constituída por um casal. Ambos os sócios atuaram como diretores até a minha entrada.

* Como consultor de processamento eletrônico de dados ele não tinha contrato para atuar como intermediário. O sistema lhe atribuiu essa tarefa uma vez que havia uma necessidade de comunicação e ele se oferecera (nesse momento ainda não está claro como e por quê).

T: Deixe-me resumir isso: Um homem, uma mulher, um casal, constituíram a empresa e são os únicos sócios?

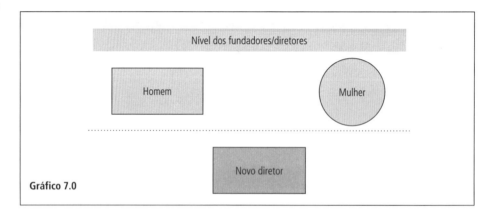

Gráfico 7.0

C: Sim. E antes da minha entrada também eram sócios iguais.

T: Certo. E agora você entrou.

C: Isso mesmo. A mulher agora é apenas uma sócia, e eu entrei como diretor sem participações.

T: E o homem?

C: Continuou na sua posição.

T: Isso significa que vocês são três diretores?

C: Não, não, ela não é mais diretora.

T: Ótimo. Senão a gente já poderia parar por aqui.

C: Ela ainda tem uma função de consultora, está muito próxima à empresa.

DESDE QUE EU SOU DIRETOR, TENHO MUITA RAIVA!

T: Não é necessário constelar isso. Isso é uma lei. Mas posso até constelar para que você possa ver. (*Diz para o grupo*) Mas posso dizer para vocês de antemão: Se um casal constitui e conduz uma empresa em conjunto, não há problemas. Se eles procurarem um terceiro com poderes iguais, nunca vai funcionar! E, via de regra, o novo terá de partir. Às vezes até o casamento fracassa. Não por causa de ciúmes ou sexo, mas eles vão brigar tanto que o casamento não resiste.

C: Acho que aqui foi o contrário. A empresa quase destruiu o casamento e me chamaram para salvá-lo.*

* Pergunta principal: Quem precisa de quem para o quê? Ele é contratado como profissional em processamento de dados ou para que o conflito seja desviado para ele?

T: Mas que maravilha! Nesse caso um deles terá mesmo de sair. Posso, contudo, constelar isso para você ver. O casal e você já seriam o suficiente.

C: Gostaria ainda de dizer algo: Há um ano vivo somente desse sentimento secundário. Tenho muita raiva e dois dos gerentes são resistentes e arrogantes.*

* A ingratidão é a recompensa... Ele assume a tarefa de intermediar e, em vez de gratidão, encontra resistência. O triagulado no final paga a conta.

T: Isso mesmo. Vou constelar isso agora, mas antes gostaria de dar uma informação teórica. (*Para o grupo*) Nesse exemplo vocês podem ver que nós, seres humanos, não possuímos sinestesia sistêmica, ou seja, fazemos erros sistêmicos. Isso (*apontando para o cliente*) não se pode fazer, é bom saber isso. Todavia, eles não sabiam e fizeram mesmo assim, e tinham motivos para isso: os dois estão muito sobrecarregados, precisam de um terceiro etc. Então eles procuram uma pessoa que já conheciam, pelos projetos que fez, a pessoa certa. Ambos tiveram as melhores intenções, você teve as melhores intenções. E ele vive somente de sentimentos secundários.

E agora acontece o seguinte: Onde reaparece o que não foi esclarecido entre os três? Mais embaixo, é óbvio. E lá embaixo podemos trabalhar o quanto quisermos; no fim tudo terá sido em vão, enquanto o que acontece em cima não estiver esclarecido. E o que acontece em cima é rapidamente esclarecido: Um dos dois cônjuges se afasta! Afinal, eles estavam sobrecarregados e chamaram-no para proporcionar algum alívio, o que certamente foi uma medida adequada. Portanto, a pergunta: Quem sai da empresa, o homem ou a mulher? Neste caso, só é importante garantir que ela saia completamente, assim o problema estará resolvido. Se ela não for, o problema não pode ser resolvido.

Essa é uma situação típica para consultoria. Como os três lá em cima não querem encarar a realidade da decisão errada, eles olham para baixo. E contratam consultores e *coaches* para resolver os problemas que eles nem podem resolver enquanto os três não derem um único passo rumo a uma solução adequada. Mas esse passo de solução não pode ser sentido, precisa ser conhecido. Mas depois de dar o passo, todos sentem um alívio enorme.

C: Em relação à sensação, ainda gostaria de dizer: Os colaboradores e eu já sentimos há muito tempo que a mulher deveria ter dado esse passo de forma completa. Ela é um problema para todos. Ela não tem mais procurações e é somente sócia, mas continua interferindo.

T: Exato.

Part: Isso só acontece com casais ou também quando dois sócios constituem uma empresa?

T: Acontece algo parecido, mas diferente. Quando dois sócios constituíram uma empresa, então, um terceiro ou quarto nunca pode entrar como igual. Pois essa igualdade não pode mais ser construída posteriormente. Precisa sempre permanecer uma sensível diferença de hierarquia entre os três. E quando se tenta nivelar, não dá certo. Nesse caso tenta-se constituir uma ordem artificial, ou seja, a equivalência, a qual sistemicamente não é correta. Os três não são iguais, pois somente dois deles constituíram a empresa, o terceiro foi acrescentado. Nada pode compensar essa qualidade do ato de fundação.

Part: Mas se três ou quatro pessoas fundarem uma empresa em conjunto, então a relação é outra.

T: Sim, claro. Se, por exemplo, quatro ou cinco advogados fundarem uma sociedade de advogados como iguais, não há problema. Pelo menos não do ponto de vista sistêmico. Especialmente nos Estados Unidos, há muitas sociedades de advogados que funcionam há gerações. Quando o negócio funciona durante gerações, fica evidente que está sistemicamente equilibrado.

Part: Acredito que aqui o status de "diretor" e "sócio" ainda precisa ser considerado especificamente. Mas esses dois planos precisam ser claramente separados e há necessidade de regras claras para isso.

T: Isso é verdade. Poderíamos imaginar que a mulher continue sendo sócia, como uma sócia tácita. Mas ela não pode interferir em nada.

Part: O importante são os contratos.

C: Os contratos são claros: fora dos negócios, da rotina empresarial e de tudo.

T: Certo, vamos constelar isso, assim os outros poderão ver. Mas na verdade está claro.

(*C se levanta e escolhe os respectivos representantes para colaborar e depois os posiciona em seu devido lugar, de acordo com a sua imagem interna*)

T (*diz para o cliente que está constelando*): Gostaria de fazer algo diferente. Constele primeiro o homem e a mulher e a empresa como um todo. Gostaria de ver o que acontece.

C: Um representante para a empresa?

T: Isso mesmo.

(*Depois de colocadas as três pessoas, algumas pessoas do grupo murmuram*)

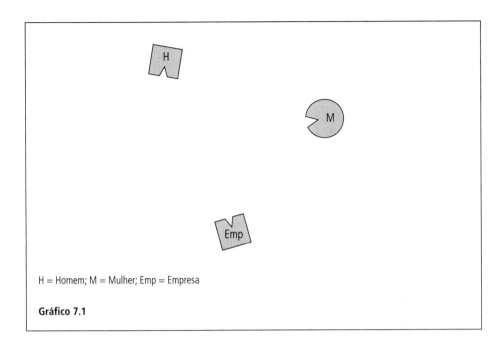

H = Homem; M = Mulher; Emp = Empresa

Gráfico 7.1

T: Como se sente o chefe?

H: Imparcial.

M: Quero me aproximar da empresa. E sinto uma pressão aqui (*esfrega a costela direita*).

T: Como se sente a empresa?

Emp: Estou no centro.

T: Certo. (*Coloca a esposa ao lado da empresa*)

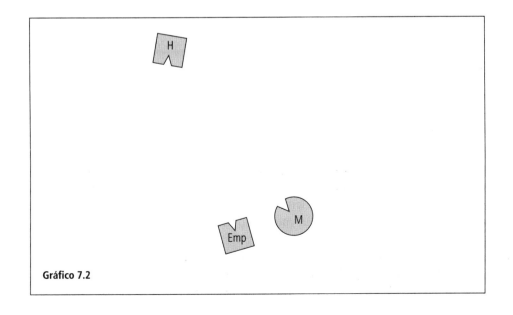

Gráfico 7.2

T: Como vocês estão agora?

M: Não sei. Um sentimento difuso.

(*A Emp parece doente, sem comentários*).

T(*diz para a Emp*): Está bem. Não foi muito bom. (*Fica ao lado do H*) Como se sente o homem?

H (*apontando com as duas mãos para a frente*): Quero fugir!

T: Isso, faça isso. Saia.

(*H deixa a constelação*)

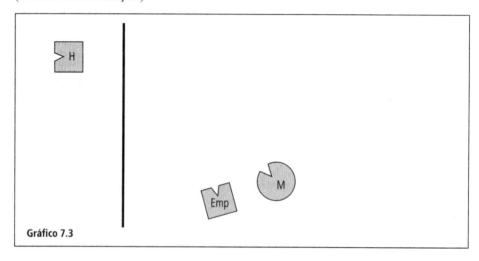

Gráfico 7.3

T (*diz para a Emp*): A empresa parece concordar.

Emp: Está melhor.

T: Como se sente a mulher?

(*M dá de ombros, sorri*)

T: Ela está radiante.

T (*diz para o cliente*): O que acontece quando você vê isso?

C: O fato é que ele sempre faz os grandes projetos, mas nunca o trabalho minucioso. Ela sempre fez o trabalho do dia-a-dia, foi o chefe administrativo. Ele sempre considerava a empresa apenas como um caixa ("vaca leiteira") para os seus novos projetos e olhava para o futuro. A empresa se expandiu rapidamente, temos de admitir isso.

T: Muito bem. Ele (*H*) está olhando para as suas visões, não para a empresa. (*Diz para H, que está sentado na fila*) Você pode voltar aqui e entrar novamente. (*H volta para o seu lugar, o treinador diz para o cliente*) Você colocaria mais alguém para representar as visões dele?

(*C escolhe uma mulher elegante*)

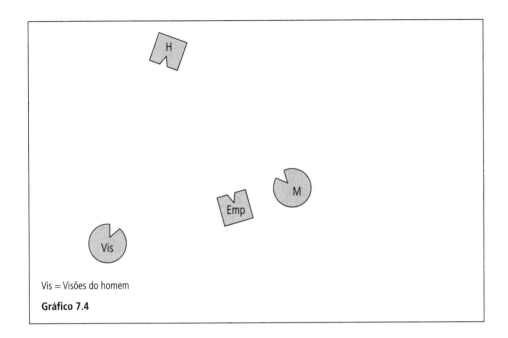

Vis = Visões do homem
Gráfico 7.4

T (*fica ao lado do H*): Como você se sente agora?

(*H sorri com desejo para as suas visões*)

T: Isso. É para lá que você quer ir! Ou seja, para você a empresa é somente um meio. Ela traz o dinheiro para as idéias.

H: Sim. (*Apontando para a empresa, diz em voz baixa*) Aqui não há sentimentos.

C: Como se sente a mulher, vendo isso?

M: Não tenho nenhuma relação com as visões dele, mas acho que se fizerem bem a ele, também estarei bem.

T: Certo. E como se sente a empresa?

Emp: Ele (*H*) deveria sair um pouco do caminho.

T: Como se sente a visão?

Vis: Tenho pouca relação com a empresa. Muita com ele.

T (*pergunta para H*): Você quer ficar junto de suas visões?

(*C aproxima-se dois passos de Vis, ver gráfico 7.4*)

T (*fica perto de Vis e H*): Como você se sente?

(*Vis e H sorriem um para o outro carinhosamente, quase com intimidade*)

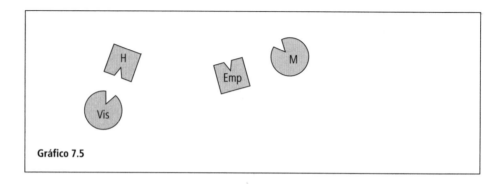

Gráfico 7.5

T: Bem, isso é importante. (*Diz para o cliente*) Venha aqui, por favor. Você não pode mudar isso, mas talvez o seu conhecimento interno seja saudável para o sistema.

(*O cliente fica em uma posição na qual ele pode olhar bem para ambos*)

T (*pergunta para C*): O que você lembra quando olha isso?

C: Isso é um casal enamorado.

T: Certo. Tenho a idéia de que as visões representam outra coisa.

(*Vis sorri com sabedoria*)

T: E os representantes das visões, o que sentem quando eu digo isso?

Vis: Um sorriso.

T: Então vamos fazer o seguinte. (*T coloca H, que está quase cambaleante de amor, de volta no seu lugar antigo e Vis ao seu lado*)

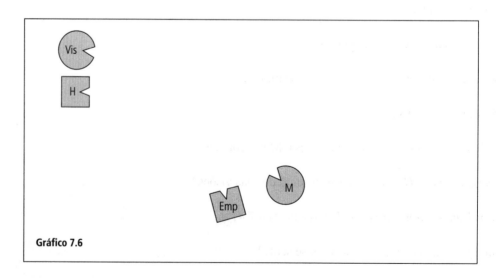

Gráfico 7.6

T (*diz para o Homem e suas visões*): Olhem um para o outro.

H e Vis: (*entreolham-se e sorriem alegres*)

T (*para M*): O que acontece com a mulher?

M: As visões são uma concorrência. Mas enquanto há somente ela como concorrência, ainda estou no jogo.

T: Isso mesmo. Enquanto é só uma idéia e não uma outra mulher. (*Diz para o grupo*) Esse é o pragmatismo das mulheres espertas.

T (*diz para C*): Agora vamos incluir você na função de consultor, quando você ainda não era membro da diretoria. Você é um consultor externo.

C (*seleciona um representante para a própria pessoa e depois diz com voz insegura*): Onde devo me colocar?

T: Bem, coloque-se.

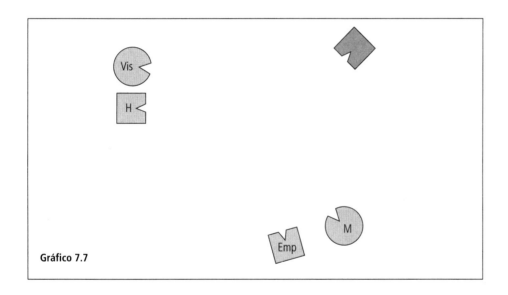

Gráfico 7.7

H: Perfeito.

T (*pergunta para H*): Uma energia excelente, não é?

H: Sim.

T: Exatamente. (*Pergunta ao grupo*) Esse ideal (*as visões*) representa o quê? Provavelmente a mãe ideal. Mas não podemos resolver isso, pois não é a constelação dele. Como ele (*C*) trabalha nesse sistema, é bom ele compreender coisas que talvez lhe tenham estado ocultas.

T (*para C*): Como você se sente quando pensa que deverá ser consultor desse sistema ou se você de fato o fizer?

C: Sinto-me muito dividido.

T: Isso é claro. Você não sabe para onde ir. Você quer ficar ao lado da empresa?

(*C o faz*)

T: Como se sente a empresa?

Emp: (*olha para C, diz com a voz lenta*): Desconfiada.

T (*pergunta para C*): Você pode ficar ao lado da mulher? (*C o faz*)

Emp Não sei bem se eu desconfio de nós três ou dele (*apontando para H*).

T: Isso mesmo.

Emp: Na verdade o lugar do diretor seria aqui (*apontando para o lugar à sua esquerda*), se eu aceitar o desafio.

(*O treinador coloca o cliente novamente ao lado da Emp e o casal H e Vis na nova posição*)

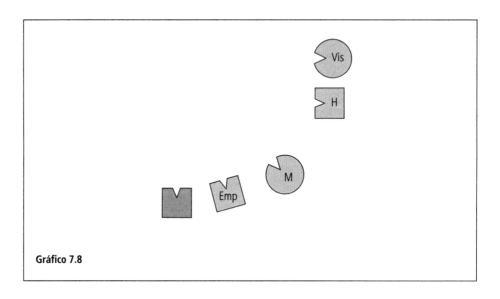

Gráfico 7.8

T (*pergunta à empresa*): Como você se sente agora?

Emp: Assim está bom. Tem bastante energia.

T: Como se sente a mulher?

M: Para mim era mais fácil ver os dois lá. E gostaria de ter o consultor ao meu lado; tive vontade de puxá-lo para junto de mim, quando ele estava comigo.

T (*dirige-se a C*): Certo, fique aqui no meio. Essa é provavelmente a posição que você tem atualmente.

DESDE QUE EU SOU DIRETOR, TENHO MUITA RAIVA!

(*O cliente fica no espaço entre M e H*)

M: Hum, assim não dá.

T: Exato.

M: Não queria que ele fosse para perto de meu marido, queria que ele ficasse comigo.

T (*pergunta para o cliente*): Você agora está vendo o seu conflito, não está?

C: Vejo-me naquele lugar, ao lado da empresa.

T (*diz para C*): Então vá para lá.

 (*C volta para o lugar ao lado da Emp, ver gráfico 7.7*)

C: Essa desconfiança é completamente incompreensível; ela me deixa inseguro. Eu conhecia a todos por minhas atividades como consultor. Tinha uma relação muito boa, um vínculo muito próximo com a diretoria.

T: Sim, isso mesmo. Se houver uma solução para você aqui, terá de ser esta: você precisa sair do nível da diretoria e precisa entrar na empresa. Você não pode ficar no nível deles, tudo bem? (*Diz para o cliente*) Venha ficar nesta posição.

(*O cliente troca de lugar com o seu representante e depois fica em pé bastante descontraído ao lado da empresa*)

M: Para mim agora ficou um pouco apertado.

T: Pode ir um pouco mais para lá?

(*M aproxima-se de H*)

(*C afasta-se um pouco, a empresa o segue para manter a proximidade*)

T: A empresa aproxima-se dele (*C*), isso é um bom sinal.

T (*pergunta para o cliente*): Como você se sente nessa posição?

C (*está de pé forte e descontraído, apoiado nos dois pés*): Bem.

Emp: Bem, também.

M (*apontando para a empresa e o cliente*): Tenho tudo sob controle.

H: Sinto nos últimos minutos que estou perdendo cada vez mais a referência com a mulher. As visões são mais importantes, sinto maior atração aqui.

T (*diz para o C*): Esse é o drama desse casamento, não o seu. Mas se você ficar no nível deles (*apontando para H e M*), você fará parte do drama. E a única possibilidade com a qual você pode se afastar desse drama conjugal é ficar aqui ao lado da empresa. Aqui você está do lado seguro.

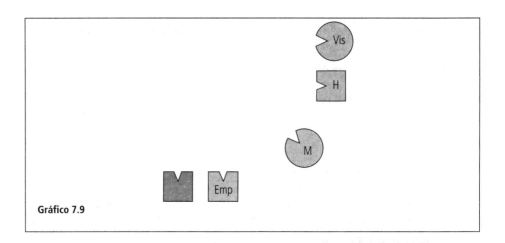

Gráfico 7.9

C: Em relação ao drama, posso dizer ainda que moramos juntos, em casas geminadas.

(*O grupo ri*)

T: Não posso mudar isso, certo? Só posso dizer, é o que eu vejo. E essa seria a solução. Quanto mais você se afastar desse casamento e de tudo o que tem a ver com ele, melhor será para você.

C: Bem, instintivamente já pensei nisso.

T: Ótimo.

M: Tenho muita confiança, pois ele (*C*) está fazendo o trabalho, uma vez que esse (*apontando com desdém para H*) está sempre envolvido nas loucuras dele.

T: Aqui há um grande descaso em relação ao homem. Esse movimento foi um descaso, certo?

Emp: Comigo, não. Minha postura é: deixe-o fazer o que quiser. A empresa tem lucro suficiente para que ele possa fazer isso.

T: A empresa é bondosa, como a maioria. Os pequenos sempre têm muita compreensão para com os grandes. Eu faço o trabalho e você pode ficar com as suas loucuras.

Part (*pergunta para T*): Tenho a impressão de que você gostaria de encerrar aqui?!

T: Sim, eu quero encerrar aqui.

Part: Mas a mulher vai sair do sistema?

T: Com o que eu vejo aqui, ainda não está claro quem vai sair. E como a constelação não é para o casal, mas para ele, e como ele não quer deixar a empresa, fica a pergunta: O que ele pode fazer? A minha primeira idéia é que ele deverá se sentar com os dois para combinar, que ele não pode conduzir a empresa com os dois juntos, a três. O que eu vejo agora, é que isso possivelmente nem será necessário. No entanto, ele teria de trabalhar com a mulher, no que se refere aos negócios operacionais. E para o homem deveriam instalar um laboratório para planos do futuro, ou algo assim.

C: Já aconteceu.

(*O grupo ri*)

T: Exato. Ele já instalou isso. E, obviamente, haveria uma solução: O homem sai, abre talvez uma empresa própria, *future projects* ou algo assim, e ele pode ter a sua história de amor. (*T olha para as visões e para o homem*) Olhem como esses dois estão radiantes. (*O grupo ri*) Essa seria uma solução. O homem funda outra empresa, na qual ele pode ser o chefe, e os três (*cliente, empresa, mulher*) fazem os trabalhos concretos. E todos os três sentem-se bem e são benevolentes! E de vez em quando, se a empresa dele não der lucro suficiente, eles lhe passarão um dinheirinho.

Part: Mas uma coisa não está certa. Foi decidido que ela deixaria a empresa!

T: Até agora. Mas isso não precisa ficar assim.

Part: Talvez ele possa se tornar o único diretor, quando ela sair.

T: Não. Olhe só. Essa mulher colocou a alma na empresa e faz os negócios operacionais. Ela é muito mais importante para a empresa do que ele (*H*). Então, os três (*cliente, empresa e mulher*) cuidam da empresa. Ele abre uma empresa própria e pronto, acabou. Claro que ele (*apontando para C*) não pode decidir isso, é obvio. Mas ele agora tem essa imagem interna de uma possível solução. E como ele é amigo desse casal, pode ser que ele possa ter alguma influência. Afinal ele (*H*) já constituiu uma empresa própria e pode forçar isso um pouco, assim os três (*C, Emp, M*) dirigem a empresa. Ele faz algo diferente e tudo se encaixa. Certo, é isso aí, muito obrigado.

APESAR DAS MELHORES CONDIÇÕES, A EMPRESA NÃO TEM SUCESSO
8ª CONSTELAÇÃO

Essa constelação é um exemplo para a complexidade típica em empresas familiares, nas quais as estruturas familiares e empresariais se sobrepõem constantemente. A seqüência de gerações que se estende por um longo passado ainda complica a situação, uma vez que o problema precisa ser "trabalhado" por quatro gerações. Para a maior compreensão, marcaremos esse processo por etapas nas respectivas transferências das seqüências em negrito.

*No caso de empresas familiares o levantamento da história empresarial leva automaticamente à reconstrução da família. Ver parte 3, *Questões sobre empresas familiares.*

*Nesse caso o problema entre a diretoria e o sócio principal é, ao mesmo tempo, um problema familiar. Por isso, ambas as linhas precisam ser observadas paralelamente: a causa do problema é uma questão familiar que tem efeitos na empresa, trata-se de um problema empresarial que tem efeito sobre a família ou temos ambos os casos?

Cliente: Sou presidente de uma empresa que pertence à nossa família há 200 anos. O vínculo entre a família e a empresa é muito, muito grande e a questão central que eu gostaria de resolver é: por que o nosso sucesso está abaixo da média, apesar de bons colaboradores, boas idéias e apesar de um investimento enorme de trabalho e tempo?

Treinador: certo.

Esposa do cliente/cliente (*EC*): Eu também tenho uma pergunta. Gostaria de ver por que eu não consigo me identificar tão bem com a empresa. Eu trabalho lá esporadicamente, mas depois eu sempre a deixo, pois tenho a necessidade de fazer algo próprio.

T: Certo. Então vocês dois são casados. E a empresa é de sua família (*homem*)?

C: Sim.

T: Isso significa que você a herdou de seu pai. Você é o único filho?*

C: Sou o segundo, tenho mais duas irmãs. No entanto, elas não participam da empresa. Receberam um ressarcimento e não houve problemas. Mas houve problemas com os outros sócios que, no fim, também receberam uma indenização.

T: E esses outros sócios, que relação eles tinham com o seu pai, seus pais?

C: Era a prima de meu pai.*

T: Está bem. E quantas primas eram?

C: Só essa prima.

T: E você é diretor principal da empresa?

C: Diretor e proprietário.

T: E como é a situação no plano abaixo de você?

C: Há quatro gerentes: técnico, administrativo, de logística e essas coisas.

T: Isso. E temos os colaboradores e, obviamente, os clientes. E a dúvida é: como acontece que, apesar da qualificação, do grande desempenho e da motivação o sucesso não está de acordo? Já entendi.

EC: O que é mais importante é que a minha sogra ainda interfere muito na empresa. Ela tem setenta anos.

T: Bem, e como ela faz para interferir? Ela possui algum cargo oficial?

C: Ela foi diretora administrativa. Formalmente ela já está aposentada mas, informalmente, ela ainda interfere bastante.*

EC: É a vida dela...

T: Mas isso não funciona. Ou seja, estamos vendo que é possível, mas não vai dar certo.

C: E a mãe não interfere somente no seu antigo departamento, mas também tenta influenciá-lo (C) na forma de conduzir a empresa.

T: Nossa, está cada vez pior. (*Diz ao grupo*) Aqui nós temos um problema clássico em empresas familiares: A mudança das gerações. Como a mudança das gerações pode ser organizada em empresas familiares?

C: Já houve um conflito na época em que o meu bisavô transferiu a empresa para um de seus filhos. Um dos dois filhos era o meu avô, no lugar de quem meu pai assumiu a empresa, depois de seu falecimento.

*Quando funções, competências e atribuições não são claramente definidas, ou funções, competências e atribuições claramente definidas não forem respeitadas, a interação do sistema fica comprometida, uma vez que não há base para uma interação bem-sucedida: uma relação bilateralmente confiável entre os elementos. No caso de empresas familiares, esse problema básico ainda se duplica, se considerarmos que o âmbito de comunicação pode sempre gerar ao mesmo tempo duas interpretações: falamos como membros da família e/ou como membros da empresa.

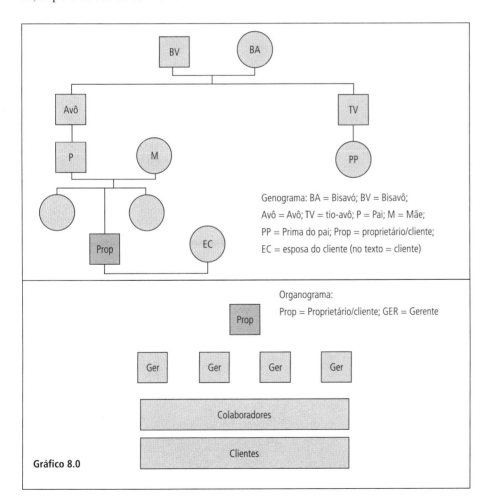

Gráfico 8.0

T: Ou seja, a verdadeira separação foi gerada pelo pai de seu pai e o irmão dele.

T: Minha suposição é que o problema da empresa começou aqui (*apontando para BV e TV*) e depois foi disseminado por gerações. Está bem. Vamos começar! Escolha alguém para representar o bisavô e seus dois filhos.*

*Partindo da hipótese de que o problema tem a sua origem na geração dos avôs, a constelação começa primeiramente com o mínimo de pessoas. Somente se não for possível desenvolver conhecimentos ou princípios de solução, esse mínimo é aumentado sucessivamente.

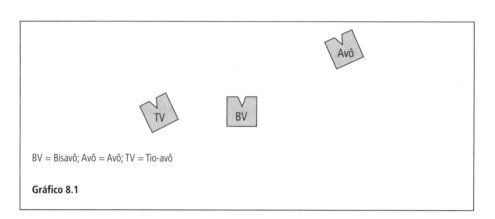

BV = Bisavô; Avô = Avô; TV = Tio-avô

Gráfico 8.1

*Consulta de acordo com a hierarquia.

T: Como se sente o bisavô?*

BV = Estou com taquicardia.

T: Como se sente o avô?

Avô (*com expressão desinteressada*): Nenhuma reação especial. Indiferente.

T: O irmão do avô?

TV: Sinto-me ameaçado.

T: Por quem?

TV (*apontando para o avô*): Por ele. Não posso olhar para lá. Preciso manter o controle.

T (*pergunta para C*): O seu tio-avô é o mais novo ou o mais velho?

C: Suponho que é o mais novo.

*Completar a família de origem do avô.

T: Certo, então vamos colocar ainda a bisavó.*

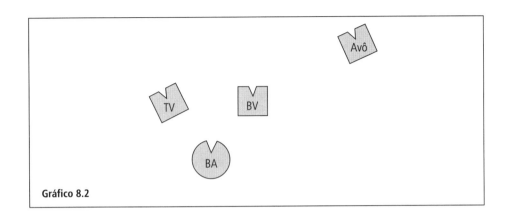

Gráfico 8.2

T: Quem sente alguma mudança?

TV: Para mim está cada vez pior.

Avô: Nada mudou.

BV: A taquicardia melhorou um pouco. Mas aqui ao meu lado alguma coisa não está certa.

T: Como se sente a bisavó?

BA: Eis a manda-chuva!

T: Essa é a manda-chuva, isso ficou evidente. (*Pede a C*) Por favor, escolha representantes para o seu pai e a sua mãe.*

*Complementar com a parte da família de origem do cliente que, ao mesmo tempo, continua a corrente de proprietários: três gerações da família e da empresa.

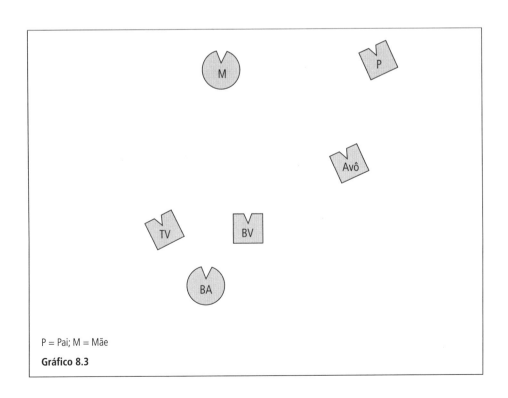

P = Pai; M = Mãe
Gráfico 8.3

(*C o faz e coloca dois representantes para os seus pais*)

T: Como se sente o avô, quando o filho e a nora entram?

Avô (*desinteressado, dá de ombros*): Nada mudou.

T: Como se sente o pai?

P: Sinto uma pressão enorme. Quero fazer algo diferente. Trabalhar mais rápido. Mas algo me impede.

T: Como se sente a mulher?

M: Estou bem.

T: Certo. (*Diz para o cliente*) Então coloque, por favor, a prima de seu pai.

C: Mais um detalhe. O meu avô faleceu com 47 anos e a minha avó casou-se novamente. Meu tio queria vender o negócio. Minha avó o indenizou e disse: tenho um filho, ele vai continuar o negócio.

T: Está bem, então coloque também a sua avó.*

(*C escolhe e constela*)

*Como a avó tomou uma decisão importante para a continuação da empresa, ela faz parte do sistema empresarial.

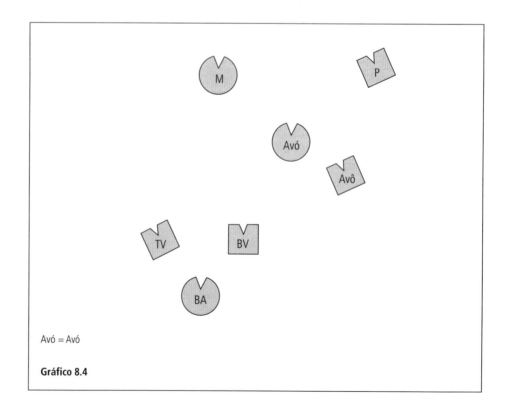

Avó = Avó

Gráfico 8.4

T: Como se sente a avó nesse lugar?

Avó: Estou bem, mas ao mesmo tempo sinto uma pressão estranha aqui no estômago.

T: Algo mudou para o homem?

(*O avô balança a cabeça sem comentários*)

T: Para o filho?

P: A pressão aumenta. Ela deve ter orelhas enormes para perceber também as coisas ocultas aqui, que não são articuladas claramente.

Avó (*diz espontaneamente, com voz de desdém*): Para ele não digo nada mesmo.

T: Certo. E como se sente a nora?

M: Ela (*BA*) me incomoda. E ele (*TV*) também. Os outros não incomodam.

T (*diz para o cliente*): Então coloque alguém para a prima de segundo grau. A ex-sócia. A filha de seu tio-avô.*

(*O cliente escolhe uma mulher forte e a coloca*)

*A terceira geração é complementada com a pessoa relevante para a empresa nesse nível.

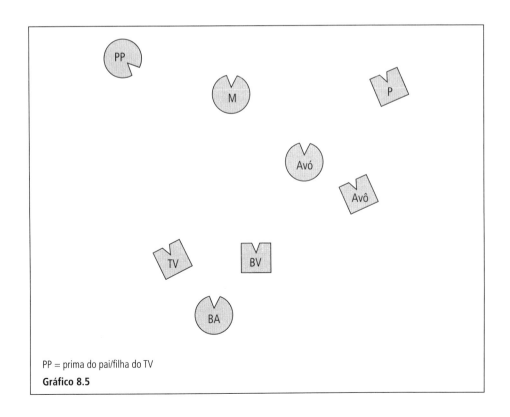

PP = prima do pai/filha do TV
Gráfico 8.5

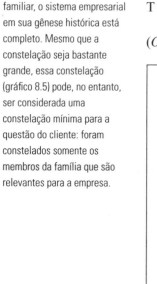

T: Quem sente alguma mudança?

M: Ela me incomoda.

BA: Gosto dela. As outras mulheres lá são suspeitas.

TV (*apontando para PP*): Agora empurro toda a responsabilidade para ela e peço para ela se precaver contra sua bisavó: Tome cuidado, filha!

*Com a quarta geração familiar, o sistema empresarial em sua gênese histórica está completo. Mesmo que a constelação seja bastante grande, essa constelação (gráfico 8.5) pode, no entanto, ser considerada uma constelação mínima para a questão do cliente: foram constelados somente os membros da família que são relevantes para a empresa.

T (*diz para o cliente*): Então constele você e a sua esposa!*

(*O cliente coloca um homem e uma mulher na constelação*)

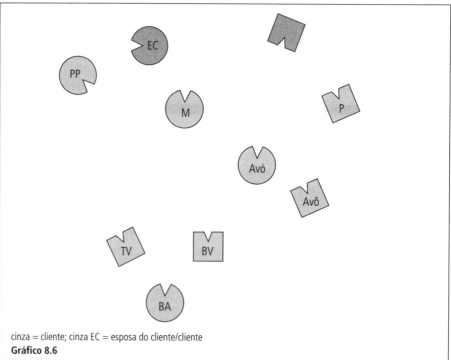

cinza = cliente; cinza EC = esposa do cliente/cliente
Gráfico 8.6

T (*pergunta para a cliente*): O que você está vendo aqui corresponde à sua percepção?

(*EC balança a cabeça afirmativamente*)

BA (*apontando para o TV, seu filho*): Aqui eu sinto muito arrepio. *(Olha para C)* E tenho a impressão de projetar tudo diretamente nele.

(*T coloca BV ao lado da BA e os dois irmãos, avô e TV, diante de seus pais; ver gráfico 8.7*)*

* Início do esclarecimento entre a primeira e a segunda geração.

BA (*diz com raiva*): Como é que eu fui seguir esse cara?

T (*diz para o grupo*): O que vocês estão ouvindo aqui é um profundo desprezo. (*Pergunta para BV*) O que você sente quando ouve isso?

BV: Não quero ter nada a ver com ela.

BA (*apontando para o BV*): Tenho a impressão de que nesse casamento algo realmente não deu certo. Não sei, se não foi talvez um casamento forçado, ou algo assim. Não sinto nada a não ser desprezo.

T (*diz para C e para a cliente*): Venham para cá, assim vocês podem ver isso.

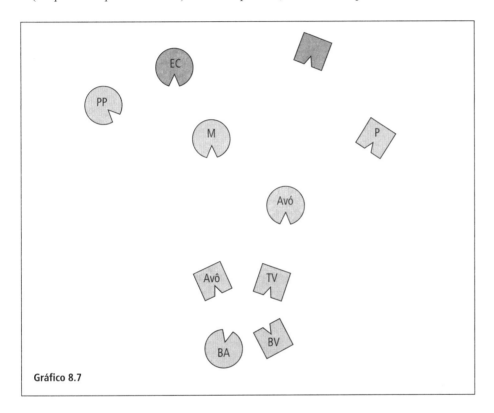

Gráfico 8.7

T (*diz para o cliente*): Você sabe alguma coisa sobre esse casamento? Havia algum segredo de família?

C: É bem possível. Desse casamento nasceram cinco filhos. E, na época, houve a primeira grande briga na partilha. Dois filhos receberam uma indenização. E depois não havia mais patrimônio para dar para um único filho. Então foram colocados os dois, apesar de eles serem muito diferentes. E assim começou a infelicidade.

T (*pergunta para C*): O que você sente quando ouve que a sua infelicidade começou porque aqui há algo que não foi esclarecido?*

C (*pensa*): Quase nada.

BA (*diz espontaneamente*): Tenho a impressão de que isso vem do meu passado.

T: Obviamente não vamos poder esclarecer tudo isso, senão, daqui a pouco estaremos constelando a Idade Média. (*Coloca BV e BA lado a lado, diz para BV*) Diga aos seus dois filhos: "Sou o seu pai..."

*Comparação importante entre o conhecimento, a lembrança, a interpretação do cliente e a percepção de seu representante em relação a esses fatos: O assunto foi repassado em forma de comunicação, ou foi repassado como realidade sistêmica?

TV (*diz espontaneamente*): Não quero ter nada com ele.

T (*olha de forma crítica para TV*): É verdade. (*Pede para C*) Você pode escolher mais um homem?*

*Se a bisavó só sente desprezo pelo seu marido, talvez ela tenha um vínculo com um outro homem (real ou imaginário), que será introduzido provisoriamente.

(*O cliente escolhe um homem com mais de quarenta anos*)

T (*diz para o novo homem*): Vou colocar você.

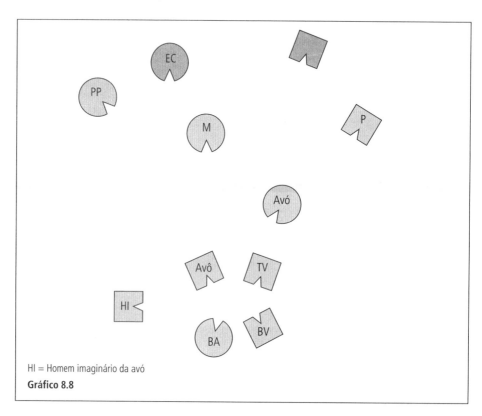

HI = Homem imaginário da avó
Gráfico 8.8

T: O que acontece agora (*Olha em torno de si*) Todos confirmam, certo. (*Então coloca BA à esquerda, ao lado do homem*)

BA (*radiante*): Isso, sim, é que é um homem!*

*A reação da bisavó mostra que o homem é seu "verdadeiro" marido, a quem ela é leal à sua maneira (desprezando o seu verdadeiro marido).

(*T coloca TV à esquerda, ao lado de sua mãe; ver gráfico 8.9*)

TV (*apontando para BV*): Esse é o meu pai! Mas ele nunca se comportou como eu esperava dele.

T: Bem. (*Coloca TV diante da BA e coloca um peso na mão dele*) Diga a ela: "Assumi seu desprezo em relação ao meu pai. Mas isso não é meu!"*

*Devolução de um sentimento alheio assumido, que esclarece o relacionamento de TV com o seu próprio pai.

(*TV repete a frase e entrega o peso a BA. Depois da devolução, TV parece mais descontraído e presente*)

T: Certo. (*Coloca TV novamente ao lado do avô*)

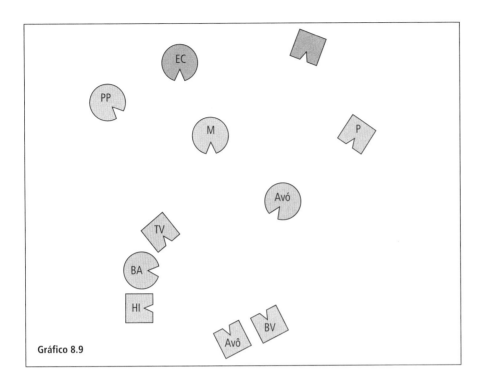

Gráfico 8.9

T: Como você se sente agora, olhando para o seu pai?

(*TV sorri para o seu pai, abre os braços, quer se aproximar dele*)

T (*interrompe*): Não tão rápido! Faça uma reverência diante dele e diga-lhe: "Pai, eu o honro."*

*A devolução do sentimento alheio (vide acima) é um passo; o reconhecimento do pai como tal – frente a frente com ele – é o segundo passo para restabelecer o limite das gerações.

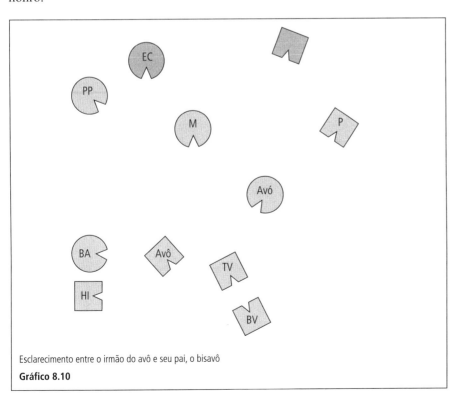

Esclarecimento entre o irmão do avô e seu pai, o bisavô

Gráfico 8.10

(*TV o faz*)

T: E diga a ele: "E eu honro sua vida como a sua tentativa de solução. Não me cabe julgar. Por favor, tome-me como seu filho."*

*Com essa separação e declaração de competência o TV abandona a sua arrogância em relação ao próprio pai – agora ele pode ser filho (de seu pai).

(*TV o faz, com muito respeito*)

T (*diz para BV*): Diga a ele: "Venha cá."

(*BV abraça o seu filho*)

T (*olha para o avô*): Estou vendo que o filho mais velho ainda não tem reação nenhuma. (*Coloca o avô ao lado do BV e o TV à esquerda do avô*)

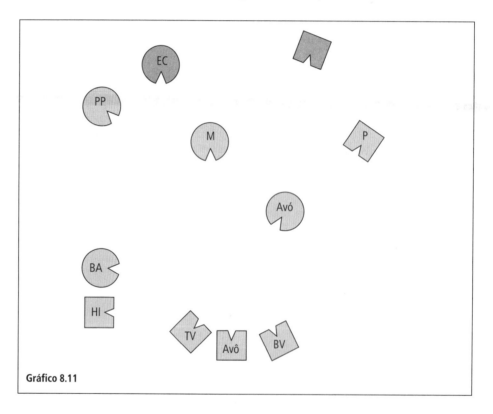

Gráfico 8.11

*Também para o segundo filho deverá ser esclarecida a relação com o pai.

T (*diz para o avô*): Olhe para o seu pai e diga: "Pai, ao seu lado ficarei vivo novamente."*

(*Avô o faz*)

T (*para BV*): Segure o seu filho, abrace-o.

(*O BV coloca suavemente o braço esquerdo nos ombros do Avô*)

(*TV sorri quando vê isso*)

T (*diz para o avô*): Olhe só. O seu irmão mais novo fica feliz quando vê isso. (*Diz para o TV*) Você agüenta ver isso, ou você, como irmão mais novo, tem ciúmes?

TV (*alegre*): Acho isso absolutamente correto!

T (*diz para o BV*): E agora diga aos dois: "Por motivos financeiros não posso dividir a empresa!"*

(*O BV olha para os seus dois filhos e repete a frase*)

T (*pergunta ao TV*): O que você sente quando ouve isso?

TV: Isso está em ordem. Não há discussões.

Avô: Completamente em ordem.*

T: Está bem. Então vocês fiquem como irmãos diante do pai, para que ele possa ver isso!

*O bisavô afirma a verdade (à época), diz aos seus filhos qual é a situação...

*...para que eles possam reconhecer e aceitar os fatos como são. Esse ato de reconhecimento daquilo que existe é a realização interna decisiva que impede de remoer a situação, o que desvia a atenção, gasta as forças e causa problemas (do tipo: Se eu tivesse, fosse...) Em vez disso, os participantes poderão focalizar as suas forças e direcioná-las para objetivos reais: é como é, e dessa situação faremos o melhor!

Final do esclarecimento entre a primeira e a segunda gerações.

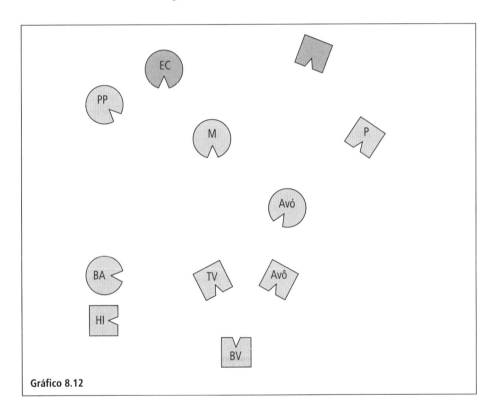

Gráfico 8.12

T (*diz ao TV*): Diga a ele: "Você é o mais velho e eu o mais novo."*

(*TV repete a frase*)

T: Como você se sente quando escuta isso?

Avô: Sinto um arrepio nas costas.

T (*diz para TV*): Então diga: "Eu preferia ficar independente dele."

(*TV olha para o Avô e repete a frase; o Avô relaxa*)

*Início dos esclarecimentos no nível da segunda geração: Hierarquia dos irmãos entre si.

*Aqui também ficou evidente algo que é fato: os irmãos reconhecem a realidade que têm em comum.

T (*diz para o Avô*): E você diga ao seu irmão mais novo: "Para mim também seria melhor."
E: "Nós dois carregamos algo que nós não geramos."*

(*O Avô repete*)

(*TV balança a cabeça afirmativamente e respira fundo, ele parece emocionado*)

T: Como se sente o pai, ouvindo isso?

BV: Fico mais satisfeito.

* Para ajudar, o bisavô assume a responsabilidade de seus filhos.

T: Diga aos seus dois filhos: "Exigi muito de vocês. Provavelmente demais!"*

(*BV repete*)

Avô (*muito frio*): É isso.

*Fim dos esclarecimentos no plano da segunda geração.

TV (*acena afirmativamente com a cabeça*): No meu caso é fácil ficar fora. Não é da minha conta.*

*Início do esclarecimento entre a segunda e a terceira gerações.

T: Bom, muito bom. (*Coloca Avô e TV diante da filha do TV, a PP*) Então fiquem lado a lado, como irmãos. (*Eles o fazem*)*

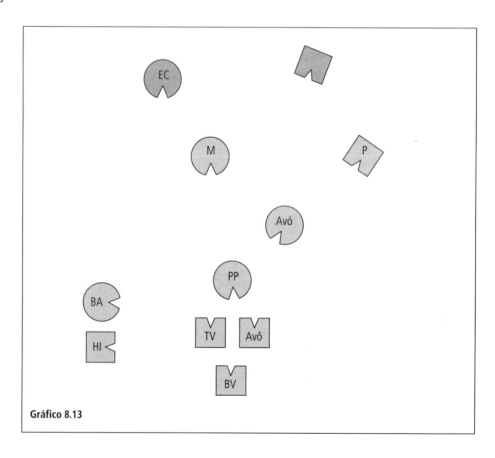

Gráfico 8.13

T (*diz para TV*): Diga a ela: "Você é a minha filha e aqui ao meu lado está o meu irmão. Os problemas que nós herdamos do nosso pai não são da sua conta. Fique fora disso!"

(*O TV olha para PP, sua filha, e repete*)*

> *Restabelecimento do limite entre as gerações. Solução da triangulagem. Clareza das competências.

(*PP sorri aliviada*)

T (*diz para PP*): Isso faz bem, não é? Diga a ele: "Sim, farei isso!"

(*PP balança a cabeça afirmativamente e repete alegre*)

T (*diz para PP*): Fique diante do seu tio.

(*PP fica diante do Avô*)

T: Como você se sente quando olha para ele?

PP (*um pouco admirada*): Como se agora ficasse mais fácil deixar a empresa.*

> *Quando a filha (PP) não carrega mais nada para o seu pai (TV), os problemas da indenização não têm mais importância (ver entrevista inicial).

T: Isso mesmo. Então diga a ele: "Você é o meu tio, eu sou sua sobrinha. E vou ficar completamente fora disso."

(*PP repete*)

T (*diz para o Avô*): Diga a ela: "Isso é muito bom! Assim você fica livre para ter uma vida própria."*

> *A devolução de competências e cargas assumidas faz PP perder a antiga posição, mas lhe proporciona pela primeira vez uma posição própria e a liberdade de ser "ela mesma".

(*O Avô repete*)

(*PP está radiante e satisfeita*)

T (*coloca PP diante da BA*): Olhe para a sua avó.

BA: Gostaria de poupar a ela o que eu passei.

T (*diz para BA*): Se você realmente quer poupá-la disso, diga a ela o seguinte: "Sou a sua avó. Você é a minha neta."*

> *A solução de uma identificação com a própria avó conforme o esquema: "Eu sou eu e você é você!" Evita que a PP repita o padrão nos termos "Vou fazer como você!"

(*BA repete*)

T: O que acontece?

BA (*calorosa*): Estou muito emocionada.

PP: Já fiquei melhor na antiga posição quando ele (*o homem adicional*) entrou.

> *Como o padrão de repetição é sempre resultado de um amor infantil ("Por amor a você faço o mesmo que você fez!"), essa frase traz o amor em sua forma mais pura à luz – sem a estrutura de repetição apresentada como prova.

T (*diz para PP*): Diga a ela: "Querida Vovó, gosto muito de você."*

(*PP repete e a neta e a sua avó se abraçam saudosamente*)

CONSTELAÇÕES ORGANIZACIONAIS

T: Diga a ela: "Fique fora, quando nós aqui temos problemas! Não são seus problemas. Fique fora disso. Você está livre."

BA (*repete e depois acrescenta*): Quero que você fique bem!

PP (*gira os ombros, relaxada*): Sinto-me completamente livre e rica. Gosto disso.

BA: Eu também.

T (*afasta PP um pouco da BA*): Diga a ela: "Vovó, isso eu vou fazer."

(*PP o faz*)

*Conclusão do esclarecimento entre a segunda e a terceira gerações.

BA: Isso é bom. Tem a minha bênção.*

(*PP parece bastante aliviada*)

(*O treinador coloca o TV atrás da Avó e depois coloca PP diante do P*)

*Começa o esclarecimento no plano da terceira geração.

T (*pede para PP e P*): Vocês poderiam se entreolhar?*

P: Quando os dois (*TV e PP*) entraram, senti algo me puxando para lá. Por outro lado, também havia algo me puxando para longe. Pode ser que tivesse a ver com a mensagem dupla ou tripla que meu pai me deu. E não consigo fazer isso como ele o quer. Tenho a impressão de que eu deveria satisfazer necessidades que eu desconheço. Só conheço as minhas próprias e para essas não há lugar.

T: Exato. Você está passando pelo que o seu pai e seu tio passaram. Você recebe alguma coisa que você não escolheu livremente, que você não teria escolhido.

Avô: Tenho a impressão de que a empresa está absolutamente em primeiro plano. E se alguém aparecer com problemas particulares: deixe para lá!

T (*diz para o grupo*): Vocês ouviram isso? Essa foi uma mensagem muito importante que ele disse. Sua sensação, ou melhor, a sensação da pessoa a qual ele representa é: para ele a empresa estava em primeiro plano. E todos os interesses pessoais e particulares são ninharias, não são importantes, em última instância! (*Pergunta ao cliente*) Você sabe algo a respeito?

C: Não. Ele faleceu cedo. Mas posso imaginar isso, pois o meu pai tinha uma visão semelhante.

T: Está bem. (*Entrega um peso a P e depois o posiciona diante do Avô*) Diga ao seu pai: "Para você a empresa estava em primeiro plano, depois não houve outra prioridade por muito tempo. Essa é a sua visão, eu a assumi, mas não a quero mais. Devolvo-a a você."

P (*repete e entrega ao Avô, depois diz com voz forte*): Assim está bem.

T: Ótimo. Então dê um passo para trás.

176

(*P dá um passo para trás*)

T (*vira P em direção a sua prima*): Como você se sente agora com a sua prima?

P (*sorri carinhosamente para PP*): Tenho a impressão de ter agora a liberdade de negociar isso com ela. Agora, sim, é possível.

T: Exato. (*Coloca P e PP lado a lado*) Fiquem aqui lado a lado, assim vocês não ficam um diante do outro, de forma confrontadora. E olhem um para o outro.

(P e PP sorriem um para o outro)*

T (*vê isso e diz*): Isso está muito bom.

PP (*alegre*): Sinto que gosto dele.

T: Isso. (*Diz para P*) Diga à sua prima: "Nós vamos encontrar um caminho que seja bom para nós dois."

(*P repete*)

PP e P (*se entreolham de comum acordo*): Sim, nós vamos conseguir isso.*

T: Assim. (*Coloca C diante de P e PP*) Você herdou a empresa de seu pai, e na realidade teve problemas com a sua prima de segundo grau. Como você se sente agora diante dela?*

*Depois que tanto P como PP estão livres de sentimentos de terceiros, arrogâncias e padrões de repetição, eles podem se encontrar pela primeira vez como a própria pessoa e perceber o outro como ele é (agora).

Conclusão do esclarecimento no plano da terceira geração.

Início do esclarecimento no plano da quarta geração (nível do cliente).

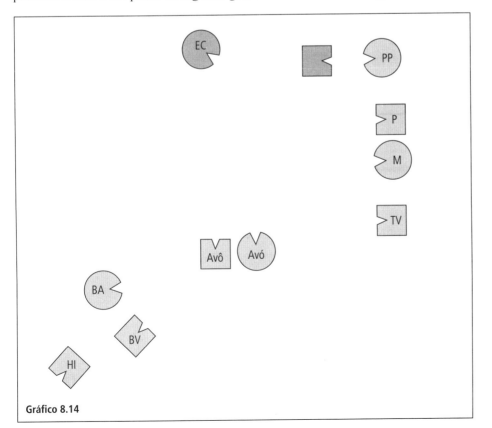

Gráfico 8.14

CONSTELAÇÕES ORGANIZACIONAIS

*Para o representante do cliente as intervenções anteriores geraram clareza suficiente.

*Agora a vivência interior do cliente deverá ser alterada com a sua introdução na constelação.

*Para o cliente, ao contrário do que aconteceu com o seu representante, a dominação da visão empresarial e familiar tradicional ainda está presente.

C: Agora posso trabalhar autonomamente. Agora tenho, finalmente, liberdade de decisão.*

T: Isso. (*Pergunta para o cliente*) Você quer tomar o seu lugar?

(*O cliente fica no lugar de C*)*

C: Ainda sinto esse grande peso que foi transferido do Avô pelo Pai para mim. (*Com voz resignada*) Não posso ter vontades e alegrias próprias...*

(*O Avô se ergue e se sente orgulhoso*)

T: Olhe só o avô. Enfim alguém que o compreende. Vamos ver se isso vem do pai ou diretamente do avô. Olhem, o avô está radiante, pela primeira vez.

(*O treinador coloca o cliente diante de seu avô e lhe dá um peso para segurar*)

Avô: Quero ficar atrás dele.

* Teste se a visão foi repassada do avô pelo pai ao cliente.

T: Daqui a pouco. Mas primeiro você vai aceitar isto aqui de volta. (*Diz para o cliente*) Diga ao seu avô: "Querido Avô, assumi esta visão de você e do meu pai: a empresa está em primeiro plano, depois há um vácuo, e só depois vêm os interesses pessoais!"*

(*C repete*)

* Devolução à sua origem.

T: "Mas essa visão é sua. Vou devolvê-la agora."*

(*C repete e entrega o peso ao avô*)

* O avô não identifica a visão como sendo sua...

* ... em vez disso, a bisavó reconhece a sua responsabilidade.

Avô: Isso é bem leve, não é nenhuma carga para mim.*

BA (*diz espontaneamente*): Tenho a impressão de que essa visão pertence a nós.*

T: Vamos ver. (*Coloca o Avô diante da BA*) Diga a ela: "Mãe, isso pesou muito para mim."

* Devolução para a origem da visão na primeira geração.

(*Avô repete e entrega o peso para a BA*)*

BA: Isso é verdade, é meu. Pode até colocar mais.

T: Diga ao seu filho: "Nós sobrecarregamos você com isso. Queremos que você aproveite a sua vida."

(*BA olha para o seu filho e repete*)

T (*observa a reação do avô*): Ele não pode acreditar.

*Aqui fica evidente a ancoragem existencial e a totalidade de um ideal de identidade, atrás de cuja tarefa parece haver um vácuo.

BA: É verdade. Ele não consegue.

Avô: Um mecanismo de proteção. Mas foi a minha vida.*

178

T: Exato (*diz para o grupo*): Agora ele devolve um enorme peso, do qual havíamos pensado que ele deveria estar feliz em se livrar. Em vez disso ele diz: Era a minha vida! Mas isso é normal. Para esse tipo de personalidade de empresário isso representou e ainda representa o conteúdo de sua existência! Tudo bem? (*Para o Cliente*) Como você se sente quando vê o que essa visão, que praticamente era a sua espinha dorsal, trouxe ao seu avô?

C: A visão o destruiu.

T: Isso mesmo. Afaste-se dois passos e faça uma leve reverência diante de seu avô e diga: "Honro isso como a sua tentativa de solução. E eu encontrarei a minha."*

(*C afasta-se e repete*)

T (*pergunta ao avô*): Como você se sente quando ouve isso?

Avô (*emocionado*): Está bem.

T: Ótimo. (*Coloca o Cliente diante de seu pai*) Como você se sente quando olha para o seu filho agora?*

P: Tenho um sentimento de culpa em relação a ele. Recebi a pressão de meu pai para repassar essa concepção, essa idéia ao meu filho. Tenho o desejo de devolver esse ideal novamente ao meu pai!

T: Exato. Então faça isso! (*Coloca P diante do Avô e lhe entrega um peso*)

*Se o avô não consegue desistir do ideal que assumiu, então a transferência pode ser interrompida pelo fato de que o Cliente respeita esse ideal como o ideal escolhido pelo avô, deixando-o com ele, como o caminho dele.

*Esclarecimento entre o pai e o filho: O filho recebeu do pai a autorização para escolher seu próprio caminho?

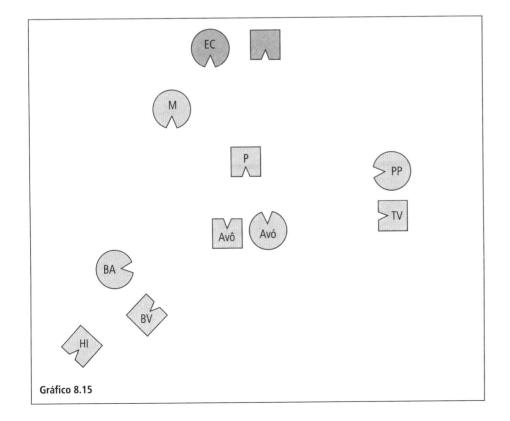

Gráfico 8.15

Constelações Organizacionais

T (*diz para P*): Diga: "Pai, esse ideal não me fez feliz. Quero devolvê-lo."

T (*para o Avô*): Você pode olhar para ele? Como você se sente olhando para ele agora?

Avô: Lá não é o lugar dele. Ele precisa sair da empresa. Outra pessoa precisa ficar lá (*apontando para o C*).

T: Essa é a visão do avô.

P: Vou mostrar a você.

T: Sim, essa é a dinâmica: Ele (*P*) quer provar seu desempenho ao seu pai e trabalha até quase morrer. Bem. (*Coloca P ao lado da M; diz para o P*) Como você se sente olhando agora para o seu filho?

P: Gostaria de ter-lhe dado mais ajuda e proteção. Mas não me foi possível.*

C (*sorri carinhosamente para o Pai*): Eu sei.

T: Como você se sente olhando isso?

C: Algo está se resolvendo.*

T: Isso mesmo (*Coloca pai e mãe juntos, como casal; eles se dão as mãos; diz para a mãe*) Diga ao seu filho: "Você pode seguir o seu próprio caminho!"

* Depois que o pai devolveu o padrão de identidade que lhe fora forçado, o amor paternal puro pelo seu filho pôde voltar...

* ...e o filho também já pode aceitar esse amor paternal.

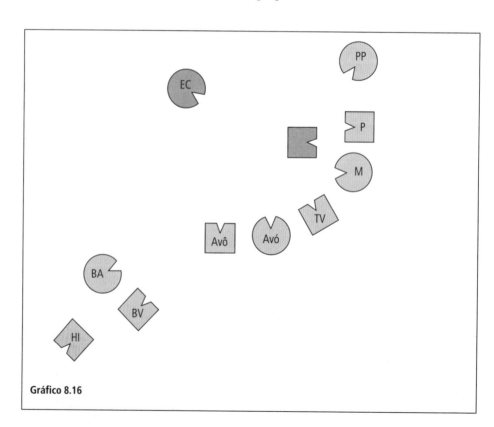

Gráfico 8.16

M (*repete e depois acrescenta rindo*): Mas eu também tenho de dar alguns palpites!

T (*ri*): Sim, sim, temos de esclarecer algo com a mãe também. (*Coloca um peso na mão do Cliente*) Diga a ela: "Mãe, carreguei isso por você. Isso não é meu. Eu lhe devolvo."

(*C repete e entrega o peso*)

T (*para a M*): Diga a ele: "Isso é meu. Vou segurá-lo! Eu mesmo carrego isso."

(*M repete*)

P: Mas eu ainda não estou completamente bem. Acho que seria mais fácil se os dois (*aponta para o Cliente e M*) ainda resolvessem alguma coisa. Mas não sei o quê.

M: Sim, tenho essa sensação também.

T: É verdade. (*Diz para C*) Dê um passo para trás e diga a ela: "Eu estou conduzindo a empresa agora. E não você!"*

(*C repete com voz esganiçada*)

M: Não acredito nele.

C (*espontaneamente*): Sei fazer isso. Você pode confiar em mim.

P: Gostaria de ficar em pé atrás dele e apoiá-lo.

T: Ótimo, faça isso. (*P se coloca atrás do Cliente*) Agora fale novamente com ela.

(*C repete, desta vez com a voz muito mais forte*)

M: Agora acredito nele.

T (*diz para M*): Diga simplesmente a ele: "Vou ficar de fora."

M (*para C*): Se você me mostrar que você consegue conduzir a empresa, tudo bem. E se você impuser limites.

C: Sim. Concordo. Vou provar a você, e acredito que encontraremos uma solução em conjunto.

M (*acena carinhosamente para o seu filho*): Sim, está bem. Mas eu preciso saber que você está levando a sério.

T: Muito bem. (*O treinador vira-se para a esposa (EC)*) Como você se sente?

EC: No começo me senti muito mal. Isso aqui era somente algo indefinido, como uma massa, não tinha nenhum lugar aqui. Tenho um relacionamento bom e caloroso com ela, a avó. Compreendo-a muito bem.

*Esclarecimento do problema relatado inicialmente pela EC, que a mãe ainda tem grande influência na empresa.

T (*pergunta para o Cliente*): Você está concordando?

Cliente: Sim, isso está certo. A realidade também é assim.

EC: E com a minha sogra tive problemas enormes. Antes sentia uma incapacidade de ação. Agora tenho mais força. Estou aberta. E me faz bem ver o que acontece aqui.

T: Isso não é nada mal. Bem, então vamos procurar uma imagem final.

EC: Antes disso eu gostaria de dizer algo importante: o pai queria se provar para o avô como filho. E eu tenho a impressão de que, quando a mãe disse: "Prove!", o mesmo está acontecendo conosco. Isso me pesou muito no estômago, tive medo de que isso continuasse. E quero me livrar disso.

T: Como você se sente quando escuta isso de sua esposa?

C: Isso já não é mais assim. Agora já sei por onde começar.

T: Exato. Certo. (*Inclui a Cliente na imagem, EC volta para o seu lugar*) Fiquem aqui à frente para ficarem com a visão livre. (*Coloca o restante dos representantes na seqüência das gerações atrás do casal*)

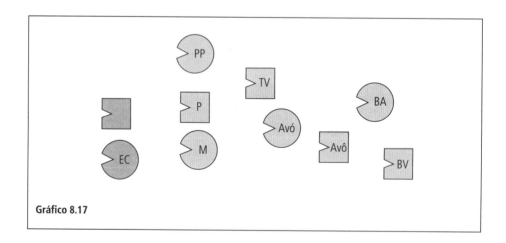

Gráfico 8.17

T: Certo. E agora vocês dois juntos, dêem um passo à frente. (*Ambos dão um passo*) Como vocês se sentem?

C (*muito vivo e claro*): Sinto-me muito forte. Vejo uma perspectiva e um caminho. Juntos!

T: Sim, podemos ver isso.

Cliente: Tenho medo de que as 16 horas de trabalho agora se transformem em 20.

T: A prova não é trabalhar mais. No que consiste a prova?

C: Em um limite claro!

M: Posso confirmar isso.

T: Certo.

C: Minha mãe se agarrava em mim como louca. Mas sempre que eu assumi algo, mesmo à força, ela ficava aliviada.

T: Isso. Alguns até mesmo precisam disso. (*Pergunta à cliente*) Como você se sente ao ouvir isso?

Cliente: Agora vai melhorar. Assim também ficará mais fácil a minha participação. Mas o controle por trás (*apontando para a M que está atrás dela*) me deixa maluca. Eu também tenho o direito de errar!

T (*coloca o Cliente atrás de sua esposa como limite contra M*): Vou colocar você aqui no meio, por um momento. Como uma posição intermediária.

Cliente (*muito descontraída*): Ah, isso é bom.

T (*concordando*): Isso, você precisa proteger a sua esposa, você precisa estabelecer um limite.

M: Isso é verdade. Agora eu não passo mais.

T (*diz ao cliente*): Você está vendo? Sua mãe está dizendo a mesma coisa. (*Diz para a cliente*) Encoste-se em seu marido (*a cliente o faz e está radiante de vitalidade*). Essa não é a imagem final. Mas no momento é a imagem exatamente correta. Certo, muito obrigado. Terminamos.

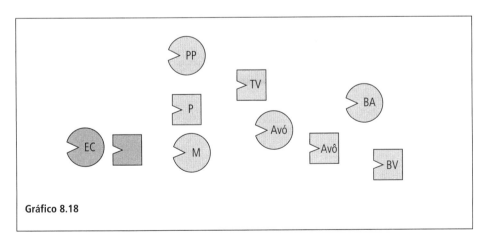

Gráfico 8.18

Discussão posterior

Quanto precisamos resolver?

Part/Avô: Em meu lugar na escultura tive a impressão de que algumas coisas ainda estavam sem solução. O que isso significa?

T: Minha impressão é que o problema dos bisavôs não está solucionado. Isso também não solucionamos corretamente. Faltaram informações. Mas o mais importante a caminho da situação atual foi para ele (*o cliente*). Quando houve a mudança para a solução? No momento em que o seu pai e a prima estavam lado a lado, perdoados.

Está certo que a relação entre o pai e o avô não estava esclarecida. Mas o que isso significa? Na verdade só significa que esse homem não abandona a sua atitude. A pergunta é: o que é necessário para interromper a influência sobre ele (*cliente*). Essa era a questão decisiva. E para mim ficou claro que a influência foi interrompida de forma satisfatória para que ele pudesse desenvolver um ideal próprio. E o mais interessante, que eu não sabia e acabei de descobrir, é que no mês que vem haverá um workshop em sua empresa: o desenvolvimento de um novo ideal para a empresa. (*Sorri para o cliente*) Bem, isso é uma coincidência legal. E outro ponto a esclarecer foram as intervenções da mãe na empresa. Aqui também ficou claro que ele deveria intervir rigorosamente. Quanto mais claramente ele estabelecer o limite, mais facilmente ela cederá. Ela praticamente diz: "Sim, interfira claramente!" E sua esposa diz: "Sim, eu também preciso disso, quero que você me proteja!" Com isso, ficou claro que ele tem todas as informações de que precisa para poder agir. O intuito não é resolver "todos" os emaranhamentos do sistema de origem.

Com isso obviamente sempre temos a dúvida: até onde preciso resolver emaranhamentos? Minha forma de agir é olhar para a meta. E a meta é fazer com que o cliente seja capaz de agir! Se isso não fosse possível, então poderíamos ter dito: precisamos solucionar mais alguma coisa. Mas quando há uma solução para o cliente que lhe dá capacidade de agir, então isso para mim está resolvido.

Ideais dos antepassados

Part/Avô: O avô parecia o malvado, na escultura.

T: Não, não tive essa impressão. Ele não é o malvado, mas para esse homem a dedicação à empresa era a vida dele. Não tinha nenhuma atenção para com a esposa. E isso ele projetou em seu filho e neto. Mas isso para mim não é maldade, é uma tentativa de solução que ele escolheu com base na sua história de vida. Essa tentativa de solução não o deixou feliz, mas ele podia viver e morrer de forma congruente. E logo, pois ele morreu muito cedo. Todavia, para o seu filho e seu neto, a decisão por essa vida foi muito mais insuportável e, por isso, o foco era: como posso ajudar o cliente a sair da transferência dessa imagem sem desvalorizar o avô? Pois o essencial não era desvalorizar o avô. Aquela era a forma como ele viveu a sua vida. Mas a transferência desse ideal não fez bem nem ao seu filho, nem ao seu neto.

Part/BV: Minha impressão era que o outro (*filho do BV*) deveria assumir a empresa.

T: Sim você deixou isso bem claro na constelação. Mas se tivéssemos realizado isso, já teríamos um cenário que não teria nada a ver com a realidade histórica. O que nós precisamos é de uma imagem de solução interna para ele, o cliente, que corresponde aos fatos reais. E o decisivo para mim era que o conflito que o cliente tinha com a prima e a família da prima era, na verdade, um conflito entre a prima do pai e o pai do cliente. E esse conflito era proveniente do plano dos bisavós. Mas, nesse caso, seria possível que o seu pai e a prima do pai estivessem lado a lado em paz. Com isso foi possível que ele se afastasse internamente do conflito. Aqui se trata de sua imagem interna que tem a ver com o conflito. E somente quando isso for realizado, ele poderá se libertar internamente de todos os ideais, da culpa etc. Seu representante disse nesse momento: "Agora, pela primeira vez, eu tenho a impressão de ter assumido a empresa!" E para ele assumir a empresa: Tudo que não faz parte de mim fica com o outro, e o que é minha responsabilidade eu mesmo carrego! E somente quando isso for realizado, é possível entrar em ação. Enquanto há emaranhamentos em destinos de terceiros, não há capacidade de ação. Isso significa que não se pode fazer o que se quer fazer. Por isso, o objetivo é sempre libertar o cliente do destino de terceiros, no qual ele está emaranhado.

O emaranhamento em um destino alheio ocorre com a identificação, com apropriação de ideais ou por meio de penitência. Penitência significa que eu tento reparar algo por uma culpa que não é minha, por exemplo, (olha para o cliente) vivendo de forma restrita. Minha suspeita é que o sucesso econômico restrito, que não ocorre como ele quer ou como seria possível com base no desempenho e na competência, é uma forma de penitência. Ele faz penitência para alguma coisa que não é culpa dele, trabalhando como um condenado, sem colher os frutos que corresponderiam ao seu trabalho. Isso é uma penitência típica. E, na medida em que ele sair do emaranhamento desse destino (apontando para o flipchart), a penitência termina e o desempenho tem outro resultado.

C: Esse conflito de sócios está resolvido para mim, já que eu sei que o meu pai deveria ter resolvido isso com a sua prima e eu não tenho mais nada a fazer?

T: É isso mesmo. Assim você está livre.

C: Mas o fato de eu ter feito tem alguma importância?

T: Esse é sua responsabilidade pessoal, certo? (C acena afirmativamente)

CONSTELAÇÕES NA ÁREA DE ORGANIZAÇÕES SEM FINS LUCRATIVOS

Organizações sem fins lucrativos vivem, como o nome já diz, de doações, contribuições de filiados e meios públicos. Especialmente no último caso há uma garantia de existência ao menos por um período. Isso alivia a organização do medo existencial; não obstante permitir, por outro lado, que o motivo de existência seja esquecido. Algo que constatamos diversas vezes em organizações sem fins lucrativos é a perda de vista do objetivo e também das necessidades dos destinatários propriamente ditos dos serviços; em vez disso, encontramos uma concentração excessiva na instituição propriamente dita e uma enfatização exagerada em brigas internas do pessoal e debates ideológicos.

Além disso, observamos muitas vezes que os colaboradores nessas organizações tiveram experiências em sua família de origem com os assuntos das respectivas organizações (auxílio para fugitivos, crianças/mulheres maltratadas e outros). Freqüentemente tentaram, a partir de uma posição triangulada, contribuir para a solução desses problemas, o que obviamente não foi bem-sucedido, gerando sentimentos de fracasso e culpa. Enquanto esses emaranhamentos pessoais não forem resolvidos, tenta-se resolver na organização o que não se conseguiu como criança em suas casas. Com isso as pessoas da organização não conseguem ver o cliente de verdade (dupla iluminação) e, sem querer, abusam dele novamente, com a forma de sua ajuda oferecida. Nesse ponto, a consultoria organizacional sistêmica só pode trazer resultados frutíferos se, ao mesmo tempo, forem trabalhados os emaranhamentos sistêmicos dos colaboradores com as suas famílias de origem.

*A expressão da valorização personalista é proveniente do modelo de Graves sobre desenvolvimentos de valores e significa uma valorização na qual a própria pessoa coloca as próprias necessidades para que todos fiquem bem.

Em organizações de utilidade pública trabalham atualmente muitas pessoas, as quais, com base na sua valorização personalista,* têm aversão a hierarquias, direitos de ordens e obrigação de informação. Essa atitude, por um lado, colide com as exigências jurídico-formais da estrutura original e, por outro lado, com a liderança informal que resulta meramente da dinâmica do grupo. A ideologia de equipe (somos todos iguais) oculta responsabilidades e competências, e estigmatiza necessidades de carreira, formando assim a base para muitos conflitos.

TAREFA INDEFINIDA OU QUANDO OS SENTIMENTOS SE SOBREPÕEM À AÇÃO
9ª CONSTELAÇÃO

Treinador: Qual é a sua questão?

Cliente: Sou membro da associação de incentivo para alunos e tenho a sensação de que a associação, da qual sou Vice-Presidente, está se esfacelando.
Há inimizades entre as pessoas e não sei o que fazer. Tenho uma sensação estranha quando estou nas reuniões e me pergunto, afinal, quem é o chefe disso tudo?
E isso apesar de termos um Presidente que, no entanto, sempre quer ir embora logo e não parece muito interessado.

T: E a sua questão?

C: Minha questão é... (*Ela interrompe a frase e pensa muito tempo; depois diz para si mesma*) ...no momento não está bem clara.
(*Fala com dificuldades, pensativa*) Só sinto que não foi certo constituir a associação naquela época. Era o momento errado.

T: Para quem vocês estão fazendo o trabalho?*

> *Pergunta sobre finalidade e objetivo como assunto central para organizações sem fins lucrativos.

C: Tenho a impressão de que os trabalhos na associação são tão difíceis e irreais... (*baixa os olhos*). Isso mexe muito comigo. (*Levanta novamente o olhar*)
E eu gostaria de constituir uma associação com pessoas do seu interior. (*O olhar se perde novamente no vazio*)*

> *Chama atenção o fato de a cliente não responder à pergunta. Muitas vezes, as dificuldades para formular uma questão são um indício para um sentimento de terceiros.

T: Qual é exatamente a sua questão?

C: Hoje cedo a minha questão era a seguinte: Gostaria de saber onde está o meu lugar nessa associação. Sou a Vice-Presidente e gostaria de saber qual é a minha atribuição...

T: ...e agora?

C: Então vejo a associação como um todo e não sei para onde ela tende ou se ela está se dissolvendo.
(*Pausa*)
E minha pergunta é: Vale a pena investir tanta energia, tanto trabalho, apesar de eu não querer essa associação?

T: Você já se decidiu?

C (*pensa muito, depois diz hesitante*): Acho que já foi decidido por mim. Queria ter tempo... (*Pensa por mais tempo, o treinador lhe dá muito tempo para pensar*) ...para saber o que devo responder.

(*O treinador aponta para a área de constelação*)

> *Não somente o problema é incerto, mas também o motivo para constelar está pouco concreto.

C: Agora, aqui, você acha? Não, vou esclarecer isso daqui a pouco.*

T: Muito bem. A questão é: de quanto tempo você precisa para se decidir?

C (*decidida e clara*): Uma semana!

T: Certo! (*Acenando com simpatia para a cliente*) Obrigado, é isso.

(*A cliente aparentemente não quer deixar a cadeira de cliente*)

T: O que está acontecendo agora?

C: Não, eu não quero constelar, mas eu quero esclarecer isso para mim nessa semana.

T: Certo. (*Diz para o grupo*) Em uma situação como essa é importante dar algum tempo e espaço ao cliente, para que ele possa esclarecer a questão para si mesmo.
A pergunta dela na verdade é: Devo sair ou não? Se, por exemplo, em uma constelação dessas eu tiver a impressão de que isso não faz sentido, ou não vai funcionar, independente do motivo, então eu me retiro.
Aqui na entrevista foi interessante que ela não respondeu à pergunta "Para quem vocês estão fazendo isso?" Uma pergunta tão simples: para quem vocês estão fazendo isso. Mas essa pergunta ela aparentemente nem notou ou não soube responder nessa situação.
Isso, por sua vez, confirma o meu pressuposto, que eu já mencionei muitas vezes aqui, ou seja, de que nessas associações o objetivo é perdido de vista e depois as coisas ficam difíceis. Ou seja, neste caso a questão também é: essa associação de incentivo perdeu o seu objetivo e, portanto, está tão difícil?
(*Diz para a cliente*) Posso lhe fazer mais uma pergunta?

C: Pode.

T: Ao final da entrevista, quando eu disse: É isso, você disse: Gostaria de esclarecer algo. (*A cliente confirma com a cabeça*) O que você queria esclarecer? Qual é a sua questão, depois de ouvir isso?

C (*pensa um pouco e fala com voz séria e triste*): Sinto-me muito responsável pela instituição que constituí. Muito.

T: Sim. E o que você quer esclarecer?

C (*pensa, depois responde com voz clara e rápida*): Quero clareza sobre o que nós fazemos lá. E o que é (*enfatizando*) minha tarefa! Onde está o nosso foco!

T: Está bem. Gostaria de fazer um teste. O que acontece quando você diz: Para poder sair eu preciso de uma autorização!
Deixe-me explicar: Se eu ajudei a constituir algo e o projeto está terminando, são gerados conflitos de lealdade; um sentimento de responsabilidade por aquilo que ajudamos a construir; ou seja, pela associação e seu destino no futuro.
Por um lado, há a tendência de pensar: Ah, isto é chato, gostaria de ir embora. Por outro lado, como co-fundadora existe certo sentimento de lealdade. Então, o que a pessoa às vezes precisa é de uma espécie de autorização, para saber: Tenho a permissão para ir embora.

E, às vezes, essa permissão, que as pessoas só podem dar a si mesmas, depende de como avaliamos o que acontece lá. Uma constelação, nessa situação, teria somente a finalidade de esclarecer se, com base no conhecimento do que acontece lá, a pessoa pode se dar a permissão de partir.

No entanto, o engraçado é que ela justamente não disse isso – foi somente a minha interpretação. (*A cliente acena com a cabeça, concordando*) Agora que eu estou falando isso, recebo a confirmação dela.

Então agora já sei um pouco mais. Ou seja: apesar de eu ter dado a ela bastante tempo para pensar e apesar de ela estar pensando há algum tempo, foi muito difícil formular isso sozinha. Ou seja: Vale a pena investir energia aqui, tenho a autorização de partir de mim mesmo? Isso não foi tão fácil para ela.

Isso agora eu gostaria de considerar como uma dica para o que acontece nessa associação: muita nebulosidade, muita incerteza.

(*Faz um pequeno intervalo, olha calmamente para a cliente e aguarda*)

C (*diz pensativa, um pouco triste*): Sim.

T: Gostaria agora que você formulasse novamente qual é a sua questão, o que deverá ser esclarecido. Está bem?

C (*pensa e depois diz com voz clara e forte*): Sob estas condições, o modo como nós fundamos a associação, não quero mais realizar essa tarefa! (*Pausa*) Tenho a impressão de que fui convencida a fazer algo. E isso eu não quero.

T: Certo. (*Diz para o grupo*) Depois de tudo o que eu disse agora, sobre o objetivo com o qual poderíamos fazer uma constelação, ela diz a frase: Sob estas condições não quero mais fazer parte da diretoria. Para que você precisa de uma constelação? Não precisa. É isso.

Mas o interessante foi quando eu lhe disse, pense sobre isso durante uma semana, ela ficou sentada e disse: Não, não quero! Então, o que afinal está acontecendo?

Aqui é necessário tomar uma atitude da qual se tem um pouco de receio. E, em vez da ação, ela tem um sentimento. E em vez de realizar a ação, ela quer constelar. Mas a princípio, depois dessa entrevista, tudo ficou claro. Pois eu tenho a sensação de que a sua energia estava mais forte quando ela disse: Sob essas condições não vou fazer isso!

E ali estava a força. Era o momento para dizer: Certo, já chega. Terminamos por aqui.

Pois se aqui existe uma necessidade de constelação, então se trata de uma necessidade de constelação objetiva, ou seja, existe a necessidade de esclarecimentos para o sistema. Mas isso é diferente da necessidade de esclarecimento e constelação subjetiva da cliente. Neste caso, a vontade subjetiva de esclarecimentos da cliente não foi decisiva. Havia uma necessidade de constelação, mas somente objetiva. Para a cliente isso, ao menos no momento, não é o mais importante.

Então, terminamos.

Constelações no contexto de consultoria

O mais importante para um consultor é reconhecer e esclarecer os próprios padrões e emaranhamentos – especialmente a triangulação e a parentificação. Somente esse esclarecimento permite uma resposta adequada à questão que baseia nossa atividade: "Quem sou eu, como consultor?"

Enquanto esses padrões não forem resolvidos, o consultor está:

a) Sujeito a assumir uma responsabilidade que não lhe compete.
b) Arrogante, no sentido de já desqualificar os que estão procurando consultoria somente por necessitar de consultoria.
c) Ele tem a tendência de tratar os colaboradores como irmãos, em relação aos quais ele tenta se mostrar como um pai melhor (como diretor da empresa).

Ele só pode aproveitar sua competência se deixar para trás a síndrome do ajudante, não procurar culpados, mas sim, soluções. Não se deixa envolver em uma coalizão e pode manter uma perspectiva externa, que pode ser uma ajuda, junto com a sua qualificação profissional.

Outro ponto importante no contexto de consultoria é a capacidade de reconhecer quando há necessidade de treinamentos e medidas de qualificação, e quando há necessidade do esclarecimento de emaranhamentos sistêmicos. Hoje em dia há muito pouco conhecimento sobre emaranhamentos sistêmicos em empresas (formação de equipes, treinamentos de gerenciamento e comunicação etc.) nas quais, na verdade, haveria necessidade da solução desses emaranhamentos. Os emaranhamentos sistêmicos evidenciam-se no plano da comunicação, mas não têm lá a sua base. Como isso não é visto, fica óbvio procurar medidas na área de comunicação.

Muitas vezes podemos observar que nós, como treinadores, somos solicitados a realizar medidas que já foram realizadas sem sucesso, da mesma forma ou de forma semelhante por outros treinadores e que, muitas vezes, a atuação dos outros treinadores é comentada com desdém ("Eles não foram muito eficientes"). Ao mesmo tempo, o novo consultor recebe a mensagem de que ele agora deverá finalmente fornecer uma solução.

Em vez de considerar os colegas incapazes, o consultor deverá pensar se nesse caso convém mesmo seguir pelo caminho trilhado. Assim, o consultor muitas vezes se vê diante da difícil situação de explicar ao contratante em potencial que a tarefa, da forma como lhe está sendo atribuída, dificilmente poderá ser concluída com sucesso e que a primeira parte da consultoria já consiste em reformular a tarefa de forma adequada. Nessa reformulação, o ponto decisivo é que ninguém pode ficar excluído. Cada um é potencialmente parte do problema, inclusive o próprio contratante.

Se essa reformulação do contrato não for possível, a aceitação não parece ser muito sensata. Isso, muitas vezes, colide com os interesses existenciais econômicos do consultor. Para esse conflito não há solução ideal; ao contrário, o consultor precisa de uma grande parcela de auto-reflexão e, caso necessário, de supervisão sistêmica para manter a clareza sobre o seu próprio papel no contexto de consultoria ("Quem sou eu, como consultor?"). Isso, segundo minhas experiências, só pode ser garantido com a supervisão contínua dos consultores. Os autores têm o costume de constelar cada contrato, antes de eles o aceitarem, para garantir essa clareza.

A tendência de um grande sistema de se apoderar do consultor não pode ser subestimada em sua força e, por isso, a atenção e a supervisão mútua de colegas é indispensável para o consultor.

ESCLARECER O MEU PAPEL COMO CONSULTOR E TREINADOR
10ª CONSTELAÇÃO

* De acordo com o C, há um vínculo mais ou menos forte entre a incerteza como consultor e sua disposição pessoal. Uma disposição que evoca problemas pode, mas não precisa, ter sua origem em um emaranhamento sistêmico do cliente. Isso significa, mesmo que o contexto do trabalho aqui documentado tenha sido declarado claramente como sistêmico-dinâmico, e mesmo que o próprio cliente aponte para um emaranhamento sistêmico, o consultor deverá sempre considerar, além dos planos sistêmicos, também os outros planos (comunicativos). Nem tudo tem uma origem sistêmica!

* A primeira hipótese de direcionamento aponta para um denominado contrato "envenenado", no qual as competências da empresa são passadas de forma aberta ou oculta para o consultor contratado.

Cliente: Acabei de fechar a primeira fase de um contrato com uma grande organização e não tenho clareza sobre o meu papel ali. Sinto também que isso tem algo a ver comigo.*

Treinador: Você trabalha lá como consultor?

C: Isso. A organização tem no total 11 mil empregados, e desse treinamento participa uma unidade de 70 pessoas. Fui contratado pela... (o cliente suspira deprimido) – já sinto que a história começa aí.

T: Você já suspira quando diz: "Fui contratado."

C: Eu mesmo fui lá, ofereci o meu trabalho e o pessoal do desenvolvimento central de pessoal ficou entusiasmado. Não sei se estavam entusiasmados comigo, mas suponho que sim.

T: Uma suposição que nós temos é a seguinte: Se o cliente está tão entusiasmado em obter um consultor, então ele normalmente passou uma responsabilidade ou tarefa para ele e está aliviado de ter-se livrado dela.*

C: É isso mesmo. Eles querem mais. Aqueles que me contrataram nem têm possibilidade de interferir no departamento que eu deveria treinar.

T (*vai até o flipchart*): Vou fazer o seguinte. Agora vou primeiramente organizar os fatos e as funções. E depois nós constelamos isso, está certo?

C: Sim.

T: Quem é o contratante?

C: Um gerente de departamento de desenvolvimento de pessoal.

T: E ele o contratou como consultor?

C: Sim, mas isso é um pouco mais complicado. Ele me deu o contrato, mas sou acompanhado por alguém que está abaixo dele na hierarquia. Não sei que função essa pessoa desempenha. Isso para mim nunca ficou bem claro. Ele quase nunca está lá ou acessível.

T: Certo. O gerente que contratou você tem um colaborador que deverá acompanhar você?

C: Sim. E esse nunca está.

T: E você é um consultor externo? (*Cliente acena afirmativamente com a cabeça*) Qual é a tarefa dessa atividade de consultoria?

ESCLARECER O MEU PAPEL COMO CONSULTOR E TREINADOR

C: No início queriam que eu treinasse os colaboradores, para que estes se voltassem mais para o atendimento. Somente os colaboradores, não os diretores! Naquele momento já tive uma suspeita e disse: assim não dá, temos de começar pela diretoria! Então, eu consegui a possibilidade de entrar e fazer uma entrevista, para conhecer tudo e treinar a diretoria em um projeto-piloto. Isso funcionou e eles também estão entusiasmados.

T: E onde estão os diretores?

C: Esse é um segundo departamento.

T: Existe uma diretoria chefiando esse departamento?

C: Sim, existe uma diretoria com diversos gerentes de departamento principais. E um deles é o responsável. Acho que essa pessoa não é tão importante, segundo a minha impressão.

T: Vamos ver. Agora temos aqui essa diretoria – é um departamento paralelo?

C: Sim, e nessa diretoria há uma gerente: mas ela só trabalha meio período, na outra metade do dia ela cuida de seu filho. Para isso ela treinou uma assistente, que praticamente tem poderes de gerenciar o departamento.

T: Essa é aquela, que quase nunca está?

C: Isso mesmo. E há ainda uma secretária para protegê-la. E aqui embaixo tem um departamento que é externo, ou seja, a 10 km de distância, com um gerente de departamento subordinado. E no prédio há mais seis gerentes de departamento. Ou seja, no total são sete gerentes de departamento nesse plano.

T: E esses são os que você treinou até o momento?

C: Isso. Inclusive a gerente de departamento de desenvolvimento de pessoal, ou seja, a gerente de departamento, a assistente e também a sua secretária.

T: E abaixo deles há os colaboradores?

C: Isso mesmo, aproximadamente 70 pessoas, todas as quais eu treinei.

T: Você também treinou todos eles?

C: Sim. Já terminei de treiná-los. Está tudo certo, recebi *feedbacks* excelentes! A partir dessa situação eu fiz uma análise e disse a eles como devemos prosseguir. Ou seja: é necessário um treinamento da diretoria.

T: Bem, você começou com a diretoria, depois continuou com os colaboradores e depois fez uma análise com a sugestão de continuar com a diretoria.

C: Certo. Para realizar a reorganização de forma sistemática. E, nesse momento, a reação foi fria. Bem, tive mesmo a impressão de ter caído na minha própria armadilha. E essa é a minha questão, que eu ainda não compreendo. Ainda não sei o que aconteceu.

193

Constelações Organizacionais

*T testa se o cliente segue um padrão, com o qual ele perde a remuneração pelo seu trabalho, impedindo um sucesso verdadeiro e permanente.
Na perspectiva sistêmica, esses padrões de comportamento de colocar empecilhos em seu próprio trabalho podem representar dicas importantes para eventuais dinâmicas de sucessão ou estruturas expiatórias existentes.

T: Como você sente essa frase: "Gastei de uma vez só o crédito que eu tive tanta dificuldade em conseguir."*

C: Bem, tem algo a ver. Mas ainda não é bem isso.

T: Certo. Só queria testar.

C: O crédito ainda não está perdido.

T: Mas está em risco.

C: Sim. E pelo fato de eu ter sido sincero e honesto. Concentrei-me muito nos pontos fracos e gerei muito pouco entusiasmo. Disse: aqui está pegando fogo. Aqui vocês precisam tomar cuidado! Mas ainda não compreendo o que aconteceu comigo.

T: Acho que agora é melhor olharmos o que a constelação evidencia, o que está acontecendo. Então procure alguém para representar esse gerente de departamento de desenvolvimento de pessoal, depois alguém para essa diretora e um representante para a diretoria.

C: A substituta também é muito importante! Antes de chegar até a gerente sempre preciso passar por ela. Temos conversas muito intensas. São duas mulheres muito inteligentes.

T: Então vou seguir a sua sugestão. Coloque a substituta. E um representante para o plano da diretoria.

C: Um representando todos os sete.

T: Sim. Um que represente de forma típica esse plano.

C: São homens e mulheres muito diferentes.

T: Siga a sua intuição.

(*O cliente pensa e depois escolhe um homem forte*)

T: E ainda alguém para representar os colaboradores.

C (*escolhe uma mulher*): São em sua maioria mulheres.

T: E alguém representando você. Ainda uma pergunta da minha parte: na apresentação para o treinamento, vocês falaram sobre alguma coisa além dos serviços?

C: Sim. Captei isso como informação. Mas internamente eu sabia que eles não tinham o intuito de ir mais além.

T: Eles nem queriam.

C: Devido ao trabalho intensivo realizado com os colaboradores, que foi muito bem-sucedido, e devido ao seminário que realizei com a diretoria, agora praticamente recebi um contrato parcial.

T: Então vamos acrescentar ainda os clientes dessa empresa. Quando se trata do assunto de serviços, isso é obviamente importante. Esses seriam o ponto principal!

(*O cliente escolhe uma mulher jovem e começa a constelar as pessoas de acordo com a sua imagem interior*)

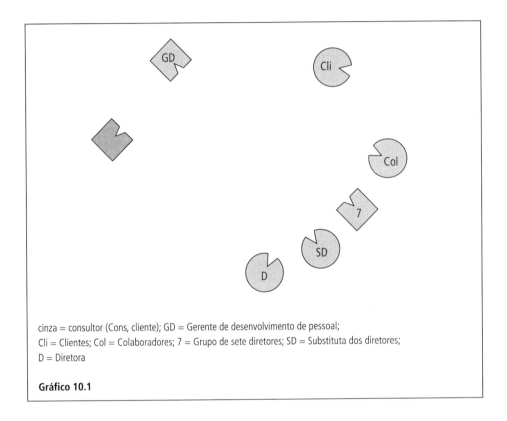

cinza = consultor (Cons, cliente); GD = Gerente de desenvolvimento de pessoal; Cli = Clientes; Col = Colaboradores; 7 = Grupo de sete diretores; SD = Substituta dos diretores; D = Diretora

Gráfico 10.1

(*Questionamento sobre a primeira impressão*)

T: Como se sente a diretora?

D: A minha visão está impedida e meus joelhos estão doendo. Na verdade, quero ir embora, tenho outros interesses.

T: Como se sente a substituta?

SD: A vista para os colaboradores está impedida. Só vejo os clientes. Isso não é bom.

T: Como se sente o chefe do departamento de desenvolvimento de pessoal?

GD: Não muito bem. Não tenho noção (*aponta para a seqüência da D até Cli*). E sinto-me muito influenciado por ele (*Cons*).

T: Como se sente o representante do consultor?

Cons: Tenho a impressão de que eu deveria fazer algo, mas, na verdade, a questão é outra. Tenho um bom relacionamento com os diretores e os colaboradores, tipo: já fizemos algo juntos e foi bom. Mesmo assim há ainda a sensação de que há um outro assunto relevante. Não tenho relação nenhuma com os clientes. E aqui (*apontando para D e SD*) a constelação está um pouco estranha. A diretoria (*D*) parece estar um pouco escondida, a substituta (*SD*) tem mais efeito para mim. E, na verdade, sinto-me um pouco deslocado.

T: Como se sente o representante da diretoria?

7: Primeiro pensei que esse fosse um nível desnecessário. Tentei imaginar o meu futuro. Depois, num ímpeto de autopreservação, pensei que talvez aqueles atrás de mim fossem supérfluos. Bem, alguém aqui é supérfluo!

T: Compreendo. (*Diz para os Col*) Como se sentem os colaboradores?

Col: Tenho muito medo e, antes de tudo, quero ir embora.

T: Como se sentem os clientes?

Cli: Como cliente, no momento, sinto pouca consideração. Tenho a impressão de que há algo acontecendo. Quero ir embora.

T: Ou seja, quanto mais longe da organização melhor?

Cli: E especialmente dele aqui (*GD*).

T (*diz ao cliente*): Só para lembrar: Seu conflito somente ocorreu depois de você ter dado um *feedback* à diretoria.

C: Exato. Foi isso que eu descrevi lá. Essa vontade de ir embora, e que algo teria de acontecer para que aquilo (*apontando para GD e Cons*) se acerte. Isso teria de ser a base e não é possível que se exija mais orientação no atendimento dos clientes, se aqui atrás (*apontando para D até 7*) nada funciona.

T (*pergunta ao C*): Quem teria a possibilidade de decidir tal reorganização?

C: A diretora. Sim, ela poderia.

T: Ela então também estaria acima do departamento de desenvolvimento de pessoal.

C: Ela é completamente autônoma. O plano de diretoria está obviamente acima dela. Mas esse plano basicamente não interfere. É ela quem pode decidir – claro que dentro de um determinado âmbito.

T: Compreendo. (*Vira o Cons e D um de frente para o outro*) Certo. (*Diz para D e Cons*) Olhem um para o outro.

Cons: Isso agora está bom. Acho que está na direção correta...

D: Tenho a impressão de que deveríamos conversar.

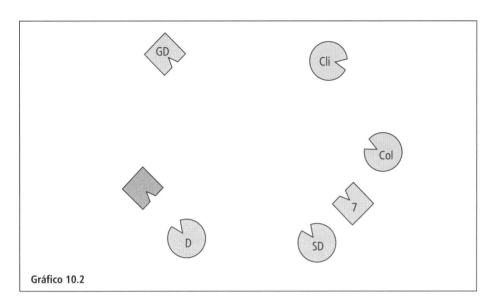

Gráfico 10.2

T (*pergunta ao cliente*): Isso aconteceu?

C: Acabei de combinar isso, tenho uma reunião com ela daqui a alguns dias.

D: Também tenho a sensação de que passaram por cima de mim.

Cons: E eu tenho a sensação de que eu gostaria de falar sozinho com ela.

T: Essa também foi a minha impressão. O que evidentemente teria sido uma boa alternativa, ou o que ainda pode ser feito, seria uma conversa a dois com a diretora. Pois você recebeu um contrato da gerência do departamento de desenvolvimento de pessoal, e esse contrato foi bem-sucedido. Mas agora se trata de um novo contrato, e isso ele não pode mais decidir sozinho. Para esse contrato você precisa de um acordo com essa diretora.

C: É verdade. Na verdade, teria de ter conversado com ela sozinho antes da apresentação, ignorando os demais planos hierárquicos.

T: Exato.

(*O treinador aproxima D e Cons e os coloca de lado, para simbolizar uma conversa a dois*)

Cons e D: Assim está bem.

T: Vou constelar isso primeiro, assim podemos criar um pouco de ordem aqui. (*O treinador começa a reagrupar a imagem*) E pediria que vocês estivessem atentos ao que vocês sentem em relação à proximidade e distância entre vocês. Depois questionarei cada um de vocês.

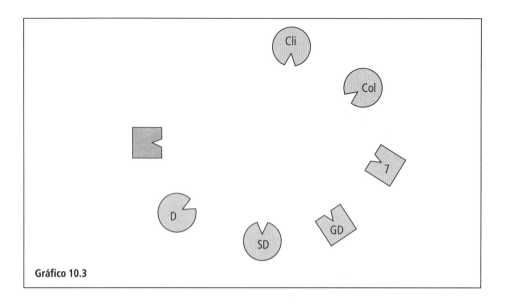

Gráfico 10.3

T (*diz para Cons*): Como você se sente agora nessa posição?

Cons: Agora tenho a sensação de estar na ponta dessa constelação, mas não me sinto muito bem com isso.

T: Vocês poderiam se aproximar um pouco mais e fazer um círculo aqui?

(*Os participantes da constelação o fazem, todos estão aproximadamente à mesma distância*)

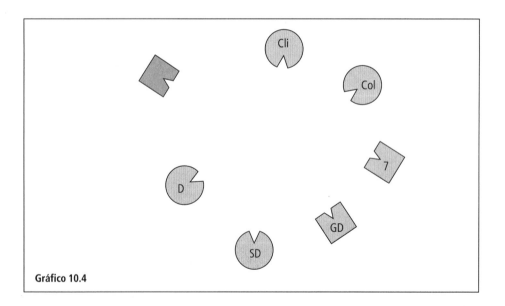

Gráfico 10.4

T: Como vocês se sentem?

Cons: Ainda tenho a impressão de que muita expectativa recai sobre mim.

T: Sim. Vamos fazer uma rodada e depois vamos olhar isso mais de perto.

D: Sinto-me segura e valorizada. E sinto mais força do que antes.

SD: Ambivalente. Sinto uma tensão na sala, mas não consigo identificá-la.

T: Como se sente o gerente do desenvolvimento de pessoal?

GD: Estou ansioso e curioso para saber o que acontece.

T: Como se sente a diretoria?

7 (*suspirando*): Mal. Não há valorização. Sinto-me rejeitada. Rejeitada por ele (*apontando para GD*) e não considerada por ele (*Cons*).

T (*diz para 7*): Isso é um sentimento que já estava aí anteriormente? Já antes dessa nova rodada?

7: Tenho a sensação de que o sistema está procurando um bode expiatório que, no momento, sou eu.

T: Como se sentem os colaboradores?

Col: Tendência para trás. E tenho raiva dele (*apontando para GD*).

T: Como estão os clientes?

Cli: Um pouco apertado. Quase não tenho contato com os colaboradores. Vejo a diretoria (*7*) como dentro de uma nuvem. E sinto que o meu ombro direito me puxa para baixo. É muito negativo.

T: Certo. Parece-me que assim não vamos chegar a lugar algum. Vou tentar algo diferente.*

T (*diz para Cons*): Você mencionou que há algo que não foi dito, o essencial! (*T dá a Cons um peso para segurar*) O que acontece quando ele está aí e segura isso na mão? O que sente a diretora?

D: Fico meio encabulada.

T: Sei, você está olhando para baixo, meio encabulada. Como se sentem os outros?

SD: Já ficou claro mesmo. (*GD e 7 balançam a cabeça afirmativamente*)

(*T coloca Cons e D face a face*)

> * Uma vez que todas as tentativas de esclarecimentos orientados em recursos fracassaram, T analisa a hipótese inicial do contrato envenenado: O consultor recebeu com a sua contratação uma responsabilidade que não lhe cabe como consultor, que ele não pode nem deve assumir.

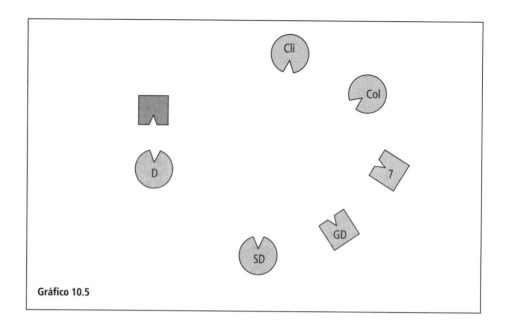

Gráfico 10.5

*O consultor devolve a tarefa ilegítima contida na contratação ao local de responsabilidade e competência. Aquele que assume a responsabilidade de volta a sente como um peso (senão ele nunca a teria entregue), mas, por outro lado, como certo e bom, uma vez que as competências agora estão novamente "em ordem" temos condição para o respeito mútuo.

*Aparentemente essa diretora é mestra em repassar as próprias responsabilidades e ainda precisa de um tempo para se acostumar a carregar o que lhe compete.

T (*diz ao Cons*): Pronto. Vá até a diretora e diga: "Não sei como isso chegou às minhas mãos, mas não é meu. Por isso devolvo isso." (*Cons o devolve*)*

D: Parece pesado, mas é bom.*

(*T coloca Cons e D lado a lado como anteriormente, ver gráfico 10.4*)

T (*pergunta ao Cons*): Como você se sente agora, consultor?

Cons: Estou aliviado (*suspira*). Agora a pressão da expectativa foi embora.

D (*segura o peso com as duas mãos*): Gostaria de passar isto adiante.

T: Para quem?

D: Para a minha substituta.*

T: Até parece! (*o grupo ri*). Não enquanto eu tiver alguma coisa para dizer aqui. (*T substitui o Cons pelo C*)

(*Introdução do cliente*)

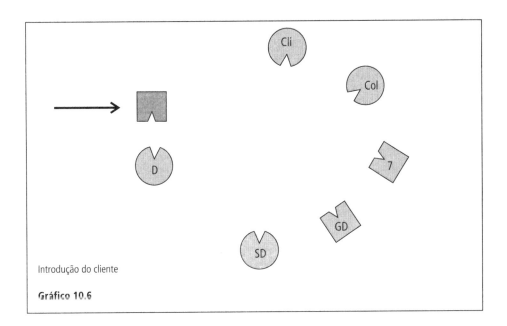

Introdução do cliente

Gráfico 10.6

T (*diz ao cliente*): Isso você mesmo pode fazer. (*Entrega o peso a C*) Diga a ela: "Tenho tendência em aceitar isso. Mas não é meu, por isso o devolvo a você."*

(*O cliente faz o que foi solicitado e entrega o peso a D*)

D: Eu o aceito... (*como uma mãe que carrega um peso para o seu filho*)

T: "...porque é meu."

D: Porque é meu. Está bem assim.

T (*pergunta ao cliente*): Como você se sente agora?

O cliente faz um gesto como se tivesse escapado por pouco.

T (*diz para C*): Uma explicação. Isso é um padrão seu, não é? (*O cliente acena a cabeça afirmativamente*) Se eu fosse você, trabalharia isso. Só porque agora resolvemos a questão nessa empresa não significa que para você a questão esteja resolvida para sempre, tudo bem?

C: Está bem.

(*T troca novamente o cliente e o representante do Cons e vira os dois para o centro do círculo*)

*A frase "Tenho tendência em aceitar isso" não faz parte das frases padrão do ritual de devolução mas, neste caso, foi elaborada especialmente para o cliente, que tem uma forte disposição de entrar em triangulações, de assumir cargas alheias.
Incluído de forma discreta nesse trabalho, a frase nesse ponto talvez possa deixar o padrão mais transparente e menos sistemático.

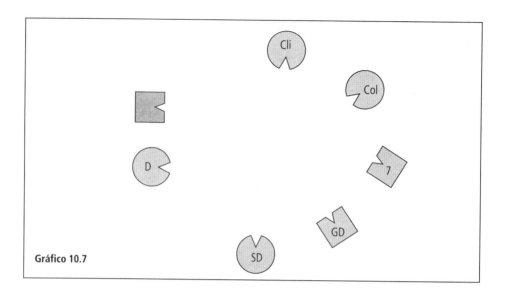

Gráfico 10.7

T (*pergunta para 7*): Como você se sente agora?

7: Melhor.

GD: Também melhor.

SD: Também melhor. Mas ainda gostaria de falar com ele.

T: Sim, então venha aqui e fique diante dele.

(*SD o faz*)

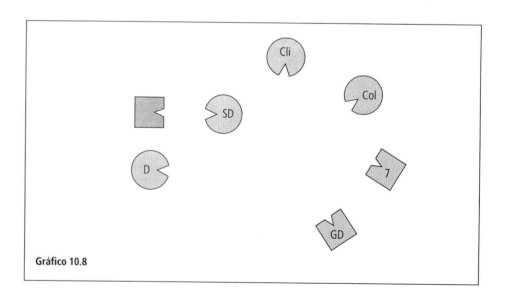

Gráfico 10.8

ESCLARECER O MEU PAPEL COMO CONSULTOR E TREINADOR

T (*pergunta para SD*): Como você se sente olhando para ele (*Cons*)?

SD: Quero fazer algo de bom para ele.*

T: Diga a ele: "Para mim é importante você estar aqui. Precisamos de sua ajuda."

(*SD o faz*)

T: Era isso que você queria dizer?

SD: Sim.

> *Quando a triangulação do consultor estiver resolvida, ou seja, quando estiver claro qual é a sua função e o que ele realmente fez, pode se desenvolver a necessidade de lhe agradecer e honrar sua função e seu trabalho.

T (*pergunta ao Cons*): O que você sente quando ouve isso?

Cons: Estou bem, mas muito distante.*

T (*sorri e se coloca ao lado do Cons*): Diga a ela: "Ajudarei com prazer, mas não vou assumir os seus problemas como meus."

(*Cons o faz*)

SD (*diz com voz decepcionada*): Está bem.

> *A honra do próprio trabalho pode ser aceita com gratidão, sem que isso apague os limites claros.

T (*diz ao SD*): É o que você gostaria de fazer. (*Diz ao Cons*) Foi uma tentativa de colocar algo no seu colo.

Cons: Isso mesmo.

T: Diga a ela: "Uma tentativa não é nenhum crime, mas não funciona mais comigo."

(*Cons o faz*)

T (*diz ao grupo*): Ele é sensível a esse tipo de atitude.

Cons: Sim, mas não estava mais funcionando.

(*SD volta para a seqüência ao lado da D*)

GD: Não sei como, sinto-me como se não estivesse participando disso.

T: Talvez isso seja assim.

GD: De alguma forma, sei lá, supérfluo.

T: Certo. Sente-se.

(*GD sai da constelação e se senta*)

T (*pergunta para 7*): Como você se sente?

203

7: Para mim ficou melhor. Ele (*apontando para Cons*) agora parece mais... imparcial.

T: Isso mesmo. Aproxime-se um pouco.

(*7 fica ao lado de SD*)

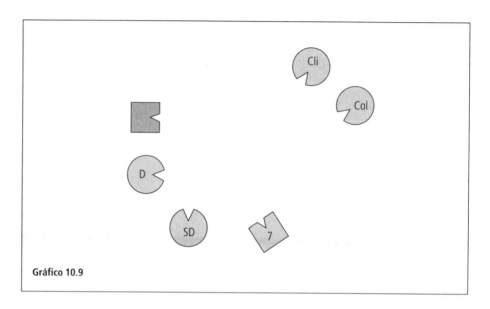

Gráfico 10.9

T: Como se sentem os colaboradores?

Col: Muito melhor desde que ele (*GD*) não está mais aqui. Até com eles (*apontando para 7*) o relacionamento está bom.

T (*pergunta ao Cons*): Você pode se aproximar mais um pouco? (*Cons se coloca perto de D e a observa; T diz a D*) Olhe para ele: Ele não vai pegar isso. Você pode sofrer o quanto quiser.

Col (*diz para D*): Mas você também tem mais perfil.

T: Sim, é claro. Imediatamente ela tem mais respeito. (*Diz para D*) Se você carregar o que é seu, imediatamente você tem mais respeito. (*Diz ao grupo*) E com a atitude que ele (*Cons*) demonstra agora, ele pode prestar uma consultoria corretamente. E se ele não carregar mais isso, sabem o que ele deixará de fazer? Ensinar a vocês!

T (*diz para C*): Quando você carrega algo que é dela (*D*), você assume uma atitude de mestre e isso eles não aceitam. Mas essa atitude de mestre e o papel de advertir, você só assume porque está carregando algo que não lhe diz respeito, tudo bem? No momento em que você não assumir mais isso, a sua informação, o seu *feedback* não tem mais nada de doutrina ou advertência, mas somente de observação – e assim eles podem aceitar isso.

C: De acordo.

D: Agora está mais fácil.

T: Era isso. Vocês podem se sentar. Obrigado.

Discussão posterior

Contratos envenenados

T: Essa constelação foi muito importante, para todos vocês que trabalham como consultores: podia-se perceber isso já na forma como ele descreveu o assunto. Procura-se um consultor que dá a entender que podemos jogar tudo em cima dele e assim ele fica com o problema.

Aqui se desenvolve a arrogância. Quando você (*C*) mencionou que no grupo solicitou as mudanças, seu jeito de falar tinha algo de arrogante. E essa arrogância é, necessariamente, a conseqüência de assumir uma responsabilidade que não lhe cabe. E então estamos numa situação literalmente bombardeada. Por isso é tão importante evitar receber essas atribuições envenenadas, sem logo perder o contrato.

Esse é o medo que está oculto por trás dessa situação: se eu não aceitar essa atribuição envenenada, então não serei contratado. (*Para participante/cliente*) E eu acho que um contrato para treinar de 60 a 70 pessoas no nível de diretoria é bem remunerado, isso é bastante dinheiro. De repente você se assusta, fica um pouco preocupado: se agora eu recusar essa atribuição envenenada, talvez eu perca o contrato! Por isso, internamente, as pessoas tendem a aceitar isso.

Quero dizer: o consultor deverá sempre ficar ao lado do chefe sem carregar nada da responsabilidade dele! Nenhum milímetro. Assim o consultor verá automaticamente seus limites, pois ele não tem nenhum poder de decisão nesse sistema. E, ao mesmo tempo, ele pode utilizar a sua atitude dissociada para fornecer informações preciosas. E uma coisa ficou clara: obviamente fica a cargo da chefia decidir o que ela fará com essas informações.

Sinais de advertência para contratos envenenados

Quer dizer, vocês, como consultores, podem estar certos quando assumirem uma postura acusadora, arrogante em relação ao contratante, ou se tiverem a idéia: "Bem, com relação a esta empresa, eu posso falar cem vezes, que eles não conseguem dar um jeito." Se vocês sentirem algo assim, poderão ter certeza – e certeza absoluta – de que assumiram uma tarefa que não cabe a vocês. Vocês se sentem sobrecarregados e, nessa situação, tornam-se exigentes e arrogantes. E a disponibilidade de aceitar algo que não nos compete foi gerada, via de regra, na própria família, por estarmos triangulados ou parentificados. Ou seja: Como crianças tivemos a experiência de precisar resolver conflitos entre os pais para que houvesse harmonia na família e para que a nossa situação como criança ficasse bem. Se uma criança está triangulada ou parentificada e aprendeu que os pais precisam dela até para poder lidar um com o outro, essa criança já nasceu sendo um consultor. Como consultores, nós é que dizemos aos chefes o que eles devem fazer. Talvez se possa dizer: todos os consultores são triangulados desde a infância! Eles se sentem fundamentalmente atraídos por essa profissão, pois eles procuram as pessoas que, em sua função, são chefes e pais e não dão conta de suas tarefas e, por isso, precisam de um consultor – é isso que sentem os triangulados. E então eles dizem: já percebi tudo, vocês não estão dando conta, vou mostrar para vocês o que deverão fazer! Os chefes ficam aliviados e felizes por terem encontrado um idiota que faz o seu trabalho. E eles entregam ao consultor a parte pior, a carga maior. Agora o consultor está perdido, não tem competência nem autorização. E como ele não as tem, não consegue realizar nada. O que resta? Ele começa a advertir, a ensinar e isso ninguém está disposto a aceitar. Portanto: O consultor cai fora novamente. E, além disso, ele tem a impressão: eu sei melhor do que eles, mas eles não conseguem aceitar a verdade, por isso estão me demitindo.

Part.: "Eles ainda não estão prontos!" (*o grupo ri*)

Como a triangulação se transforma em profissão

T: Exato. Essa é a dinâmica de uma criança triangulada. No caso dele isso já ficou evidente na forma como ele constelou as pessoas, como ele anda: com ar de superioridade! A arrogância já ficou evidente na forma como ele escolhe e movimenta as pessoas. Um andar nobre. Mas aqui também é importante que vocês compreendam que não se trata de uma falta de caráter. É o papel que ele tinha no sistema familiar e que não foi ele quem escolheu. Uma criança não se aproxima de seus pais e interfere por conta própria. Se a criança fizesse isso, os pais que não têm problemas diriam: meu amigo, o papai e a mamãe têm algo a resolver, você pode ir brincar, pois isso não é da sua conta! Mas se, por exemplo, a mãe tem a tendência de dizer à noite, quando põe a criança na cama: "Ah, Pedrinho, o papai é uma pessoa complicada, não é?" O que o Pedrinho pode responder? "Mãe, saia daqui, isso não é problema meu, é problema seu!?" O que ele pode fazer? Imediatamente ele está na coalizão com a mãe contra o pai. Ninguém escolhe isso.

C: Sim, eu fazia isso na minha infância.

T: E como nós fomos socializados nesse padrão, pensamos: ah, esse é o meu papel na vida. E procuramos uma profissão na qual podemos continuar a fazer esse papel. E uma boa profissão para aconselhar chefes ou figuras paternas ou maternas é a de consultor empresarial. Os clientes são chefes, ou seja, pais que não estão dando conta. E agora mostro a eles como se faz. E mostramos a eles de uma forma que eles se sentem pequeninos e fracos. A conseqüência é que eles nos mandam embora.
Mas antes fornecemos treinamentos, todavia só com a nota máxima! Então eles mesmos confirmaram para mim que eu sou bom. E como eles não agüentam isso, eles me mandam embora.

Conseqüências da solução de triangulações

Esse é um padrão que, obviamente, pode ser repetido para sempre, se quisermos. Mas não é necessário. A solução é então trabalhar a triangulação da família de origem. Assim fica possível desenvolver uma atitude na qual podemos agir como consultor, sem arrogância, sem onipotência e a sensação de que o mero fato de precisarem de mim já desacredita o outro. E, ao mesmo tempo, quando não formos mais arrogantes, poderemos realmente investir na própria força, na verdadeira capacidade, sem que alguém seja julgado.

C: No ano passado comecei a procurar outros campos de atividades, fazer outras coisas e não aceitar mais esses contratos enormes. Mas não é a solução. Sei que eu posso fazer essas coisas com sucesso, mas fujo porque sinto que não é meu papel. Não gosto desse papel, não me sinto bem nele. Isso significa que não estou investindo na minha própria força.

T. É isso. Exatamente. E a solução é bem simples. Você constela o seu sistema familiar e resolve a triangulação. Você está sendo incluído em algo que não é seu. É só isso. Assim que você tiver resolvido esse problema, você pode fazer o trabalho sem ter de aceitar internamente essas atribuições escondidas! (*C balança a cabeça afirmativamente*)

Part.: Então o sistema deixa com ele, isto é, com o consultor, os problemas que esse, na verdade, deveria resolver; assim eles mesmos não precisam lidar com o assunto.

T: Exato.

Part.: Os clientes o procuram, ou seja, um consultor que ainda está triangulado?

T: Essa é uma boa pergunta. Pode ser que ele não receba mais determinadas tarefas. Mas pode ser também que agora ele irradie tanta independência, que os clientes percebam que, com ele, poderiam resolver muito mais assuntos do que aceitar um consultor que simplesmente assuma tudo. Pois, afinal de contas, essa não é solução, e sim só um pequeno alívio. Ele se tornará um consultor mais exigente, mas que acabará ajudando. Pois o outro nem sabe ajudar nesse aspecto.

COMO POSSO ESTABELECER MINHAS METAS PROFISSIONAIS?
QUAL É A MINHA META?
11ª CONSTELAÇÃO

Treinador: Qual é a sua questão?

Cliente: Minha questão é que eu preciso tomar algumas decisões sobre o rumo que devo dar ao meu futuro profissional. No momento tenho três possibilidades: em primeiro lugar, um cargo como diretora; em segundo lugar, uma atividade como consultora em um foro de treinamento. Em terceiro lugar, assumir os dois cargos, completamente sozinha e independente, ou seja, ser autônoma.

T: Certo, essas são as linhas gerais.

C: A questão que eu gostaria de esclarecer é a seguinte: em qual dessas três possibilidades conseguirei alcançar o meu objetivo. Ou será que eu conseguiria em duas de três? Quero adquirir mais clareza sobre qual das três possibilidades seria um bom futuro profissional para mim!

T: Está bem. (*Vai até o flipchart*) Então vamos desenhar. Você tem três possibilidades: A primeira seria um cargo como diretora. Você já sabe para que empresa você iria?

C: Trata-se de uma organização que está sendo constituída. É uma proposta que eu recebi.

T: Essa organização é econômica ou social?

C: Ambos.

T: Isso significa o que exatamente?

C: Não quero falar sobre isso em público. Mas eu sei como ela será organizada.

T: Compreendo. E você participaria da constituição?

C: Sim. Eu teria uma participação considerável na constituição.

T: Então vou colocar aqui "diretora de uma organização". E a segunda opção seria participar da associação de treinadores mencionada, já existente.

C: Exato. A associação existe como empresa registrada e consiste de um homem, duas mulheres e, possivelmente, eu.

T: Certo. E a terceira possibilidade seria trabalhar como autônoma. (*Diz ao grupo*) Para visualizar a dinâmica sistêmica dessa associação de treinadores, assim como a atividade como diretora, obviamente não podemos constelar somente a atividade propriamente dita. Por quê?
Na associação de treinadores está claro: um homem, duas mulheres! Mas ainda não está claro se eles estão no mesmo nível ou qual a relação entre eles. E no trabalho de diretoria

também não está claro quem está acima de quem! Ela está dirigindo uma pessoa, um consórcio, uma associação ou o que quer que seja.
(*Diz para a cliente*) Por isso ainda precisamos de algumas informações.
Vamos começar com a diretora. Como você se encaixa na estrutura econômica ou social? Haveria alguém acima de você? Em caso positivo, quem?

C: Sim. Há uma organização que deverá decidir se eu terei o cargo de diretora ou não.

T: Então você depende dessa organização. E quem preside essa organização? Um homem ou uma mulher?

C: São vários homens e mulheres.

T: Com os mesmos direitos?

C: Sim, homens e mulheres têm os mesmos direitos. Mas, em momento, não posso dizer quantos ou quem preside.

T: Bem, essa situação no momento é um pouco confusa.

C: Sim.

T: Na associação de treinadores a situação parece ser mais clara. Então vamos verificar primeiro se essa alternativa tem chance de funcionar ou não. Está bem?

C: Sim. Aqui posso dizer mais alguma coisa. O homem é o chefe absoluto. Das duas mulheres, uma é a sua esposa. Ela também tem uma organização própria dentro da associação. E a outra é uma treinadora que eu conheço pessoalmente e que é amiga dos dois.

T: Certo, então temos de separar esta parte como parte independente, para que a hierarquia fique mais clara. Que função tem a esposa?

C: Ela dirige o seu próprio departamento. Mas, em princípio, ela está na hierarquia abaixo dele. Ela é chefe de departamento e está abaixo dele.

T: E qual é o departamento?

C: Office-Management. É a sua área de treinamento.

T: Certo. E a outra treinadora...

C: ...ela também atua na área de office-management. Mas ela não recebe o trabalho somente do chefe e de sua esposa. Ela também tem seus próprios clientes.

T: Muito bem. Essa é a treinadora! Qual seria a sua posição nessa associação de treinadores?

C: Relativamente livre. Mas com a exigência de atuar primeiramente na área do office-management.

T: Então você não dependeria muito da hierarquia da sociedade, mas trabalharia primeiro como treinadora autônoma?

C: Exato. Mas, primeiramente, preciso esclarecer algumas coisas. É isso que eu preciso descobrir!

T: E quem seria responsável por orientar você?

C: Ela! A esposa.

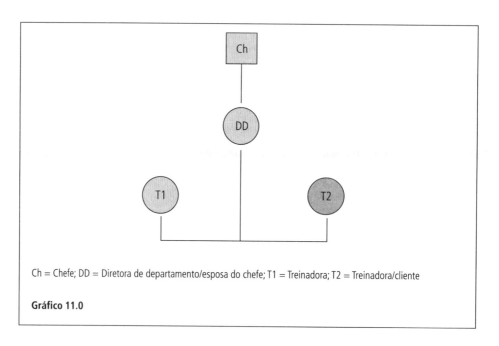

Ch = Chefe; DD = Diretora de departamento/esposa do chefe; T1 = Treinadora; T2 = Treinadora/cliente

Gráfico 11.0

*Quem precisa de quem para quê? Esse é um dos assuntos centrais na fusão e formação de associações. Só quando a necessidade mútua estiver bem equilibrada, essa união tem uma chance de dar certo. Se as necessidades forem muito distintas não há compensação a longo prazo, o que gera insatisfação e distúrbios que, em última análise, destroem as relações tanto no plano profissional como no pessoal. Muitas vezes a necessidade é considerada um defeito e, por isso, escondida; age-se como se não houvesse necessidade do outro. A desonestidade inicial ainda impede outros diálogos abertos sobre desejos, exigências etc.

T: Ótimo. Nesse contexto, falta ainda uma pergunta decisiva: quem precisa de quem para quê?*
Para que você precisa dessa empresa, para que a empresa precisa de você?
Neste caso, trata-se de uma área na qual você trabalha autonomamente. Para que você precisa dos outros?

C: É verdade, essa é uma pergunta importante. Para mim é um contato muito importante para que eu possa oferecer o que eu tenho para oferecer no âmbito de uma associação de treinadores!

T: Então eles praticamente fariam o seu marketing?

C: Isso.

T: Ou seja: eles encontram os clientes. Fazem a aquisição.

C: Isso mesmo. Mas eu também decido sobre o conteúdo, o que entrará no programa oferecido e como será apresentado!

T: Esse ponto está completamente esclarecido; que eles adquirirão os contratos para você?

C: Sim. No momento em que eu confirmar a minha participação, sim.

T: E como ficaria a situação financeira?

C: Essas são questões ainda em aberto. Há muitos detalhes a serem esclarecidos, por isso estou insegura de como seria a organização.

T: Certo. E a segunda pergunta: para que eles precisam de você?

C: Eles têm determinados projetos dos quais não conseguem dar conta pelo volume de serviço. Além disso, especialmente na área de desenvolvimento de pessoal, eles não têm a mesma experiência que eu. Por isso precisam de mim.

T: Então haveria a possibilidade de uma troca. Com isso a possibilidade de ser treinador em uma associação está esclarecida.
Agora a questão do trabalho autônomo como terceira alternativa. Como isso deve funcionar, como você imaginou que poderia ter sucesso nesse campo?

C: Ainda estou na fase de construção, ainda não tenho muita clareza!
(*Com uma voz um pouco sonhadora*) Sei que há uma sensível atração para essa atividade. Com base na grande quantidade de treinamentos que eu fiz, já tenho uma idéia de como poderia ficar. Mas meus planos ainda não são muito concretos. Gostaria de fazer especialmente o *coaching* individual.

T: Parece que você ainda não tem um plano concreto para chegar aonde quer chegar!

C: Isso mesmo.

T: Esse plano, no momento, pode ser visto mais como um desejo ou um sonho.

C: Sim. Mas a minha sensação já é um pouco mais forte. Algo me puxa para lá. Mas a minha dúvida é: qual das três possibilidades devo escolher, qual pode ser realizada? Não faz sentido investir o meu tempo na opção errada, correr atrás de algo e depois não poder aproveitar nada além de uma experiência de aprendizado.

T: Se você examinar agora os seus sentimentos... qual das três possibilidades você escolheria?

C (*sorri*): É exatamente isso que eu não sei no momento.

T: Então todas as três opções têm a mesma força?

C: Sim. Todas as três são atraentes!

T (*explica ao grupo*): Vou começar com a associação de treinadores como proposta concreta e com a dúvida: isso tem chance de dar certo? Senão a constelação ficaria muito comple-

xa e confusa. Se ficar evidente que esse plano não funcionará, a primeira opção já fica cancelada.
(*Diz à cliente*) Então coloque os seguintes representantes: para você, para a diretora de departamento, para a treinadora e alguém para representar o chefe.

(*A cliente escolhe e constela as quatro pessoas*)

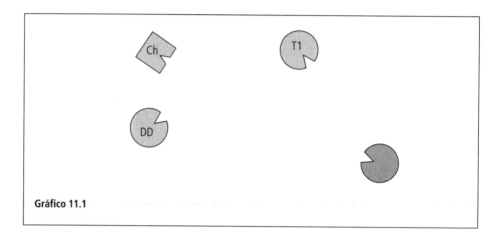

Gráfico 11.1

T (*diz para o chefe*): Como se sente o chefe?

Ch (*a voz está um pouco fina e aborrecida*): Tenho o meu próprio negócio, é claro! E tenho a sensação de que preciso dar uma boa organizada nesse negócio. Há algumas pessoas incompetentes aqui na empresa. (*Com raiva*) E preciso arrumar isso aqui!

T: Como se sente a esposa e diretora de departamento?

DD: Quando ela entrou, fiquei feliz! Depois não gostei que a nova treinadora tenha sido empurrada para longe. Com ela (*aponta para a treinadora 1*) tenho a impressão de que algo não está certo. E isso me deixou confusa. E com ele, com o meu marido, tenho pouco contato.

T: Certo. Como se sente a treinadora?

T1: Estou muito nervosa e emocionada por dentro. E tenho muita vontade de sair daqui! Quando ela (*treinadora 2*) entrou, dei graças a Deus por não estar sozinha! Mas ela não olhou para mim. E assim o impulso de sair aumentou ainda mais.
E quando ele diz: "Aqui há muitas pessoas incompetentes!", acho que ele está se referindo a mim. (*Muito aborrecida*) Mas por que ele não diz isso para mim diretamente? O melhor seria sair daqui de uma vez!

T: Para onde você olhou antes de ela entrar?

T1: Para essa mesma direção, para fora.

T: Como se sente a cliente?

C (*balançando a cabeça*): Triste! Tenho muito enjôo. Quase não agüento.

(*O treinador muda a imagem e altera a posição da esposa/diretora de departamento*)

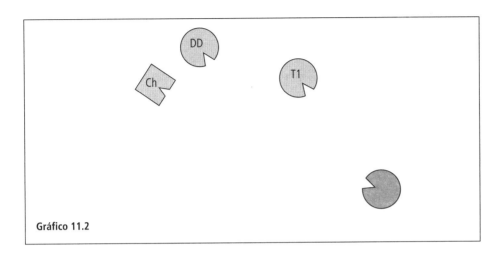

Gráfico 11.2

T: Como você se sente nessa posição?

DD: Em geral, ainda me sinto mal. A situação agora mudou pouco. Porque eu acho que aqui (*apontando para T1*) tem algo errado!

(*O treinador muda novamente a imagem*)

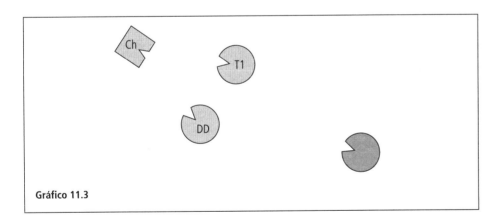

Gráfico 11.3

T (*diz para o chefe*): O que acontece quando você olha desse modo para a sua colaboradora?

Ch (*apontando para DD*): Aqui tem algo errado, aqui algo precisa ser resolvido. (*Apontando para a diretora de departamento, sua esposa*) Isso não tem nada a ver com ela (*apontando para T1*), ela deve ficar fora disso!

T: Está bem.

(*O treinador muda a imagem*)

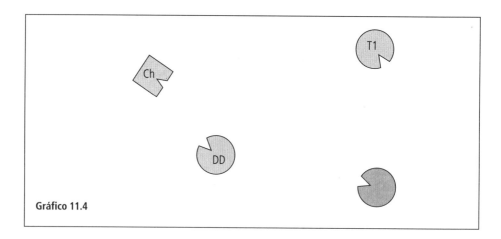

Gráfico 11.4

T (*diz ao grupo*): Deixem-me explicar rapidamente o meu procedimento: O que, no momento, seria uma idéia para uma nova constelação? Uma idéia seria esclarecer o que há entre o casal, para que a cliente possa ver isso. Mas, por outro lado, essa não é a questão da cliente.
Então, antes de entrarmos num ativismo precoce, poderíamos pensar: O que seria mais certo fazer aqui?
A dúvida da cliente é: há para ela uma possibilidade de trabalhar com sucesso nessa associação de treinadores? O lugar que ela tem no momento está insuportável.
Então qual é a única ação sensata que podemos ainda fazer nessa constelação?
Uma confrontação com o chefe, com o proprietário da empresa! Ou seja, constelar os dois, um diante do outro.
Seria irrelevante esclarecer na constelação o relacionamento do casal, uma vez que ela não possui a mínima influência sobre isso!
A questão relevante é: existe para a cliente uma possibilidade de contato com o chefe, de tal forma que ela fique fora da briga existente e lhe permita um lugar próprio ou não? Vamos testar isso agora. Assim vemos o que acontece!

(*O treinador muda a imagem*)

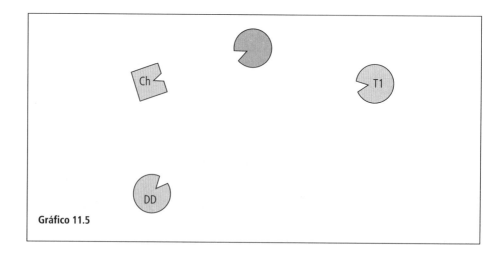

Gráfico 11.5

COMO POSSO ESTABELECER MINHAS METAS PROFISSIONAIS? QUAL É A MINHA META?

T: Como você se sente aqui diante do chefe?

T2: Tenho pouco relacionamento com ele.

T: Então colocarei você um pouco mais para a frente, para que fique no campo de tensão.

(*A cliente se aproxima mais do Ch*)

T: Como você se sente agora?

T2: Assim está melhor. (*De ombros caídos*) Estou aqui parada e estou triste.

DD (*comenta espontaneamente e com muita raiva*): Não gosto disso assim! Dela assim perto dele!

T (*controlando*): Tudo bem, mas isso não vem ao caso agora!

(*Diz para o grupo*) O que aconteceu agora é algo muito importante, que está sempre sujeito a acontecer em constelações: ela, a diretora do departamento, representa uma determinada pessoa. E agora ela percebe um sentimento. Esse sentimento a leva a fazer esse comentário. De dizer algo mesmo sem ter sido perguntada!
Isso não tem problema. Para o constelador é um indício importante: opa! nessa situação a coisa começou a esquentar.
Nesse momento, é importante não abrir mão da liderança. Se permitirmos às pessoas interferirem espontaneamente, perdemos o controle da constelação. Se isso acontecer algumas vezes, todos terão a impressão: posso falar o que eu quero! Bem, o que seria uma forma de reação adequada perante essa afirmação?
Aqui seria errado falar: "Entendo os seus sentimentos." Nada de terapias individuais, isso não é tarefa de um constelador. Em vez disso, pode-se dizer: "Certo, veremos isso mais tarde!" Isso significa que podemos constatar o fato, expressando-o de forma não-verbal: "Mas não agora!" Uma regra do controle de constelações é manter as intervenções curtas.
(*Diz para a nova treinadora*) Como você se sente quando vê o chefe?

C: Eu acho que poderíamos entrar em um acordo para trabalhar juntos, mas quando ouvi o que ela disse agora há pouco, tive as mesmas dores de estômago de antes, na entrada. Bem, não tenho motivo para ficar aqui antes que isso esteja bem esclarecido!

T: Exato, tenho a mesma impressão.

DD (*diz espontaneamente de trás*): Que pena!

Ch: Bem, poderíamos trabalhar juntos, mas antes preciso esclarecer algumas coisas.

C: Algum dia talvez. (*Aliviada*) Agora posso ir embora. E assim tudo está esclarecido!

T: Exato.

(*Os representantes sentam-se e a cliente senta-se novamente na cadeira de cliente*)

CONSTELAÇÕES ORGANIZACIONAIS

T (*diz para o grupo*): O que isso significa agora para o trabalho dela? Qual é a conseqüência prática dessa percepção?

Bem, verificar com o chefe em um diálogo se um trabalho em conjunto é possível. Pois aqui algo precisa ser esclarecido. O importante é que precisamos sempre perguntar: O que a cliente pode fazer com essa informação?

Ela foi contatada pela treinadora, intermediada pela esposa, estava num lugar no qual o representante disse: minha impressão é que aqui algo deveria estar diferente!

Isso significa que ela faz parte de um conflito existente. Como figura que basicamente deverá estabelecer um contraponto no móbile dos relacionamentos.

Ela não tem vontade de trabalhar lá porque o ambiente está muito carregado; ao mesmo tempo, ela só poderá trabalhar lá se sair desse campo de força.

Isso significa que ela não tem poder nem direito de dizer ao chefe: esclareça algumas coisas com a sua esposa!

Então uma opção seria solicitar uma entrevista com o chefe. Qual poderia ser o assunto dessa reunião?

Uma tentativa inadequada seria dizer a ele que ele deveria esclarecer o problema com a sua esposa. Nesse caso, ela teria um papel de *coach* e não de colega.

Como colega ela não pode dizer: antes que eu comece a trabalhar com vocês, acho que você deveria esclarecer algo com a sua esposa.

Qual é o resultado da constelação?

Part: Desistir do emprego.

T: Isso talvez seria um pouco simples demais. O que seria mais urgente? Na situação da procura de emprego ela obviamente está sempre sujeita a entrar nessas jogadas. Ou seja, ela deveria desenvolver uma defesa natural contra essas propostas incertas de modo que nem entrasse nessas jogadas, e as situações incertas nem acontecessem com ela. (*Pergunta à cliente*) Assim está bem para você?

C: Está.

T: Obrigado. Você pode se sentar.

Discussão posterior

T: O que podemos aprender especificamente com essa constelação?

Para a condução de uma constelação vale: se algo estiver incerto na descrição da situação sistêmica então é sempre necessário perguntar, mesmo que não houver necessidade de perguntar!

E é necessário considerar a situação atual de vida: A cliente está construindo uma nova existência econômica, então ela está sujeita a ser vítima de jogadas.

Então: muita concentração, não tomar decisões precipitadas, eventualmente pensar em voz alta. Ou também, dizer simplesmente ao cliente: "ainda não ficou bem claro qual é a questão aqui!", em vez de se perder em frenesis e falta de comunicação.

Também é importante para a constelação: nunca perder de vista o problema de seu cliente!

Uma constelação tem progresso e densidade energética se o objetivo, a dúvida como motivo principal, sempre estiver em vista.

216

Part: Imagine se ouvimos tudo isso e dizemos: "Não é nada disso." Então não se deve constelar?

T: Para mim faz muita diferença se a própria cliente perceber que essa constelação não funciona ou se o treinador diz isso a partir de sua experiência verdadeira ou suposta ou até mesmo a instrui desse modo.

A cliente não percebeu que estava sendo seduzida para um jogo. Em vez disso, teve a sensação: "O mundo precisa de mim, aqui posso salvar alguma coisa!"

O aspecto terapêutico de seus motivos talvez devesse ser visto como sentimentos primários perturbados, como uma "salvadora!". Esse seria o princípio correto para continuar o trabalho com ela.

Certo, é isso.

Terceira Parte

Trabalho com Constelações

O Metaformato do Trabalho Sistêmico de Constelações

Depois de abordar o trabalho de consultoria organizacional sistêmico-dinâmica a partir de uma perspectiva teórico-sistêmica para apresentar, na segunda parte, o trabalho prático, queremos agora, na terceira e última parte, resumir sob aspectos muito pragmáticos e orientados para a ação, as questões relevantes para o trabalho desse tipo de consultoria.

O assunto principal desta terceira parte pode ser delimitado em dois aspectos: por um lado, pretendemos detalhar um pouco mais as técnicas e as etapas de solução documentadas na segunda parte. Por outro lado, queremos inserir os passos individuais que foram realizados sistematicamente nesse caminho em um formato completo, em um padrão superior na estrutura geral da consultoria organizacional sistêmico-dinâmica. A intenção desta terceira parte é, portanto, dupla: a elaboração e apresentação de detalhes sobre a técnica de trabalho e a referência e inserção desses detalhes numa sistemática de ação que proporciona o âmbito da consultoria organizacional sistêmico-dinâmica.

No que se refere a este último aspecto de sistematização, partimos primeiramente da estrutura mais geral, na qual o processo sistêmico-dinâmico pode ser formalmente apresentado: o denominado metaformato. Esse metaformato fornece, como diretriz básica, a orientação inicial e maior de como o trabalho de consultoria sistêmico-dinâmico pode ser estruturado numa seqüência claramente dividida em unidades de ação. Ou ainda: O metaformato pode ser considerado como o esquema geral do processo; como diagrama de fluxo de orientação de qualquer trabalho sistêmico; como um esquema formal e, portanto, abstrato, que deverá ser, respectivamente, preenchido nos capítulos seguintes com conteúdo concreto, ou seja, orientado para a aplicação. E estar orientado para a aplicação significa, neste contexto, as condições técnicas e comerciais necessárias que podem ser limitadas como visão geral nos seguintes pontos:

- Como é conduzida a entrevista inicial?
- Quais perguntas são extremamente importantes?
- Quais são as dinâmicas existentes e quais dinâmicas podem ser questionadas concretamente com base na entrevista?
- Com a ajuda de quais módulos a respectiva dinâmica deverá ser trabalhada?
- Como os diferentes contextos de problemas podem ser diferenciados?
- Quais são os critérios para conflitos individuais e sistêmicos?
- Quais técnicas de intervenção não-sistêmicas são importantes no trabalho de constelação?
- O consultor está numa situação que lhe permite se manter externamente?
- Como o consultor pode treinar e desenvolver a intuição para dinâmicas sistêmicas?

Se as perguntas aqui mencionadas já levarem concretamente à temática interna do metaformato, então podemos dividir esse formato, grosso modo, em duas partes, que são:

a) A fase introdutória e preliminar e
b) A fase do trabalho de constelação propriamente dito.

Na tabela vemos a seguinte imagem

a) Fase preliminar:
 1. Aquisição
 2. Diagnóstico
 3. Sondagem

b) Trabalho de Constelação:
 4. Seleção
 5. Entrevista inicial
 6. Constelação do sistema
 7. Perguntas aos representantes
 8. Intervenções
 9. Transferência para o sistema familiar
 10. Soluções

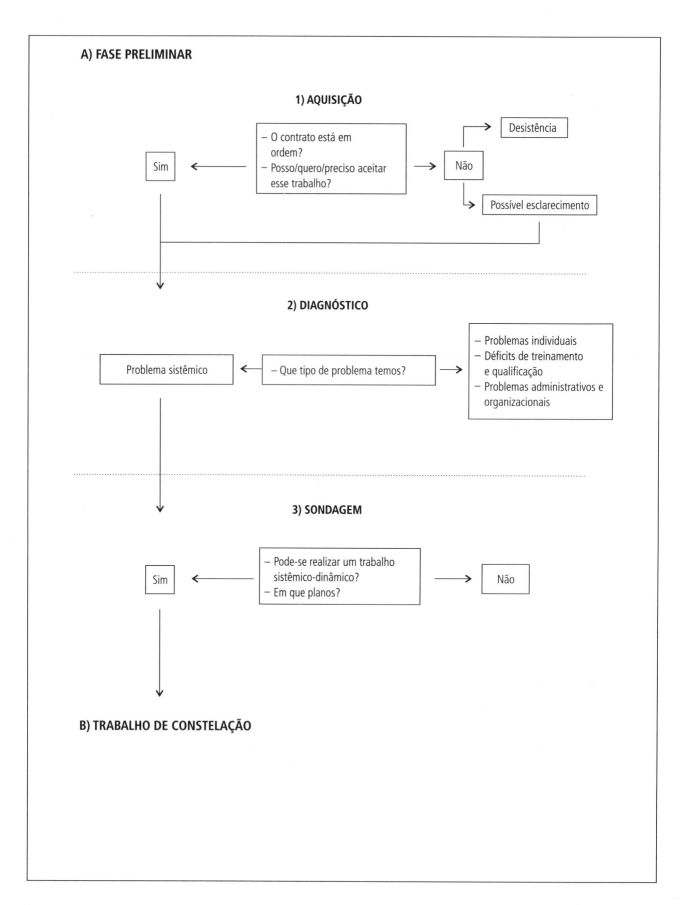

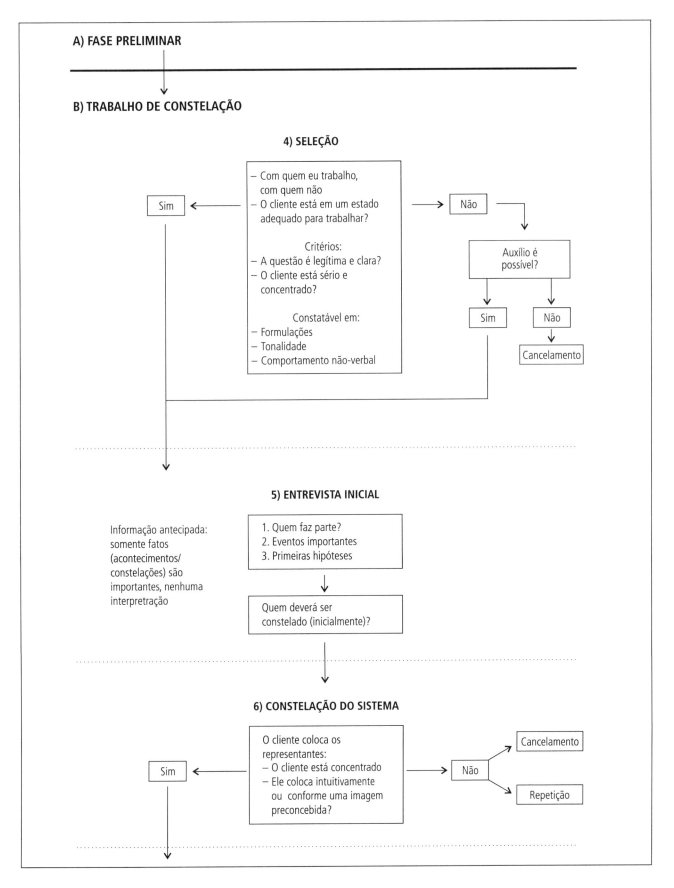

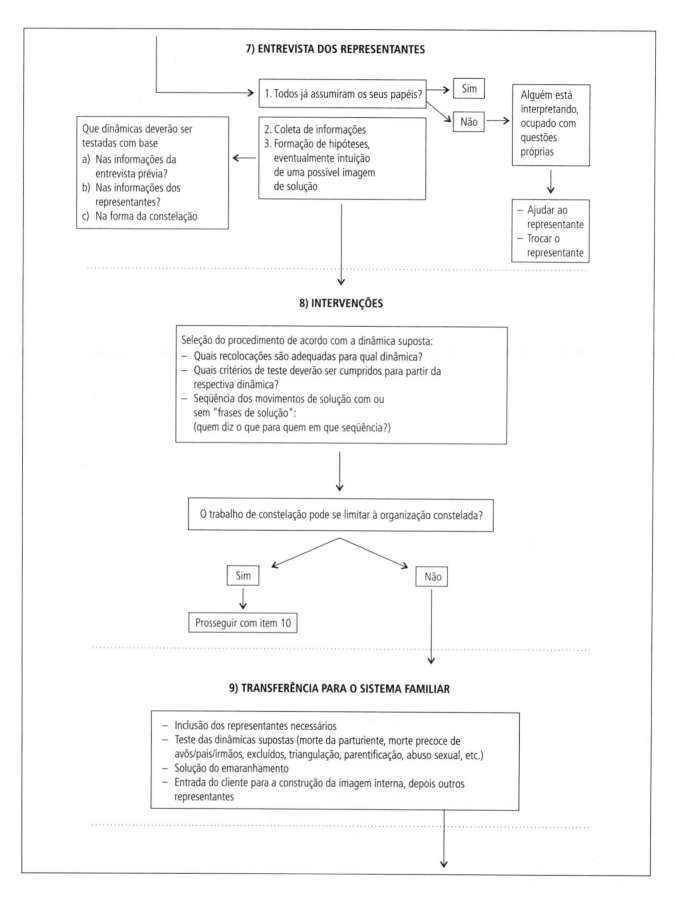

O METAFORMATO DO TRABALHO SISTÊMICO DE CONSTELAÇÕES

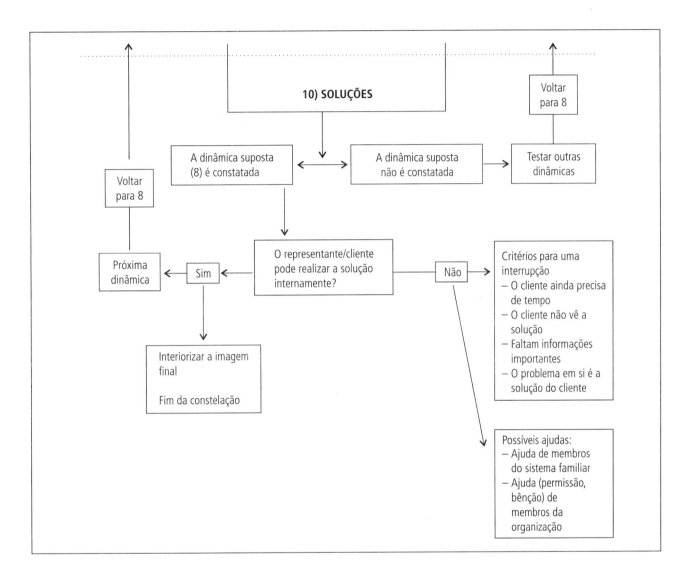

Explicações sobre o metaformato

1. Aquisição

Ao contrário das formas clássicas de consultoria empresarial, a consultoria organizacional sistêmico-dinâmica visualiza as empresas como um todo. Ou seja, a empresa é considerada uma unidade composta de uma grande quantidade de elementos, sendo que estes estão vinculados uns aos outros. O importante é que nessa perspectiva o consultor também surge como parte do sistema: Por um lado, ele faz parte do sistema e, por outro, deverá otimizá-lo, ele está, ao mesmo tempo, dentro e fora do sistema. O papel do consultor está, portanto, superdeterminado e o confronta com a exigência bastante complicada de ser parte do todo sem abrir mão de sua soberania, de seu distanciamento em relação ao todo.

Com isso, muda a visão tanto do problema como da atividade do consultor contratado para resolvê-lo: o problema não é mais considerado como um foco (sintomático) do problema que precisa ser eliminado com os meios apropriados para tal. A visão sistêmico-dinâmica, ao contrário, descreve o problema como uma reação do sistema que ocorre em um ponto a uma ação do sistema que ocorreu em outro, ou seja, como um movimento de compensação que estabiliza o sistema como um todo, mesmo que de uma forma disfuncional.

No âmbito dessa estrutura de efeitos mútuos, o fato de terem chamado o consultor para a solução do problema é importante e pode ser uma tentativa de o sistema se estabilizar num equilíbrio funcional – mesmo sem querer eliminar a causa do problema. Nos casos em que as atividades do consultor tiverem o objetivo de manter o problema da empresa inalterado, ou colocá-lo eventualmente sob a responsabilidade do consultor (não competente para tal), ou nos casos nos quais o consultor deverá entrar em coalizão com um determinado elemento da empresa (gerência de RH, diretoria etc.), falamos, muitas vezes, de "contratos envenenados" (ver pp. 205, 231 e seguintes).

Assim, na aquisição de contratos surge o dilema de que um contrato envenenado pode, por um lado, render bastante dinheiro, mas pode também não ser aceitável para o consultor empresarial sistêmico-dinâmico: para poder prestar uma consultoria sistêmico-dinâmica "limpa" é extremamente necessário que o papel e a função do consultor no sistema e para o sistema sejam livres de quaisquer tentativas desse sistema de incorporá-lo em sua realidade. O consultor deverá reconhecer a realidade do sistema como parte deste, sem fazer da realidade do sistema a sua própria realidade; ele está, portanto, dentro e fora ao mesmo tempo.

Se todas as tentativas do consultor em manter ou recuperar a própria integridade fracassarem, ou seja, se todos os princípios pelos quais o consultor se recusa a perpetuar ou ocultar a causa do problema forem em vão, podem-se realizar treinamentos, *coachings* e consultorias clássicas nessas condições; uma consultoria organizacional sistêmico-dinâmica, porém, não é possível. Assim, a questão da integridade relevante para o trabalho se transforma em uma questão da garantia da existência econômica.

2. Diagnóstico

Como diagnóstico subentende-se aqui a resposta à pergunta tácita do consultor ocorrida na primeira entrevista: existe aqui um problema sistêmico, um emaranhamento sistêmico ou não? O intrigante dessa questão consiste, de acordo com o que foi dito no item 1, em que a resposta sempre será positiva quando o consultor tiver de realizar uma tarefa envenenada. Tarefas envenenadas – essa poderia ser uma regra básica – são indicadores seguros para a existência de conflitos sistêmicos dentro da organização que contratou o consultor.

Com isso temos, todavia, uma situação ligeiramente paradoxal: a consultoria organizacional sistêmico-dinâmica está disponível como instrumento eficiente para resolver emaranhamentos e problemas sistêmicos que se evidenciam em primeiro lugar pelo fato de a organização que solicitou consultoria, apresentar ao consultor uma tarefa envenenada, a qual ele obviamente precisaria recusar. Ou seja: o diagnóstico da necessidade de um trabalho de forma sistêmico-dinâmica é, ao mesmo tempo, uma advertência para não trabalhar de forma sistêmica.

A pergunta sobre uma possível saída desse dilema pode primeiramente ser respondida mediante uma ligeira modificação dessa frase paradoxal: o diagnóstico da necessidade de um trabalho de forma sistêmico-dinâmica é, ao mesmo tempo, uma advertência de não poder trabalhar de forma sistêmico-dinâmica nas condições propostas pelo sistema. Ou seja, a unidade organização e consultor, a qual se formará no âmbito da consultoria, não poder fazer com que o consultor seja assimilado pela organização, mas deverá garantir como novo sistema desde o início da identidade e, portanto, a realidade autônoma e a descrição do problema do consultor. Ou seja: a distinção entre o consultor e a organização não pode ser reduzida, mesmo que o sistema de consultoria abranja a ambos.

Mas como essa diferença pode ser mantida, como o consultor pode resistir às propostas de emaranhamento oferecidas? Em outras palavras: como o diagnóstico de um emaranhamento sistêmico dentro da organização pode levar à posterior realização de uma consultoria organizacional? Para que a autonomia necessária do próprio papel e da própria função possa ser preservada, uma boa dica é ficar atento, durante a fase preliminar, a algumas questões básicas bastante importantes. Como uma diretriz que norteia a própria observação, as seguintes perguntas evitam a perda da diferenciação interna necessária em relação ao sistema.

- Devo assumir a definição do problema do sistema?
- Devo somente colocar em prática a idéia de solução oferecida pelo próprio sistema?
- Devo fazer algo para o qual alguém no sistema já está sendo pago?
- Devo fazer algo para o qual aquele que me contratou está sendo pago?
- Um conflito nas interações entre as partes da empresa é apresentado como déficit/problema de uma parte?
- Devo tomar partido de uma parte?
- Devo fazer o trabalho sujo (para uma parte)?

Se essas perguntas puderem ser respondidas afirmativamente, podemos então considerar que há uma interferência sistêmica da empresa mas, ao mesmo tempo, já refletimos também a própria posição no contexto do sistema de consultoria (empresa mais consultor). Com a ajuda dessas perguntas nós refletimos, portanto, a realidade do problema da empresa (emaranhamento/diagnóstico) assim como as suas tentativas de incorporar o consultor à sua realidade. E essas tentativas acabarão perpetuando a realidade sistêmica original da empresa, se o consultor não conseguir se emancipar desde o início, ou seja, preservar a sua própria descrição do sistema para gerar, com o novo sistema de consultoria estabelecido, uma nova descrição e realidade de sistema.

Além das questões diagnósticas apresentadas há ainda dois outros indícios para um conflito sistêmico na empresa, mas que não apresentam um risco latente para a auto-

nomia e integridade do consultor. Há sempre a suspeita de emaranhamentos sistêmicos atrás do problema, quando:

- A descrição objetiva da empresa traça objetivamente padrões de emaranhamento,
- O problema apresentado persiste ou se repete apesar de muitas tentativas de solução ou mudanças no passado.

3. Sondagem

Se a entrevista inicial até o presente momento tiver evidenciado um emaranhamento sistêmico, temos então de seguir a pergunta aparentemente simples, se um trabalho sistêmico é permitido nesse sistema e com esse sistema. Isso nem sempre é o caso.

Se nós lembrarmos que um emaranhamento sistêmico se apresenta mais freqüentemente como um contrato envenenado, então já fica clara a tendência do sistema de se esquivar de uma reformulação sistêmico-dinâmica de sua descrição da realidade: propostas de coalizão, atribuições parciais de culpa, pontos cegos, assim como a tentativa de funcionalizar o consultor como um órgão de realização das próprias soluções já podem ser compreendidos como estratégias veementes de fuga, com as quais o sistema tenta evitar a reorientação da situação sistêmico-dinâmica. Portanto, contratos envenenados são, por um lado, um sintoma e, por outro, mecanismos para defender o sintoma contra mudanças.

Nesse momento o consultor tem o problema, que a sua proposta para uma consultoria sistêmico-dinâmica ao mesmo tempo evidencia, a recusa de jogar o jogo da consultoria segundo as [regras] do sistema que recebe a consultoria: a consultoria organizacional sistêmico-dinâmica age internamente (dentro) no sistema contrariando sua própria descrição (externa) somente de acordo com as próprias condições de autonomia. A simultaneidade, o fato de estar dentro e fora ao mesmo tempo, que é a condição necessária para qualquer trabalho sistêmico-dinâmico é, com toda razão, experimentada como uma ameaça, especialmente nos casos em que o sistema pretende manter a estabilidade que possui. O consultor que não permite a assimilação de sua própria pessoa representa a promessa de uma nova descrição da realidade que pode ser considerada não-econômica, desagradável, substancial, ou seja: indesejada. A questão que deverá ser esclarecida é simplesmente: será possível realizar um trabalho sistêmico-dinâmico?

Por outro lado a consultoria sistêmico-dinâmica considera a organização como um todo, ou seja, a coordenação de todas as suas partes, inclusive daquele que realiza a contratação. Se o contrato estiver envenenado, então é grande a probabilidade de que o contratante (a diretoria da empresa, do departamento de recursos humanos etc.) se exclua como parte do sistema, do problema: o problema está na empresa, mas em outro local, claramente definido. Aqui já a diferenciação funcional, a divisão das tarefas e a estrutura empresarial fazem com que a parte contratante da empresa não se considere parte do contrato, do problema, do todo: o chefe de recursos humanos que recebe da diretoria a tarefa de melhorar a orientação ao cliente dentro do departamento de vendas com ajuda de um consultor, não vê motivo para considerar a si próprio como parte do problema; muito menos a diretoria, devido ao distanciamento relativo do sintoma. A conseqüência dessa visão tão parcializada seria, então, concordar com uma consultoria organizacional sistêmico-dinâmica dentro de alguns limites. Ou seja, um trabalho sistêmico-dinâmico é aprovado, mas somente em determinados departamentos, equipes, em um plano subalterno no qual se mostra o problema – sem que a origem esteja necessariamente lá. Com isso temos como próxima questão: em que plano afinal pode-se trabalhar? Quais áreas de tabu precisam permanecer inalteradas?

Vejamos, não se trata de uma simples inversão (*top down* ao invés de *bottom up*), mas de uma perspectiva fundamental, mesmo que atualizada, de formas diferentes do todo. Podemos decidir mais tarde, em uma situação concreta de constelação, se de fato é necessário trabalhar com o sistema completo ou com algumas partes relevantes do todo. Mas mesmo que comecemos sempre só com o mínimo, ou seja, se constelarmos primeiro a unidade do sistema reduzida ao essencial, até mesmo esse procedimento minimalista só se aplica em relação ao sistema como um todo e se constitui somente diante da realidade do sistema como um todo. Isso significa que mesmo que o trabalho de constelação aja no plano sistêmico, essa mera redução é o produto da situação-problema concreta, mas não o resultado de uma limitação combinada anteriormente em determinados ramos organizacionais.

Para se conseguir obter a margem de atuação máxima nessa fase de sondagens no caso ideal ou, no mínimo, suficiente para um trabalho eficiente, é essencial que o consultor saiba vender a sua proposta de uma consultoria organizacional sistêmico-dinâmica simplesmente justifi-

cada por meio de fatos. Um empenho pessoal (síndrome de ajuda) ou uma atitude arrogante não são produtivos no difícil equilíbrio em torno de um contrato envenenado ou, na verdade, contra um contrato envenenado, para obter o contrato para um trabalho sistêmico-dinâmico. Muito mais eficaz seria uma honestidade sem ambições, com a qual o consultor pode se apresentar como uma pessoa que foi contratada para realizar uma ação e está disposta a tal, nada mais, nada menos. Como a ação nesse aspecto está baseada somente nas regras do consultor, temos aqui novamente o dilema de arriscarmos às vezes a perda da contratação se mantivermos a autonomia necessária para o trabalho. Mas a experiência demonstra que uma atitude tranqüila "se não for feito assim, não trabalharemos" na manifestação séria de uma forma de solução é adequada para reduzir resistências iniciais.

4. Seleção

Antes de se iniciar uma constelação, é importante verificarmos se o cliente está numa situação propícia para trabalhar com ela. Uma situação propícia seria um cliente concentrado e sério. Ou seja, não se deve trabalhar com clientes emocionalmente perturbados, sem concentração, sem foco. No entanto, o constelador não deve interromper o trabalho antes da hora, mas verificar se o cliente pode se restabelecer a ponto rapidamente de estar em condições de trabalho, mediante perguntas de apoio ou intervenções. Se isso parecer possível, o consultor deverá dar o devido apoio ao cliente; se isso não parecer possível nas condições de tempo ou situação, o constelador deverá deixar a constelação para mais tarde.

Se o cliente estiver em condições de trabalhar, a relevância de seu problema pode ser outro critério decisivo para se realizar ou não uma constelação. E relevância significa que a questão deverá ser especialmente fundamentada e merecer uma atenção especial, e não ser um produto de mera curiosidade ou um interesse não fundamentado no problema. Essa distinção torna-se mais fácil, quanto mais claramente o cliente puder responder à pergunta tácita do consultor durante a formulação de sua questão: por que é importante para ele esclarecer essa questão?

No mais, é importante também nesse ponto verificar novamente, para cada caso individual, se a questão pode ser trabalhada sistemicamente. "Sistemicamente" significa que, com base na explicação do assunto, pode-se concluir de que se trata de um distúrbio sistêmico.

5. Entrevista inicial

Depois de termos tomado a decisão de trabalhar com um determinado cliente e depois da formulação clara da questão, começamos primeiramente com a constelação de partes do sistema, assim como com as relações que as vinculam (níveis de funções e hierarquias): quem faz parte do respectivo sistema e quem está onde? Via de regra, nessa etapa uma boa dica é desenhar o respectivo organograma das empresas, ou seja, um diagrama esquematizado da estrutura empresarial, a partir do qual ficam evidentes os níveis hierárquicos e as funções (para as famílias deve-se desenhar o respectivo genograma).

Depois de esclarecer quais pessoas e departamentos fazem parte do referido sistema em questão, o próximo passo são os eventos relevantes dentro da história do sistema. É importante seguir o princípio de que no trabalho sistêmico-dinâmico serão tratados exclusivamente fatos, algo que ocorreu e não qualquer tipo de interpretação e análise desses fatos. Assim, por exemplo, a demissão de alguns colaboradores é anotada como demissão sem especulações por que ocorreram as demissões, se estas eram justificadas ou não. O consultor que conduz a entrevista deverá, nesse caso, orientar o cliente para que este relate somente os fatos e não a sua própria interpretação dos fatos. Assim podemos, por um lado, evitar que ele entre na situação emocional ligada às suas interpretações e seus pontos de vista. E, por outro, uma possível interrupção – a qual nesse caso deverá ser realizada com calma e determinação – protege ainda o consultor, pois, limitando os seus conhecimentos a conteúdos de dados e fatos, ele minimiza ainda mais o risco de ser incorporado pela realidade do sistema.

Depois de tomar ciência dos fatos relevantes, o consultor verifica novamente se o problema do cliente pode mesmo ser esclarecido numa constelação ou se seria melhor adotar outra forma de solução de problema. Se persistir a avaliação de que a questão possui relevância sistêmica, as primeiras hipóteses poderão ser formadas com base nas informações existentes até o momento. Essas hipóteses ajudam a decidir se solicitaremos de imediato a constelação de todas as pessoas envolvidas, ou se começaremos com uma parte. Isto seria uma opção se a dinâmica em questão se referir obviamente a determinadas partes da empresa apenas. Mas também para uma informação segura pode ser bom iniciar com poucos representantes para obter, com a inclusão parcial de outras pessoas, informações exatas sobre o que muda no sistema, quando elas entram.

6. Constelação do Sistema

Depois de formarmos a nossa primeira hipótese, deixamos que o cliente constele os membros do sistema definidos de acordo com a nossa hipótese, ou seja, o consultor determina os participantes relevantes para a constelação. Enquanto o cliente constela, observamos se ele o faz de forma concentrada e intuitiva ou se ele "deposita" os representantes que escolheu de forma desconcentrada e desinteressada na sala ou se ele os coloca rapidamente e sem demora de acordo com uma imagem interna já estabelecida. Se for o caso, a constelação é interrompida e solicitamos que o cliente repita o processo de forma concentrada. Se isso não for possível, a constelação é abandonada temporariamente.

Se o cliente escolher um representante que não quer ser constelado, é importante ficar atento e dar a devida orientação para que o cliente tire conscientemente a sua concentração e as imagens internas dessa pessoa, escolhendo de forma congruente uma outra pessoa como representante. Aqui é importante esclarecer ao cliente que qualquer pessoa poderá assumir o papel e que semelhanças físicas etc. não têm nenhuma influência. O único critério que deverá haver entre o representante e a pessoa representada é a correspondência de gênero, ou seja, um homem para representar um homem e uma mulher para representar uma mulher.

Por parte do representante há a necessidade de uma disponibilidade congruente de participar dessa tarefa. Se não houver essa disponibilidade ou se o treinador tiver a impressão de que ele ainda está ocupado com outras coisas/coisas próprias (por exemplo, de uma constelação anterior), o consultor deverá pedir para que seja escolhida outra pessoa.

7. Perguntas aos representantes

Depois que o cliente constelou as pessoas, o terapeuta vai de pessoa em pessoa (via de regra, ele segue a hierarquia do sistema) e pergunta como elas se sentem. Ao fazer isso, ele observa, primeiro, se o representante já assumiu o seu papel; segundo, se ele está expressando sensações/emoções próprias no papel e, em terceiro lugar, se o representante expressa algo que não sente verdadeiramente, mas que ele imagina ou combina com base no que ouviu ou viu naquele momento. O terapeuta intervém de forma que o representante forneça informações sobre as sensações como representante. Se isso não for possível de imediato, o melhor é trocar o representante. Com base na estrutura da constelação (quem está onde, olhando em que direção), nas descrições de sensações dos representantes, assim como no conhecimento dos fatos resumidos inicialmente, as hipóteses são concretizadas, detalhadas ou alteradas.

8. Intervenções

Dependendo da dinâmica que o consultor pretende trabalhar, ele primeiro se decide por um módulo, uma ação (ver p. 235 e seguintes). Essas intervenções podem, por exemplo, consistir em colocar uma pessoa em outro lugar, solicitar que ela diga uma frase de solução ou que ela devolva a outro representante, simbolicamente, algo que não lhe pertença, que coloque algo de volta no lugar certo (devolução). Aqui cada uma dessas ações possui um aspecto duplo. Primeiro, a intervenção serve para testar a hipótese, e se a hipótese for confirmada, a intervenção realizada restitui passo a passo a ordem do sistema.

Se a dinâmica suposta naquele momento não for pertinente, o consultor testará outra dinâmica, até que a dinâmica dominante do sistema fique evidente. Se a dinâmica se evidenciar, de forma que ela possa ser solucionada com as respectivas intervenções, poderá ainda ocorrer a situação de que o cliente (no momento) não esteja apto a trabalhar a etapa de solução. Nesse caso, o consultor auxilia o cliente alterando o sistema em passos intermediários, de forma que assim o cliente possa dar o próprio passo. Se o cliente mesmo nessas novas condições não estiver apto a realizar o passo necessário (às vezes isso já se evidencia previamente), o consultor suspende a constelação. Quando o cliente se recusa a aceitar a solução, isso deverá ser aceito como sua decisão (podemos observar isso muitas vezes, por exemplo, quando alguém já viveu décadas de sua vida em uma sucessão e não quer/pode deixar esse caminho devido a um profundo amor. Ou se alguém não quer abrir mão de sua pretensão por raiva ou teimosia).

9. Transferência para o sistema familiar

Uma transferência para o sistema familiar do cliente, como descreveremos a seguir, não é um passo sempre necessário, mas pode ser indicado se o cliente ou um representante não conseguir realizar as etapas de solução necessárias dentro da organização, impedido por um emaranhamento familiar. Às vezes, transferências para o

sistema familiar podem ser as etapas intermediárias a caminho da solução, mencionadas no item 8 acima.

No âmbito da consultoria organizacional sistêmico-dinâmica diferenciamos entre dois planos de problemas relevantes dentro da terapia familiar: por um lado, há uma grande variedade de conflitos sistêmicos que ocorrem no trabalho, mas estão fundamentados em um emaranhamento familiar que precisa, portanto, ser trabalhado para que o conflito profissional possa ser resolvido. Por outro lado, há inúmeros problemas – como abuso sexual, distúrbios alimentares, adoção etc. – que fazem parte do trabalho diário do terapeuta familiar, mas que, via de regra, não são atribuição de um consultor em dinâmica sistêmica.

Se um problema tiver a sua origem no contexto familiar, a transferência para o sistema familiar é realizada mediante a inclusão dos representantes necessários e o teste das dinâmicas supostas (morte de parturiente, falecimento precoce dos pais/avós, excluídos, triangulação, parentificação etc.), depois segue a solução do emaranhamento e a inclusão do cliente na constelação. Quando o cliente tiver construído em seu interior sua imagem interna de acordo com a solução encontrada para o sistema familiar, ele pode novamente ser trocado por um representante para prosseguir à solução da constelação organizacional, depois que o solo foi preparado por essas etapas intermediárias.

Se a empresa que recebe a consultoria for uma empresa familiar, não há separação entre sistema familiar e empresarial, o que não pode levar à falsa conclusão de que só existe um plano de intervenção. Ao contrário, mesmo nesse caso de sobreposição, ambos os planos sistêmicos de família e empresa existem, mesmo que estes (ao menos para os membros de ambos os sistemas) sejam representados pelas mesmas pessoas (pai/fundador; filho/sucessor). Portanto, aqui é crucial diferenciar em que plano o problema e, com isso, a intervenção estão alocados.

10. Soluções

Depois que todas as dinâmicas relevantes para a dúvida do cliente estiverem esclarecidas e todos os participantes tiverem encontrado o seu lugar, a constelação é encerrada. Via de regra, o cliente é colocado na imagem final, no local em que anteriormente se encontrava seu representante. O cliente é convidado a permitir que a imagem e as sensações entrem em sua consciência, para fazer efeito como nova realidade de sistema.

Contratos envenenados

Nas explicações sobre o metaformato falamos muito sobre os contratos envenenados, que são considerados tanto como critério de diagnóstico para emaranhamentos na organização, como uma advertência para não se trabalhar nas condições formuladas pelo sistema na contratação.

Com isso, dentro da consultoria organizacional sistêmico-dinâmica, a forma de contratação possui um significado especial. Enquanto estivermos nos movimentando no âmbito da consultoria organizacional clássica, o tema da aquisição e concessão de contratos é um campo que apresenta determinados problemas, mas é pouco discutido. Isso tem sua origem na concepção teórica que norteia as formas clássicas da consultoria: O consultor externo é contratado para resolver um assunto com tema claramente definido e/ou problema localmente limitado dentro da empresa (problemas no fluxo de informações, formação de equipes dentro dos departamentos etc.). Em outras palavras, o consultor parece o instrumento adequado a ser utilizado pela direção da empresa, no aspecto do custo-benefício funcional. Se a consultoria, sob esse ponto de vista, for considerada como estratégia de solução instrumental para problemas localmente limitados, ela ainda não considera a empresa como um todo; o consultor intervém de forma cirúrgica sobre um aparente foco de problemas, até que ele seja eliminado.

A base desse modelo é a suposição de que a organização e o consultor sejam dois sistemas separados que podem cooperar com sucesso se houver comunicação suficiente. A descrição do problema do sistema não influencia o consultor como consultor, e até mesmo o problema é considerado isoladamente como problema. Então a empresa contratante tem um determinado problema que apresenta distúrbios no plano sintomático, os quais deverão ser resolvidos, mas esses sintomas não são vistos em seu vínculo com a fábrica. Assim como um médico que trata o sintoma de uma determinada doença com o mesmo medicamento em todos os pacientes, aqui também está sendo utilizado um instrumentário definido para resolver um determinado problema – contra o sarampo é utilizado o mesmo medicamento em todos os pacientes, contra a falta de motivação dos colaboradores há analogamente uma série de remédios preparados. O problema é considerado uma questão estereotípica, o trabalho concreto focaliza um fenômeno desvinculado do portador do sintoma, por isso, a forma pela qual é chamado o médi-

co/consultor pode ser considerada uma variável plenamente descartável.

Essa situação, todavia, muda completamente quando se trata da consultoria sistêmico-dinâmica: sob pontos de vista sistêmico-dinâmicos, a visão do consultor de seu próprio papel, sua função, seu trabalho para o sistema e dentro do sistema e, possivelmente, também dentro do problema é de suma importância. Pois, por um lado, as suposições sistêmico-dinâmicas não partem mais do princípio que em uma situação de consultoria se encontram dois sistemas claramente separados; em vez disso, falamos de um novo sistema, do sistema de consultoria composto pela organização e pelo consultor, unidos por um contrato de consultoria. Com isso o problema formulado pelo consultor já é parte da realidade sistêmica do consultor na medida em que este faz parte do sistema de consultoria, junto com o contratante; a descrição do problema torna-se, portanto, uma autodescrição do sistema de consultoria no local da organização a ser consultada.

Por outro lado, aqui, fundamentado na teoria sistêmica, os problemas de um sistema são sempre também considerados tentativa de solução do sistema com o qual esse tenta garantir a sua estabilidade nas condições existentes. Problemas aqui não são dificuldades abstratas a serem tratadas de forma estereotípica, mas as reações internas do sistema a ações internas do sistema que mantêm o equilíbrio total do sistema nas condições sistêmicas existentes. Com isso a descrição do sistema propriamente dita torna-se uma reação interna do sistema a uma ação interna do sistema (problema) com a qual, em outras palavras, a descrição do problema propriamente dita já é parte do problema, que naquele momento já se mostra como uma totalidade da realidade sistêmica constituída sobre o círculo "ação/reação". Como conseqüência, uma solução do problema nunca pode ser bem-sucedida no plano do próprio problema (e com isso no plano de sua descrição), e a eliminação do problema visível causa um deslocamento do sintoma.

Aqui o papel do consultor sob pontos de vista sistêmico-dinâmicos possui um significado excepcional. Se a organização não considerar mais o consultor como externo, e se este desenvolver como parte integrante de um novo sistema de consultoria uma autodescrição a partir da sua posição de consultor, então sua proposta de resolver o problema se torna ameaçadora para o sistema, até

231

ficar evidente como a estabilidade do sistema pode ser recuperada sem o problema. O consultor, que não pode mais assumir a descrição do problema e a autodescrição proposta pelo sistema como simples contexto de causa e efeito, já alterou, como parte integrante do novo sistema, ou seja, como parte do sistema de consultoria, a estabilidade originalmente existente.

Por isso o sistema que recebe consultoria tende a recuperar a sua estabilidade, integrando o novo elemento "consultor" em seu movimento de compensação. O potencial de ameaça da instabilidade, por um lado, e o problema a ser resolvido, por outro, colocam a empresa que contratou o consultor em uma situação delicada à qual o sistema muitas vezes tenta se esquivar, realizando a contratação de tal forma que uma solução causal do problema já seja sabotada pela forma como o contrato é oferecido. Nesses termos, o contrato não é bem um contrato, é um contrato envenenado.

Obviamente, contratos envenenados também são outorgados em contextos clássicos de consultoria e *coaching*, isso não é um aspecto específico da consultoria organizacional sistêmico-dinâmica. Ao contrário do que ocorre nas formas clássicas de consultoria, o consultor organizacional sistêmico-dinâmico não age como um consultor externo ao sistema, que pode permanecer indiferente à forma de descrição do problema e da autodescrição do sistema, quando o sistema relata seu problema, formula a tarefa e determina as condições em que ela deverá ser resolvida.

No entanto, exatamente isso é impossível na consultoria organizacional sistêmico-dinâmica: a descrição do problema e a autodescrição do sistema que solicita a consulta não é algo externo ao consultor do sistema, ou seja, algo que ele aceita como realidade definida do sistema, uma vez que esta já se manifesta no plano causal do sistema que está diante dos sintomas visíveis, nos quais o consultor sistêmico focaliza toda a sua atenção. A solução do sistema aqui é somente um efeito colateral desejado, mas nunca priorizando uma reformulação básica da autodescrição do sistema. Isso significa que a consultoria organizacional sistêmico-dinâmica não focaliza as interferências propostas na descrição do problema. Ela está focalizada nas condições da possibilidade para estes sintomas que se encontram atrás da descrição do problema, atrás dos sintomas que se manifestam na forma de descrição de sintomas, isto é, da contratação. Podemos até dizer: a descrição do sintoma é o próprio sintoma.

Por isso é muito importante para o consultor sistêmico analisar a contratação no que se refere a possíveis estratégias da segurança de estabilidade, ou seja, procurar "vestígios de veneno". Alguns aspectos para essas estruturas no âmbito da contratação, que impedem a si próprias e colocam em risco a autonomia do consultor, serão apresentados a seguir com base nos padrões que aparecem freqüentemente.

O consultor como braço direito do contratante

Aqui podemos citar todos os padrões de triangulação, ou seja, propostas de se associar com uma das partes em questão contra uma outra. O consultor recebe propostas de coalizão abertas ou ocultas ("Bem, nós dois já sabemos..", "Não preciso nem lhe contar..."). Uma variante da triangulação é quando o consultor é enviado ao departamento como "encarregado" da diretoria ("Sei que você consegue!") ou colocado lá como espião ("Afinal, o que acontece naquele departamento?"). O padrão básico consiste no fato de o contratante transferir tarefas de gestão, de cujas competências ele quer se esquivar. O consultor, que assume essas tarefas da pessoa que na verdade seria competente para isso, entra em um conflito de lealdade entre os colaboradores e o contratante. Nesse padrão há, via de regra, um desdém aberto e/ou oculto por parte do consultor ou dos colaboradores em relação ao contratante.

Conflitos dentro da diretoria

O consultor é contratado porque um membro da diretoria o acha necessário. Esse, todavia, também tem ciência de que um adversário na empresa não aprova o método ou o conteúdo do treinamento. Eventualmente, o adversário até coloca um espião no grupo de treinamento para confirmar suas suspeitas. Assim, o treinamento se torna uma oportunidade para jogos de poderes internos na empresa, que os colaboradores via de regra conhecem; o clima é caracterizado por confusão e insegurança, uma vez que ninguém tem coragem de falar abertamente sobre o assunto.

Treinamento como legitimação

O treinamento é apresentado pela diretoria como prova da boa vontade e do desempenho no modelo: precisávamos fazer alguma coisa. A entrevista deixa uma sensação de mal-estar difuso, uma vez que o consultor não recebe nem uma motivação clara nem um ponto de crítica para o seu trabalho. As formulações do contratante permanecem difusas no sentido de: "Aumente a motivação do meu pessoal!"

Programa de sabotagem do chefe

A partir de seu sistema de origem, o contratante (chefe) assumiu o contrato duplo (eventualmente uma frase do *script* no âmbito da análise transacional): "Sacrifique-se pelo sucesso de sua empresa!" e oculta (*contra-script*): "Não tenha sucesso!" ou "Você é um fracassado!". O padrão aqui ativado procura no consultor, contratado muitas vezes com muitos elogios antecipados, um bode expiatório que poderá ser considerado o fracassado, se ele não cumprir as expectativas. Podemos reconhecer esse padrão pela falta de respeito, muitas vezes pelo desdém com que a diretoria fala ao atual consultor sobre o trabalho de seu antecessor. A sugestão de que o novo consultor possua uma qualidade completamente nova quando comparado ao seu antecessor é, para o consultor, somente um indício sobre a altura da queda que ele terá de enfrentar.

Falta de reconhecimento dos treinadores anteriores

Intimamente ligado ao item anterior é uma falta de respeito generalizada pelos treinamentos já ocorridos ou seus treinadores. Se eles todos fracassaram aos olhos do contratante, então a probabilidade de nós mesmos estarmos nesse meio é muito maior do que de nós sermos a última salvação tão esperada pela diretoria. Por isso é sempre aconselhável perguntar como foram os treinamentos passados para verificar a atitude da diretoria em relação aos treinamentos e treinadores. Além disso, o papel de ser aparentemente a última esperança para a empresa é uma honra mas tem, desde o início, um perfil de exigências que faz o sucesso parecer quase que em vão, gerando para o treinador uma sobrecarga e, finalmente, decepção e amargura.

O próprio contratante é o problema

Ele é, por exemplo, autoritário, imprevisível, inspira pouca confiança, não assume as tarefas de liderança, triangula os seus colaboradores, mostra tendências de abuso, eventualmente sexual. Os efeitos desse comportamento estão conscientes no sistema, mas exige-se que o consultor gere uma solução para o problema, sem tocar no assunto. Assim, por exemplo, uma iniciativa própria pode parecer perigosa dentro do sistema, uma vez que colaboradores que apresentaram uma grande dose de iniciativa própria já foram demitidos. Ao mesmo tempo, o contratante deseja mais iniciativa própria de seus colaboradores. Os treinamentos iniciados para tal podem até ser lucrativos para o consultor, mas o problema básico da falta de segurança e confiabilidade no chefe obviamente não seria resolvido.

Diferentes Situações-Problema

Como consultor empresarial e treinador estamos sempre sujeitos a enfrentar uma situação na qual um cliente descreve um problema apresentando imediatamente uma sugestão para possíveis soluções e medidas. Para poder prestar um conselho nesse sentido, mostrou-se ser uma boa ajuda a divisão dos problemas nas seguintes quatro categorias:

- Problemas individuais
- Conflitos sistêmicos
- Déficits de formação e qualificação
- Problemas organizacionais administrativos

Obviamente as empresas ainda conhecem outros problemas, que não podem ser atribuídos às quatro categorias (por exemplo, marketing, relações públicas, tecnologias etc.), mas para esses problemas são, via de regra, chamados outros profissionais, e não consultores. Muitas vezes os problemas estão interligados e o importante é desenvolver um catálogo de medidas que considere isso. Aqui partimos da experiência que uma constelação que, em caso de dúvida, sempre é útil como instrumento de diagnóstico.

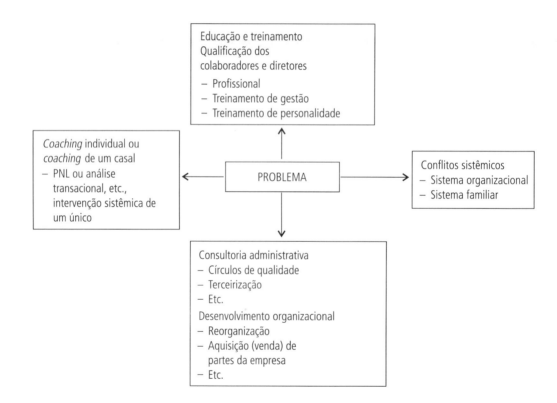

Módulos

A seguir apresentamos detalhadamente os passos de intervenção centrais para o trabalho de constelação. Aqui mencionamos tanto os aspectos da constelação organizacional como os da constelação familiar, uma vez que dentro da consultoria organizacional sistêmico-dinâmica ambas as dimensões do trabalho de constelação são importantes. Em geral distinguimos, portanto, como instrumentário evidente no trabalho de constelações as seguintes subseqüências:

- Delimitação
- Devolução
- Hierarquia
- Dar a honra
- Vejo você como...
- Dar a bênção
- Eu te sigo/Eu continuo agindo em seu lugar
- Estabelecer um contato
- Resolver uma dupla iluminação
- Resolver uma triangulação
- Deixar a imagem interna fazer efeito

Delimitação

O módulo da delimitação é aplicado para esclarecer – por parte da diretoria ou dos pais – as competências em relação aos subalternos, respectivamente à criança. Desse modo pode-se:

a) Resolver triangulações; isto é, o colaborador ou a criança foram inseridos em um conflito ou nas competências do chefe ou dos pais;

b) Liberar o colaborador, a criança de uma tarefa, carga, responsabilidade que não é de sua competência (o colaborador ou a criança carregam algo que não lhes compete);

c) (A conseqüência disso) solucionar um comportamento presunçoso; quem carrega algo para outros não assume o lugar que lhe compete no sistema e atribui-se competências alheias (entendemos presunção aqui em um sentido que vai além do moral).

As respectivas frases para esse caso seriam: "Sou o seu pai e você é meu filho/minha filha, e aqui ao meu lado está a minha esposa, sua mãe. Se nós dois temos proble-

mas, esses são de nossa competência. Você não é responsável por isso. Fique fora disso!"

A mãe diz ao filho a frase análoga. Se transferirmos isso ao contexto de empresas e instituições, a limitação significa que o chefe esclarece aos seus colaboradores as respectivas competências. Esse módulo complementa a "devolução" e o "dar a honra". Ele garante que a hierarquia e as competências no sistema se tornem claras e que cada um carregue o que lhe compete.

Devolução

Nos sistemas, muitas vezes, acontece de os mais novos ou posteriores assumirem algo dos mais velhos ou antecessores. Isso pode ser um sentimento, uma tarefa ou obrigação, um mérito ou uma culpa. Nas famílias, essa é a base para a geração do amor de vinculação da criança: a vontade incondicional e instintiva da criança de fazer parte da família que garante a sua sobrevivência, assim como a necessidade de aliviar o destino possivelmente difícil de alguém, de aliviar um destino possivelmente pesado, de ajudá-lo (erroneamente) carregando uma carga no lugar da outra pessoa.

Os mecanismos que geram os modelos de comportamentos em empresas e equipes podem ser muito distintos: a repetição de um padrão da família de origem, uma sensação de solidariedade, medo de perder o emprego etc. A conseqüência desses comportamentos são sempre a sobrecarga e a presunção daquele que assumiu algo que não lhe compete.

A sobrecarga consiste no fato de que a pessoa tenta carregar ou resolver algo que não consegue ou não pode. A presunção consiste no fato de que aquele que assumiu algo tem a impressão de – apesar de sua posição inferior – estar fazendo algo que seria da responsabilidade dos superiores, gerando assim um sentimento de superioridade. A presunção, o comportamento resultante desta, assim como os sentimentos a ela vinculados não são compreendidos como defeitos de caráter da respectiva pessoa, mas são expressão de uma ocorrência sistêmica basicamente inconsciente. Isso fica evidente no fato de que o comportamento presunçoso cessa imediatamente, dando lugar ao alívio, quando a carga assumida é devolvida e o outro assume novamente a sua responsabilidade.

Esse processo de devolução pode ser expresso tanto em uma constelação, como em uma sessão individual, dando à pessoa um objeto na mão (uma pedra, uma pasta etc.) que ele deve devolver com as seguintes palavras: "Isto não é meu, mas seu. Não preciso disto e não o quero. Eu lhe devolvo isto." Dependendo do caso, o conteúdo do que foi devolvido pode também ser denominado, por exemplo: "Essa é a sua raiva, a sua responsabilidade etc." Ao realizar a devolução o consultor deverá prestar atenção se a pessoa está realmente devolvendo a coisa, soltando-se internamente ou somente repetindo uma fórmula.

Depois da devolução bem-sucedida, tanto aquele que devolveu, como aquele que recebeu, deverão prestar atenção no que muda para eles. Via de regra, aquele que devolve sente-se livre e liberado, e aquele que recebeu algo de volta sente-se maior, mais resolvido, mais forte e também é percebido assim pelo outro. Isso deixa novamente claro que o que é nosso fortalece, mesmo que seja pesado. Esse ritual da devolução também pode ser utilizado quando não ficou bem claro o conteúdo do que foi assumido. Muitas vezes aquele que recebe diz: "Sim, isso é meu", sem que lhe tenha sido dito do que afinal se trata. Se for devolvido algo errado, logo surge a sensação: "Isso não é meu, isso não faz parte de mim" de forma que a devolução também pode ser utilizada como teste.

Hierarquia

A hierarquia em um sistema está definida pela data de entrada no sistema. O anterior possui prioridade em relação ao posterior. Em empresas e instituições há, ao lado da hierarquia de tempo de pertinência, também a hierarquia do desempenho. Se a hierarquia sofrer interferências, as pessoas se sentem inseguras em relação ao seu lugar ou sua tarefa e se tornam presunçosas quando assumem um lugar que não lhes compete. Isso já responde à questão, quando é indicado o módulo da hierarquia: quando a hierarquia estiver incerta ou não for reconhecida.

Assim que a hierarquia correta estiver novamente restabelecida no sistema, muitas vezes é uma boa sugestão articular e confirmar esta, por exemplo: "Você é o primeiro e eu, o segundo." O efeito desse esclarecimento é alívio e segurança.

Dar a honra

As frases para dar a honra existem em três diferentes categorias de "importância", dependendo da relação e do grau da presunção:

1. Na primeira forma mais simples, aquele que deverá honrar inclina um pouco a cabeça e diz: "Eu o honro como...".
2. Na segunda forma, aquele que deverá honrar faz uma reverência profunda, deixa a cabeça pender por um tempo e diz: "Eu o honro como...".
3. Na terceira forma, aquele que deverá honrar ajoelha-se no chão com as palmas das mãos viradas para cima, a testa voltada para o chão dizendo: "Eu o honro." Esta última forma só é adequada entre pais e filhos.

O objetivo desse módulo é liberar a pessoa da situação presunçosa, fazê-la aceitar hierarquias e competências. Aqui também é importante perceber se a realização interna corresponde ao que foi dito. O consultor pergunta àquele que foi honrado se ele pôde sentir que esse passo da intervenção foi realizado honestamente, sintonizando-se ao som e à entonação daquele que o honra. Às vezes demora um pouco até que seja possível sentir a realização internamente. Depois, em geral, há um sentimento de alívio e a respectiva pessoa sente-se livre para fazer o que lhe compete. No caso de filhos que honram os seus pais, muitas vezes eles têm a sensação: agora finalmente posso ser filho. Se isso realmente foi realizado, há uma necessidade espontânea de devolver ao outro o que ainda está sendo carregado. Os seguintes critérios são um indício para incluir esse módulo:

- Comportamento presunçoso,
- Teimosia,
- Falta de limitação ("Eu não sou você!")
- Hierarquia não observada.

Vejo você como...

Se alguém está emaranhado em um sistema, às vezes acontece de ele não perceber os outros no sistema ou de não os perceber como aquilo que eles são. Assim, por exemplo, pode acontecer que um pai que esteja intimamente ligado à sua família de origem quase não perceba o seu filho e não consiga construir um relacionamento de pai para filho. Portanto, o filho não se sente mais respeitado como filho. Em empresas e equipes a situação é semelhante. O chefe não consegue ver determinados colaboradores, não os percebe ou não os percebe como são. Ele não honra o seu desempenho e considera algo extraordinário como normal. Nesses casos, depois de esclarecer a respectiva problemática, pode ser uma boa intervenção quando aquele que até o momento estava cego diz: "Vejo você como... meu filho, minha filha, minha secretária, meu representante etc."

A conseqüência dessa frase é a realização de um verdadeiro relacionamento com a outra parte, de forma que nas famílias o amor pode fluir ou, no âmbito profissional, uma relação positiva e objetiva de trabalho torna-se possível. Tanto aquele que foi percebido como aquele que enxerga sentem alívio.

Como percebo que essa frase é necessária?

- O filho/o colaborador não se sente percebido, não se sente pertinente, aceito.
- O filho/o colaborador identificou-se com outra pessoa e foi percebido como em uma dupla iluminação.
- O pai/o chefe estava tão preocupado com outra coisa que não sobrou atenção para as crianças/para os colaboradores.

Dar a bênção

Neste contexto, dar a bênção a alguém significa algo como: "Tudo de bom para você! Você está livre para fazer as coisas como você quer fazer. Fazer as escolhas que você quer fazer." Se um membro do sistema anterior só pôde viver a sua vida de forma muito reduzida (doença, morte precoce, exclusão, falta de filhos apesar da vontade de ter filhos, sem parceiro), então, às vezes, fica difícil para um dos sucessores viver a vida plenamente. A bênção, portanto, é como um reconhecimento do direito de ser feliz, ter sucesso, do direito de optar e ser bem-sucedido na própria vida. Mas ela também libera o vinculado para que esse assuma a sua própria responsabilidade e seu poder de decisão. Mesmo em empresas e equipes, os posteriores abrem mão do sucesso, assim como de felicidade e satisfação em seu trabalho por lealdade aos outros.

Temos à disposição dois modelos para dar a bênção:

- O anterior diz ao posterior: "Tudo de bom para você. Você tem a minha bênção."
- O posterior senta-se no chão, encostando as costas nas pernas do anterior. Este coloca as mãos sobre a cabeça do que está sentado e o abençoa silenciosamente. Essa variante é, via de regra, utilizada somente em constelações familiares nas quais tios, tias ou avós dão as bênçãos aos sobrinhos e netos.

Eu sigo você/ Eu continuo no seu lugar

Hellinger constatou em sistemas familiares a seguinte dinâmica: crianças querem seguir na morte aos seus pais ou irmãos, que morreram precocemente. Eles vivem na ilusão infantil de que com isso estariam novamente juntos da pessoa amada ou que seriam iguais a ela. Na geração seguinte, isso gera a dinâmica que Hellinger descreveu com o lema: "Antes eu do que você!" Ou seja, a criança percebe que o pai ou a mãe querem morrer e se oferece para fazê-lo no lugar dele/dela.

Essa problemática de sucessão não pode ser transferida analogamente a empresas e instituições. No entanto, podemos observar uma tendência de membros do sistema continuarem o trabalho, os interesses, os projetos do falecido como se esse ainda vivesse. Os sucessores colocam-se no lugar dos falecidos.

"Continuo seu trabalho" nesses casos não só significa que um projeto iniciado, uma pesquisa etc. é continuada por ser importante para essa pessoa, mas a pessoa faz de conta que é o falecido (identificação). A solução dessa dinâmica é o falecido declarar:

- Eu estou morto.
- Esse destino é meu e não seu.
- Você vive e eu quero que você viva.

O sobrevivente honra o destino do outro e, caso se aplique, pede a bênção do falecido, para poder se voltar livremente aos seus próprios desejos, metas, projetos.

Estabelecer contato

Todas as frases de solução só terão efeito e levarão a uma realização interna, se ambas as pessoas em questão de fato se encontrarem, se houver um verdadeiro contato. Isso ocorre através dos olhos, do olhar. Às vezes, óculos interferem nessa forma de contato, então pedimos que a respectiva pessoa os tire. Às vezes, no entanto, mesmo sem óculos não há contato verdadeiro, pois uma pessoa não vê a pessoa que está diante de si, mas em vez disso projeta suas imagens internas no outro em uma espécie de transe – para ele mesmo muitas vezes imperceptível.

Quando o consultor percebe isso, ele pede que a respectiva pessoa volte sua atenção para fora, deixe as imagens internas e olhe para a pessoa à sua frente. Às vezes é de grande ajuda perguntar qual é a cor dos olhos da pessoa à frente. Essa pergunta só pode ser respondida se o outro não estiver em transe, ao menos por um momento.

Resolver a exposição dupla

Como exposição dupla denominamos uma situação na qual uma pessoa que temos diante de nós é identificada no plano inconsciente com uma pessoa importante do passado. Não é incomum que o chefe ou uma pessoa de autoridade como, por exemplo, um diretor ou até mesmo o treinador sejam identificados com o próprio pai. No plano inconsciente vemos ambas as pessoas ao mesmo tempo, justamente como em uma exposição dupla em um filme. Interessante nesse contexto é que as imagens internas de ambas as pessoas são imaginadas no mesmo local.

Isso pode ser constatado em testes, pedindo que a respectiva pessoa pense no pai (quando se trata do pai), memorizando onde exatamente em seu interior ela viu a imagem. (Por exemplo, meio à esquerda, a dois metros de distância, um pouco acima do eixo de visão.) Depois solicitamos que a pessoa pense em seu chefe (quando se trata do chefe), observando onde essa imagem está sendo vista. Se ambas as imagens forem representadas no mesmo local, pedimos que a pessoa separe as duas imagens. Assim, por exemplo, uma fica do lado esquerdo e a outra é levada para o lado direito. O cliente diz: "Este é o meu pai (olha para a esquerda) e este é o meu chefe (olha para a direita), são pessoas diferentes, uma não tem nada a ver com a outra."

Essa exposição dupla pode ser facilmente reconhecida quando as reações à outra pessoa na situação não são adequadas à relação, mas apontam mais para um relacionamento pai/filho ou semelhante.

Dissolver triangulação

Como triangulação entendemos, na terapia familiar, a inclusão de uma criança no conflito dos pais. Em geral subentende-se como triangulação a inclusão de pessoas de um nível hierárquico mais baixo num conflito em um nível hierárquico mais alto. Por exemplo, dois membros de uma diretoria possuem um conflito, no qual um dos dois faz coalizão com um chefe de departamento contra o outro diretor. Neste caso, a pessoa triangulada é o chefe de departamento. Via de regra, essas coalizões que ultrapassam níveis hierárquicos sempre são um indício para uma interferência sistêmica. A solução aqui é alcançada com o esclarecimento das competências (ver delimitação).

Deixar a imagem interior surtir efeito

A imagem final de uma constelação possui um efeito curativo como imagem interna. Se alguém no sistema a partir de uma nova imagem interna agir de forma que corresponda à nova imagem interna na ordem correta, isso tem um efeito curativo no sistema. Muitas vezes nem é mais necessário interferir para incentivar mudanças (combate do sintoma). Às vezes, essas ações por omissão têm mais efeito e são mais adequadas do que uma interferência ativa, proposital. Isso se aplica exatamente nos casos em que há uma discrepância entre a imagem de solução elaborada e a verdadeira realidade empresarial, a qual o cliente (a não ser que ele mesmo seja o chefe) não pode mudar em direção à imagem constelada por falta de competência e poder de decisão.

Por esse motivo é importante compreender que uma ação ativa externa só às vezes é conseqüência de uma constelação. Muitas vezes uma mudança de atitude em algum lugar do sistema já é suficiente para alterar sustentavelmente os padrões de interação no sistema inteiro. Inclusive ou especialmente quando a respectiva pessoa mantém sigilo sobre as suas experiências individuais na constelação dentro da empresa.

Categorias de sentimentos

Concordamos com a teoria de Hellinger, de que não somente há diversas categorias de sentimentos, mas que a percepção e distinção dessas categorias também têm uma posição relevante no âmbito do trabalho de intervenções sistêmico-dinâmicas. Segundo Hellinger há quatro tipos de sentimentos:

- Sentimentos primários
- Sentimentos secundários
- Sentimentos alheios
- Sentimentos de ser

Sentimentos primários

Como sentimento primário entendemos uma reação interna inalterada, original a uma ocorrência, um estado no mundo em que vivemos. Esse sentimento caracteriza-se pelo fato de nos preencher completamente, nos dominar, o qual nunca é múltiplo, mas sempre é compreendido como um sentimento claramente identificável, único: Uma explosão de amor, um impulso de raiva, ódio, tristeza etc. A permissão (que nem sempre é natural) de se consentir sentimentos primários gera uma concordância consigo mesmo e dá à própria pessoa e suas ações totalidade, contato direto e força.

Os efeitos para o ambiente também são característicos: sentimentos primários tocam o outro profundamente, aproximam as pessoas, geram simpatia, provocam união e harmonia, unem. A clareza interna, que eles geram, também é refletida no ambiente, incentiva a expressão direta de sentimentos e a harmonia consigo mesmo. Sentimentos primários parecem contagiosos.

Sentimentos secundários

Sentimentos secundários são os sentimentos exibidos que são vividos em lugar dos sentimentos primários por motivos de aceitação cultural. Se alguém considerar, por exemplo, inadequado expressar o sentimento primário de grande tristeza, ele pode ao invés disso demonstrar uma grande raiva ou alegria, sendo que a raiva ou alegria teriam o status de um sentimento secundário.

Sentimentos secundários provocam tédio e cansaço no ambiente, deixam as pessoas enfastiadas, provocam no ouvinte um impulso difuso de ação para tirar a tensão da situação, sem nem sequer proporcionar uma visão do que afinal deveria ser feito.

Sentimentos secundários não têm a força simples, clara, estruturadora e organizadora dos sentimentos primários. Eles são compostos por natureza, uma vez que o sentimento primário não permitido evidencia-se neles. Como os sentimentos secundários são expressos com um olho na reação do ambiente, eles têm aspectos falsos, artificiais, de apresentação e manipulação.

Sentimentos alheios

Sentimentos alheios são sentimentos assumidos no âmbito da identificação com outros membros do sistema familiar. São assumidos especialmente os sentimentos que não são permitidos pelo proprietário original dos sentimentos, que não são expressos abertamente, de forma que podemos falar de uma representação emocional.

Sentimentos alheios são altamente persistentes, estão presentes sempre de forma latente ou abertamente caracterizando o humor básico da pessoa. Como os sentimentos alheios não se baseiam em vivências pessoais, eles não podem ser trabalhados de forma comum em terapia. Não estão baseados em sensações próprias, ou seja, não têm suas origens em um trauma.

Sentimentos alheios são um importante critério diagnóstico, um indício para identificação, ou seja, uma importante referência de *script*. Eles não podem ser explicados a partir da situação atual. Podem ser identificados por meio de seus efeitos sobre o ambiente. Ao contrário dos sentimentos secundários, eles parecem mais paralisantes e deixam os outros sem saber o que fazer. Têm algo de penetrante e geram, ao contrário dos sentimentos secundários, menos turbulências, aborrecimentos ou a impressão de manipulação do que uma impressão de nebulosidade, geram uma estranha irritação e falta de esperança.

A única forma de manusear os sentimentos alheios é fazer com que estes sejam devolvidos e resolver a identificação na qual eles se baseiam.

Sentimentos de ser

Sentimentos de ser são sentimentos que poderiam talvez ser mais facilmente descritos como estados de ser. Como

CONSTELAÇÕES ORGANIZACIONAIS

estes são acompanhados por sentimentos de leveza, alegria, harmonia e plenitude. Eles acompanham estados espirituais. São sentidos como harmonia consigo mesmo e com o mundo. Quando surgem durante o trabalho terapêutico são um indício de que o trabalho está caminhando na direção correta.

Reconhecer estados de sentimentos como diretrizes na terapia

Sentimentos não são experimentados apenas quando se trata dos próprios sentimentos em si mesmo, mas com base no seu "efeito externo" podemos também constatar em que categoria de sentimentos a situação emocional da pessoa deverá ser classificada. Podemos reconhecer o efeito dos sentimentos alheios sobre a pessoa e sobre o ambiente dessa pessoa.

1. Sentimentos primários irradiam simplicidade, clareza, força e ordem. Geram união, simpatia e harmonia.
2. Sentimentos secundários parecem falsos, artificiais e manipuladores, deixam as pessoas indefesas e geram sentimentos de culpa. Podem ser reconhecidos também na sensação de tédio, enfastiamento, irritação e aborrecimento com o ambiente.
3. Sentimentos alheios têm efeito paralisante e deixam sem saber o que fazer. Têm algo de penetrante e geram a impressão de que não há nada a fazer e que não há esperanças.
4. A característica dos sentimentos de ser é a sua leveza, alegria, harmonia.

Sentimentos e atenção

Todos sabem que quando ouvimos algo há determinados momentos nos quais ocorre tédio, depois atenção e depois novamente tédio etc., e muitas vezes esse tédio leva à falta de vontade ou ao cansaço. Esse fenômeno é especialmente interessante quando ocorre em grupos, pois podemos notar que o grupo inteiro reage da mesma forma. De repente o grupo inteiro fica inquieto; como por uma ordem misteriosa todos os participantes perdem a concentração. O que houve?

A pessoa que está falando sai de uma fase de alto envolvimento pessoal e relevância para uma fase de falta de envolvimento relativa e irrelevância pessoal. Essas mudanças normalmente se tornam evidentes aos ouvintes (de forma em geral inconsciente) e, como reação, eles perdem a atenção.

Atenção e falta de atenção

O ponto de mudança acima descrito, no qual os ouvintes não prestam mais atenção ao orador, marca a mudança em que o orador passa de algo relevante e primário para algo irrelevante e secundário. Ao invés do essencial ocorre algo não-essencial, que se sobrepõe ao essencial por medo de sanções culturais e morais.

O outro não-essencial consiste no fato de que o orador:

a) Passa para um assunto vinculado a outro sentimento, por considerar inaceitável a questão original com os seus sentimentos pertinentes, ou quer receber de forma oculta o que não ousa articular abertamente (elogio, reconhecimento, confirmação, sexo); ou que ele
b) Expressa algo estranho, que encobre e substitui a questão própria (aqui temos questões alheias, sentimentos alheios, competências e causas).

O desvio da atenção (própria e dos outros) é um meio confiável de diagnóstico para reconhecer sentimentos secundários e alheios. Sentimentos alheios, por sua vez, são parte da identificação no plano do sistema.

Cada um é parte do sistema

Para poder utilizar o efeito de sentimentos alheios em si mesmo como instrumento diagnóstico,

1. o consultor precisa de experiência em reconhecer categorias de sentimentos,
2. precisa aprender a agir como receptor,
3. precisa obviamente também utilizar todos os outros canais (visual, auditivo) e, possivelmente, procurar um *feedback* dos clientes ou do grupo, para checar a sua percepção.

Neste ponto, é muito importante que o consultor aja como parceiro construtivo em relação ao cliente no que se refere a sentimentos secundários e alheios. Isso significa que ele deve tematizar esses estados negativos com base nas categorias de sentimentos reconhecidas e en-

CATEGORIAS DE SENTIMENTOS

contrar caminhos construtivos para sair desses estados. É importante interromper isso, uma vez que o consultor como receptor é sempre ao mesmo tempo emissor (assim como todos os outros participantes do grupo); se um estado negativo aqui não for interrompido, pode facilmente ocorrer um circuito de *feedback* positivo, ou seja, ocorre uma estabilização não desejada dentro do sistema consultor/cliente (eventualmente grupo).

Indícios para reconhecer emaranhamentos

As categorias de sentimentos acima mencionadas já foram descritas como instrumento diagnóstico; o efeito distinto das situações afetivas para o ambiente é um indício do estado interior do cliente. Podemos utilizar esse vínculo entre um estado visivelmente reconhecível externamente e um estado interno para concluir, a partir da percepção de fenômenos externos, determinados estados internos. A percepção externa, portanto, torna-se um indício de diagnóstico (ID) para determinados estados internos. Aqui não somente as categorias de sentimentos, mas todo o espectro da fisiologia perceptível são dicas de diagnóstico para estados internos.

A seguir queremos retratar quais ID temos para emaranhamentos sistêmicos, como eles podem ser reconhecidos, quais perguntas ocorrem depois de qual ID e como elas podem ser utilizadas para um diagnóstico e para a conclusão de intervenções na consultoria.

Podemos distinguir entre indícios de diagnóstico:

- perceptíveis externamente;
- aqueles que só o cliente pode perceber em sua percepção subjetiva, mas pode nos informar;
- e aqueles que o terapeuta percebe em si mesmo (percepção de sentimento).

Os indícios de diagnóstico perceptíveis interna e externamente podem ser distinguidos em visuais, auditivos e sinestésicos.

Os indícios de diagnóstico apresentados a seguir referem-se a duas das quatro categorias de sentimentos encontradas por Hellinger: Sentimentos secundários e sentimentos alheios.

Para podermos trabalhar de forma precisa, é importante distinguir exatamente entre o humor básico, a fisiologia de uma pessoa e o seu efeito para o ambiente no sentimento secundário ou alheio.

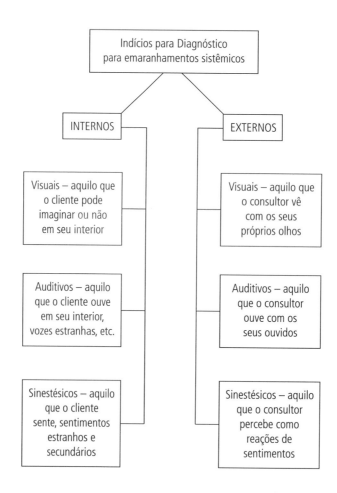

Indícios de diagnóstico na linguagem

Indícios de diagnóstico auditivo-digitais

Como indícios de acesso auditivo-digitais entendemos (na PNL) as palavras que a pessoa usa para expressar um determinado conteúdo, ao contrário dos auditivo-tonais, que se referem ao som da voz e aos padrões de entonação.

No caso dos sentimentos secundários e alheios, a linguagem, tanto no plano sonoro como no plano digital, é fortemente orientada para o problema, relatando todos os detalhes com a maior exatidão, de forma que o consultor mal tem oportunidade de interromper o cliente ou orientá-lo em uma solução. Todavia, ao elaborar um genograma o consultor deverá descobrir, por meio de perguntas exatas, onde há necessidade de uma possível sucessão, de uma substituição ou de uma ação de remissão. Para obter as informações necessárias nesses casos, precisa-se muitas vezes até mesmo tolerar a má vontade dos clientes, relutantes em tocar nesses "assuntos passados". E mesmo quando falam sobre o assunto, esses clientes dão a impressão de não estarem participando internamente e/ou não têm conhecimento de algum detalhe. Muitas vezes oferecem razões racionalizadas sobre o motivo de não conseguirem essas informações, ou têm receio de perguntar a parentes para não tocar em algo esquecido há muito tempo, ou em algum tabu. Aqui já se evidencia a lealdade dos clientes em relação aos seus sistemas. Em suas frases encontramos muitas vezes generalizações, anulações e discordâncias – como muitas vezes em situações terapêuticas. Se, além disso, ainda ocorrer uma irritação difusa, uma determinada sobrecarga do consultor, já temos o indício de que há sentimentos alheios.

O conteúdo do que é informado é importante, se os sintomas relatados não puderem ser esclarecidos a partir do conhecimento do *curriculum vitae* do cliente. Por exemplo, seria bom verificar se uma atitude depressiva pode advir da opressão da espontaneidade de uma expressão de felicidade pelos pais, se pode, por exemplo, ser considerada um sentimento substituto ou uma conseqüência de mortes não choradas, a sucessão de pessoas excluídas, portanto, um sentimento alheio para compensar uma vida não tomada.

Quando há sentimentos alheios, o cliente utiliza frases e palavras que indicam um emaranhamento (por exemplo, uma identificação), especialmente quando são interpretadas literalmente:

- "Dependo tanto de..."

- "Não consigo me desligar disso (dele/dela)..."
- "Tenho medo de ser como ele..."
- "Tenho os mesmos sintomas..."

Indícios auditivo-sonoros

O trabalho de Hellinger mostrou que as pessoas muitas vezes compensam a falta de capacidade de tomar (a vida, a felicidade, tudo de positivo que acontece) por uma atitude generalizada de acusação. Nesse contexto, a ciência das diferentes categorias de sentimentos ajuda a distinguir se uma pessoa adquiriu esse tom acusador devido a sentimentos substitutos ou devido a um emaranhamento sistêmico – uma distinção importante, uma vez que cada aspecto levaria a uma intervenção diferente.

Em geral a forma de falar pode ser um indício de diagnóstico, sempre que esta não for condizente com a idade e/ou com o status social. Por exemplo: um jovem músico, quando fala de seus problemas, fala como um homem de negócios idoso e formal.

As distinções abaixo informadas podem ser um indício tanto de sentimentos secundários como de sentimentos alheios. Quando os clientes fazem o jogo da vítima (sentimento secundário), a forma de falar tampouco corresponde à sua idade cronológica: eles falam em um "tom de reclamação" ou falam com voz de criança, ou de forma muito dramática ou em um tom de súplica inadequado, ou com muita intimidade etc., também quando eles falam muito rapidamente, sem parar, como se alguém lhes tivesse dado corda; quando falam de forma acusadora, isso pode ser um indício de sentimentos secundários.

Indícios auditivo-sonoros são:

- voz de criança;
- voz de contador de histórias;
- voz com uma intimidade inadequada;
- cochicho;
- falar sem parar, como se alguém lhe tivesse dado corda;
- voz acusadora, sem motivo, na interação.

Nossa experiência demonstra que uma forma de falar extremamente rápida, sem parar, muitas vezes é um indício de que a pessoa está encobrindo uma emoção muito forte, ou que ela acha que não tem direito de tomar o seu tempo. Como intervenção, sugerimos solicitar ao cliente que ele fale conscientemente devagar e que o alertemos, sempre educadamente, quando ele retornar ao seu antigo modo de falar. Isso, em pouco tempo, provoca uma reação emocional forte, com a qual podemos trabalhar.

Indícios de diagnóstico visuais

Hellinger encontrou a maior quantidade de indícios para emaranhamentos sistêmicos em suas constelações familiares tomando posições deslocadas. Como nem sempre temos um grupo à disposição para realizar a constelação e solucionar emaranhamentos e como, além disso, ainda precisamos de orientações na situação da consulta individual, selecionamos os seguintes.

Para ambas as categorias de sentimentos temos:

- O cliente não está "mostrando o seu próprio rosto".
- Em caso de sentimentos secundários é, muitas vezes, o sorriso de uma criança obediente, que espera uma recompensa pela sua obediência, no sentido de "Estou fazendo tudo direitinho?"
- Um pouco mais difícil de distinguir é o rosto da criança leal, que sorri para os pais (ver detalhes abaixo).

Exemplo para sentimentos secundários:

- Alguém fala de sua depressão, sorrindo.
- Alguém conta entusiasmado como está cansado e esgotado.
- Alguém fala com uma expressão grave e triste sobre os seus sucessos profissionais.
- Alguém fala alegremente sobre pessoas que acabou de perder.

Isso significa: Mesmo o principal indício mencionado para sentimentos alheios, o sorriso ao falar de coisas ruins, aplica-se a ambas as categorias de sentimentos, a sentimentos secundários e a sentimentos alheios.

O cliente
- exibe sempre a mesma expressão (de modo crônico ou inadequada à situação)
- está sempre igualmente triste ou sorridente.

Quando se trata de sentimentos secundários, isso pode ser conseqüência da proibição de sentimentos primários, por exemplo, se uma criança ciumenta tiver aprendido a dissimular os seus ciúmes e precisa ser sempre solícita e aberta. Ou se uma criança não pôde viver a tristeza com a morte da mãe e, portanto, é cronicamente alegre em todas as situações.

- A expressão ou o hábito parecem mais velhos ou mais jovens e não combinam com a pessoa.
- Um aspecto mais jovem pode ser indício para um sentimento secundário. Mas pode também ser um indício de que a atenção foi interrompida. Uma aparência mais velha é, muitas vezes, um início para um emaranhamento, uma identificação com um antecessor.
- O cliente mostra o comportamento, a atitude de outra pessoa.
  Isso, em combinação com determinados costumes ou sintomas pode, muitas vezes, ser indício para uma identificação.

Por exemplo: Uma cliente conta sorridente e feliz sobre o "dia de cão" que ela teve, fala alegre sobre o medo de ter feito algo de errado e ainda conta rindo que no dia seguinte terá de extrair um dente. De seu histórico familiar eu sabia que ela sempre tinha de ser "a menina alegre", que deveria exibir "a bandeira do bom humor da família" por causa da situação financeira desastrosa e das constantes brigas entre seus pais. Quando se trata de sentimentos alheios, o rosto fica mais fechado ou o sorriso não parece repleto de sentimentos. Somente quando o amor da criança pela pessoa, a qual ela segue e com a qual se identifica, for exibido o sorriso ficará mais caloroso.

Por exemplo: Uma cliente sabia da existência de uma irmã, uma filha ilegítima do pai. Quando ela falava a respeito, e também da exclusão da mãe dessa irmã, ela exibia um sorriso vazio. Somente depois que as tentativas positivas daquela mulher, de permitir ao pai o contato com a filha, foram honradas, seu sorriso exibiu sentimentos e emoções.

As clientes muitas vezes nem têm imagem da pessoa excluída, a pessoa não existe na imagem interna da família (às vezes nem há fotos). O efeito no interior pode ser metaforicamente descrito como uma mancha escura em um filme exposto normalmente. Existe a tendência de não olhar direta e espontaneamente para a pessoa que foi incluída no sistema (em uma visualização ou uma constelação com representantes). Isso significa que não está sendo estabelecido um relacionamento, o emaranhamento permanece.

O cliente
- não está exibindo o seu próprio rosto;

- exibe sempre a mesma expressão (de forma crônica ou inadequada à situação);
- está sempre igualmente triste ou sorridente;
- possui o hábito de outra pessoa, eventualmente até do outro sexo;
- o rosto e os hábitos parecem inadequados para a idade.

Fechar os olhos é, muitas vezes, um indício de que os clientes querem permanecer em suas próprias imagens e sentimentos (normalmente aqueles que geram uma interferência) ou que ainda não vêem alternativa para isso. Isso pode, assim como o costume de ficar piscando ou olhar permanentemente para outra direção, estar fundamentado em medo. Pode ser um indício de que a pessoa ainda sinta mais segurança no sentimento substituto. Mas também poder indicar a permanência na "presunção", no sentimento infantil de ilusão.

Se alguém não estiver exibindo o seu próprio rosto, o consultor poderá dizer ao cliente:

Consultor: "Sinta a sua expressão! Como você se sente?"

Cliente: "Com raiva!"

Consultor: "Quem em sua família possui essa expressão de raiva?"

Quando a expressão é sempre a mesma, pode-se suspeitar de que o cliente expressa um sentimento alheio de forma crônica. O consultor nesse caso pode dizer:

Consultor: "Sinta o seu rosto! Como você denominaria o sentimento que está constantemente expressando?"

Cliente: "Tristeza!"

Consultor: "Você está expressando a tristeza de quem? É sua ou pertence a outra pessoa?"

Se o cliente não encontrar imediatamente a resposta certa, é uma boa dica procurá-la com ele cuidadosamente, até que ele e o consultor tenham a impressão de que a palavra e a expressão combinem.

Outra dica importante para um emaranhamento sistêmico é a incapacidade de o cliente olhar para uma determinada pessoa em sua imaginação.

O cliente
- fecha os olhos,
- fica piscando,
- coloca as mãos sobre os olhos,

- desvia o olhar apesar da solicitação de olhar para lá,
- tem um olhar rígido e sem expressão (sem movimentos de radar).

Neste caso, o ideal seria que o consultor pedisse ao cliente que olhasse apesar do desconforto, até ele de fato conseguir perceber a respectiva pessoa, para estabelecer uma relação verdadeira.

Assim, gostaria de fazer referência ao deslocamento da posição normal de percepção descrita por C. Andreas (1994). Esse deslocamento da posição normal de percepção pode tanto ser indício de um trauma como de um emaranhamento sistêmico.

Trauma, emaranhamento

Nesse ponto parece, portanto, ser adequado atentar novamente para a diferença entre trauma e emaranhamento sistêmico. Por trauma entendemos uma vivência que a própria pessoa teve e que não pôde ser integrada na época em que ocorreu. Isso se aplica tanto a acontecimentos na infância como a acontecimentos na idade adulta.

O emaranhamento pode ser definido tanto do ponto de vista do sistema, como também do indivíduo.

Do ponto de vista do sistema: a força do sistema escolhe um descendente para realizar a compensação para a tarefa de vida que não foi assumida (falta de responsabilidade), de excluídos e desvalorizados (= figuras não fechadas do sistema).

Do ponto de vista do indivíduo: a pessoa emaranhada responde por algo que não é de sua competência. O emaranhamento ocorre quando se assume uma responsabilidade por algo que não é de sua competência. Conforme já mencionamos diversas vezes é importante no trabalho terapêutico resolver primeiro os emaranhamentos e depois se voltar para os traumas. Muitas vezes os traumas só podem ser explicados e compreendidos com base em um emaranhamento.

Representações internas: auditivas

Não existem somente sentimentos alheios, mas também vozes alheias. Esse conceito, no entanto, não é abordado por Hellinger. As vozes alheias são a expressão auditiva de uma introjeção. Como introjeção subentende-se, na psicologia, a imitação inconsciente de atitudes e avaliações de pessoas importantes para o nosso desenvolvimento.

Essas vozes estão, muitas vezes, fora da consciência do cliente. Uma tal voz alheia poderia, por exemplo, ser a voz do pai que está sempre criticando o que fazemos. Na maioria das vezes, o cliente então sente sua reação sinestésica a essa voz interna. Mas podemos questionar, se as vozes alheias deverão ser compreendidas analogamente aos sentimentos alheios. Podemos considerá-las mais como introjeções, como um motor interno do *script* pessoal.

Representações internas: visuais

Um indício importante de um emaranhamento sistêmico ou de uma tarefa de *script* é a incapacidade do cliente de imaginar claramente o seu objetivo, a ponto de sua fisiologia se alterar para uma fisiologia de metas e recursos. O cliente fala entediado sobre essa meta, gerando a impressão de que ela não representa nada para ele, que ele não está disposto a se engajar muito por ela. Outra dica visual interna importante é a já mencionada dupla exposição. Aqui entendemos que uma pessoa vê em seu interior no mesmo lugar duas pessoas ao mesmo tempo, sem ter consciência disso. Por exemplo, o pai e o marido, ou a esposa e a mãe. Isso não é necessariamente um indício de um emaranhamento sistêmico, mas muito freqüentemente é.

Solucionar exposições duplas é uma intervenção breve que pode facilmente ser feita em uma primeira entrevista, para esclarecer confusões de papéis. Virginia Satir já utilizava esses recursos em seu repertório (ver também a apresentação dos papéis), mandando colocar duas pessoas uma atrás da outra, e depois as separando claramente. Utilizamos esse método como artifício para possibilitar

ao cliente solucionar simbioses ilusórias, por exemplo, parentificações.

A questão que se coloca aqui aponta para a possibilidade de reconhecer uma eventual dupla exposição, da qual o cliente naquele momento não tem consciência. O método mais simples consiste em se sintonizar com a incongruência. Se, por exemplo, um jovem tem problemas com a namorada,

1. então o consultor pede ao cliente que imagine o seu rosto (fora de uma situação-problema). Se ele apresentar uma expressão que não condiz com a de um jovem apaixonado, que está pensando em sua namorada, o consultor pede
2. que o cliente imagine o rosto de sua mãe, perguntando, onde ele a está vendo. Se estiver no mesmo lugar, o consultor separa
3. as imagens com as mãos e diz ao cliente, enquanto aponta para os respectivos locais: "Esta é a sua mãe e esta é a sua namorada, e elas não são idênticas; esta é a sua namorada e esta é a sua mãe, são duas pessoas distintas."
4. TESTE: Agora o consultor pede ao cliente que ele pense novamente na namorada. Ele se sintoniza com as reações fisiológicas do cliente e observa se a direção do olhar para ambas as pessoas é diferente.

Essa pequena intervenção é, muitas vezes, suficiente para eliminar o problema que o cliente traz e, freqüentemente, é somente um passo em uma série de intervenções que levam ao esclarecimento da relação entre o filho e a mãe.

Possibilidades de constelações

No contexto de uma empresa, um departamento poderia ser constelado por um outro departamento como representante, enquanto o departamento, cuja imagem está sendo constelada, observa. Se algumas pessoas não forem acessíveis a uma constelação poderíamos utilizar as frases de praxe na constelação de forma oculta. Por exemplo, com frases como: "Você antes de mim, eu depois, é assim que fica." Ou, então, em vez de pessoas poderiam ser constelados aspectos do problema. Por exemplo, a fonte como símbolo. Dessa forma é indiretamente constelado aquele que é a fonte do problema. Ou o obstáculo, que simboliza aquele que está causando impedimentos. Essa é uma variante de Matthias Varga von Kibéd.

Diferentes tipos de constelação

a) Conflitos típicos em empresas com suspeita sobre a causa do conflito na família de origem. O procedimento deverá ser realizado em três etapas:

- a constelação organizacional que evidencia o problema,
- a constelação da família de origem, assim como
- a constelação organizacional de integração como conclusão.

a1) O chefe ou fundador reencena o seu tema básico familiar na constituição da empresa.

a2) Os colaboradores reencenam as suas experiências familiares básicas como, por exemplo, triangulações na situação profissional.

a3) Consultores externos e treinadores são incluídos no emaranhamento com a contratação e seu próprio emaranhamento não resolvido; traumatização e contratos de *script* impedem que eles o percebam e se delimitem.

b) Constelação organizacional: com pessoas estranhas ao sistema, os participantes do sistema relevantes para o conflito serão representados, além de assuntos adicionais como objetivos empresariais, clientes, dívidas, capital, tudo que cause stress etc.

c) Constelação de posições: no sistema, com participantes do sistema. O objetivo não é a solução, mas em primeiro lugar proporcionar informações. Procedimento: um ou mais participantes do sistema constela a sua imagem interna como posição. Âmbito: visão subjetiva. O objetivo é a obtenção de informações.

d) Trabalho em grupos: o treinador apresenta a ordem no sistema, depois os colaboradores são subdivididos em diversos grupos para trabalhar a questão: onde houve violações sistêmicas na empresa e quais poderiam ser as possíveis soluções? Depois do trabalho em grupos, os participantes voltam ao plenário e apresentam as suas hipóteses. Para contribuir com a energia de solução, os participantes poderiam sentar-se de acordo com as leis da ordem.

e) Rituais: por exemplo, um transe no qual os participantes retornam a sua infância e recebem recursos de sua família de origem. Com essa força de sistema eles retornam ao presente, onde é realizado um ritual de despedida dos membros do sistema que saíram, agradecendo os serviços que os colaboradores que saíram do sistema prestaram a eles; essas pessoas são honradas. Depois o transe prossegue e é orientado para o futuro, para que dessa nova força possa ser criado algo de novo no futuro.

Questões sobre empresas familiares

Resumimos a seguir as principais perguntas que estruturam a entrevista inicial (metaformato fase 5):

Pertinência
- De que se trata? (tema)
- Quem faz parte? (como pergunta aberta)
- Quem faz parte da empresa?
  - Quem faz parte da família?
  - Quem faz parte de ambos os sistemas? (desenhar o organograma e o genograma)
- Como é a hierarquia de tempo de pertinência? Ela está sendo observada?
- Quem fundou a empresa?
- Quem a conduz hoje?
- Como exatamente é o desenvolvimento histórico?
- Quem não foi contemplado na herança?
- Quem foi excluído?
- Quem é/foi a "ovelha negra"?
- Quem cedeu lugar e não foi honrado?
- Quem assumiu méritos de outrem?

Crises
- Quais foram os momentos críticos no desenvolvimento?
- O que causou as crises?

Poder
- Quem é o chefe (juridicamente e de fato)?
- Quem tem procuração?

Sucessão
- Quais foram as normas de sucessão?
- Quando e como a chefia foi entregue? (Também no sentido de: o que precisa acontecer para que alguém entregue a chefia?)

Méritos
- Quem contribuiu com o que para a empresa (dinheiro, nome, *know-how*)?

Família – Empresa
- Quem entrou na empresa depois do casamento?
- Qual é o modo de contratação? São contratados prioritariamente membros da família ou estranhos? Quem tem mais chances de carreira, os membros da família ou externos?

Competência e risco
- Como é explicada a hierarquia de competências?
- Quem é responsável por o quê?
- Quem assume qual risco?
- Como o lucro é distribuído?
- Como é a distribuição salarial? (no sentido de: os membros da família estão sendo remunerados adequadamente?)
- Como são distribuídos os recursos? (finanças, imóveis, material)

Forma jurídica
- Quem possui quais direitos?
- Como estes são usados?
- Qual é a forma jurídica da empresa?
- Quem decide sobre o encerramento das atividades comerciais, ou quem decidiria?

Lealdade
- Quem é leal com quem (eventualmente, a que preço)?
- Com quem a pessoa que tem o maior (ou o menor) desempenho está comprometida?

Constelar organizações

Gostaríamos de concluir a parte técnica do presente capítulo com algumas frases que resumem de forma aforística as experiências de longa data de Bert Hellinger sobre o tema "Trabalho de constelação com organizações". Foram anotadas em um seminário de Hellinger com esse tema.

Ordem

- Ordens são uma realidade percebida, elas fluem. Um entendimento que possui efeito.
- O chefe sempre tem o primeiro lugar, depois a hierarquia corresponde ao tempo de pertinência.
- A administração tem prioridade devido à sua função.
- A pessoa responsável pelas finanças tem importância especial.

Vínculo e honra

- O maior vínculo está no nível inferior.
- Pequenos funcionários, nos denominados cargos insignificantes, não podem ser subestimados, eles muitas vezes carregam algo para os superiores.
- Funcionários demitidos têm um efeito negativo para o sistema se eles tiverem sido demitidos como bodes expiatórios, quando são excluídos ou se os seus trabalhos não forem honrados.
- Cada um é pertinente no mesmo nível. Cada um tem o direito de fazer parte, do menor colaborador ao chefe superior. Uma violação desse princípio enfraquece o sistema.
- Se um sistema realiza exclusões com facilidade, os limites perdem a nitidez. O indivíduo se pergunta: Ainda faço parte ou não? Assim também diminui a identificação com a empresa.
- A solução é a honra. A sobrevivência da empresa tem prioridade. Portanto, é permitido desempregar pessoas, mas a questão é como isso é realizado. Segundo quais critérios são escolhidas as pessoas que deverão ser demitidas? Um bom critério seria o tempo de pertinência. Quem não pertence há muito tempo, será o primeiro a ser demitido.
- Importante seria também um ritual de despedida e um ressarcimento adequado.
- Outro bom critério é: quem é importante para a sobrevivência do sistema?

- Alguém foi excluído? Em caso positivo, ele deverá ser visualizado. Se uma única pessoa faz isso individualmente, isso tem efeito somente para essa pessoa. Se o chefe o fizer, o efeito será para toda a empresa.
- Se o fundador ainda estiver vivo, isso sempre influencia o sistema.
- Se o fundador não for honrado, isso tem efeito sobre a moral de trabalho e a identificação; ambas diminuem.
- Se os colaboradores com mais tempo de serviço não forem honrados, isso impede o crescimento do sistema, uma vez que nesse caso os colaboradores com mais tempo de serviço sempre precisam se proteger contra os novos e as inovações.
- Em uma associação de autônomos vale: quem precisa do outro, permanece! Outros terão de partir. Um grupo significa sempre pessoas que precisam umas das outras. Procura-se um parceiro, quando se precisa de um.
- Quando alguém se sente melhor em um grupo ou se sente inocente, ele pensa que aumenta o seu direito de pertinência. Com isso ele destrói o grupo, pois para um grupo o direito de pertinência igual para todos é necessário.
- Aceitar é condescendente. Honrar é humilde.

Limites do sistema – Níveis hierárquicos e liderança

- Ninguém pode vencer o superior.
- Sem a aprovação da diretoria nenhuma mudança será bem-sucedida. Já a pergunta: "Como posso fazer para que a diretoria aja assim ou de outra forma?", representa uma falta de respeito.
- A diretoria deverá ser respeitada, e as ações deverão ser tomadas a partir desse respeito. Aceitação e avaliação são arrogantes. É com a concordância que se abrem as portas.
- Uma organização possui uma necessidade de liderança. Se essa necessidade é correspondida, isso é considerado agradável. Se um chefe não satisfaz essa necessidade, ele se torna autoritário e as pessoas ficam insatisfeitas.
- No caso de uma associação menos formal é importante para o sucesso como as pessoas lidam com aquelas que assumem a liderança. A função

de liderança é um serviço. É importante que esse seja honrado.

- Dois chefes em uma mesma área não funcionam. É necessário que haja sempre um chefe. A não ser que as áreas de trabalho sejam distintas e eles se alternem.

Compensação

- Se uma pessoa tomar mais do sistema do que investiu, e a pessoa se desliga, não há um efeito negativo para o sistema; a pessoa precisa resolver isso sozinha.
- Se a pessoa que se desliga foi explorada, ela será novamente representada por uma pessoa no sistema (identificação).

O objetivo social

- Empresas na área social não podem ter muito lucro; isso não funciona.
- Em uma empresa a questão fundamental é: alguém está tendo lucro porque produz um bom produto ou ele produz para ter lucro?
- Qual é a motivação principal? Se o foco está no dinheiro, então o dinheiro conduz o produto e não vice-versa. A resposta a essa pergunta faz uma grande diferença no clima da empresa. (Ver questão principal da PNL): trata-se do pensamento principal na empresa.
- Por exemplo, na constelação para uma Caixa Econômica a questão era: Por que a flutuação de colaboradores aqui é tão grande? A constelação evidenciou que a Caixa Econômica se afastou cada vez mais do objetivo empresarial propriamente dito, com o qual ela foi fundada, uma vez que foram acrescentados cada vez mais produtos. Quando, portanto, o objetivo principal de uma empresa for a autopreservação, ela poderá fechar logo.
- O objetivo principal de uma empresa não poderá ser abandonado.
- Uma empresa precisa de uma meta e de um objetivo social.

Consultor, processos de mudanças e estilo de trabalho

- A condição prévia para ser um consultor é entrar no sistema com a disposição de partilhar o destino do sistema. Ou seja, não com a sensação: bem, vou fazer a consultoria, mas não é problema meu se eles irão à falência ou não. Amor e humildade são importantes.

- Se tivermos a idéia de mudar alguém, essa pessoa não mudará. Ela automaticamente desenvolverá uma resistência, pois a dignidade dela foi violada. Se a pessoa puder permanecer como é, então ela pode mudar. O consultor não mudará nada. Só traz a realidade à luz. E isso pode gerar mudanças.
- Humildade é a aprovação do mundo do jeito que ele é, aprovação da própria insignificância e da própria grandeza. (Esta última precisa de mais coragem.) Muitas pessoas evitam a sua própria grandeza – isso é covardia. Querer mudar alguma coisa é arrogância. As possibilidades estão na aprovação.
- Se encararmos as coisas inevitáveis, elas recuam – um pouco.
- Sempre quando dou um conselho a alguém, sua dignidade lhe ordena que ele faça algo diferente.
- O que é certo não pode ser explicado. É dito e basta.
- A energia que o consultor pessoalmente investe é perdida àqueles que o fazem.
- Se eu como consultor não gosto de um cliente, eu o imagino como criança de 4 anos de idade, no ambiente e no contexto no qual ele cresceu, com todo o carinho, assim eu tenho um contexto diferente e consigo aceitá-lo.
- O mais importante é a atitude básica que temos em relação a outras pessoas. Desta resulta – fazendo sem fazer – uma ação sem intenções.
- Um consultor deverá se orientar nas necessidades existentes. Assim ele é aceito.
- Aquilo que o cliente não quer e não teme ajuda. Explica-se ao contratante: farei o melhor que posso. O contrato é sempre: descubra o que deverá ser feito.
- A melhor condução é a partir da última posição.
- O consultor é o último e está na última posição. Ele se encaixa. Se ele respeitar isso, terá a maior influência. Forma-se um círculo e o consultor está à direita, ao lado do chefe, e não se considera tão importante. Assim ele poderá ter influência.
- Influência não é o mesmo que poder. Alguém que tem influência fica em segundo plano. Está quieto no meio de todos. Toda pessoa que tem influência fica em segundo plano. Fica quieta no centro.
- Cada um no grupo possui algo de que o outro necessita. Um pastor se torna pastor devido às ovelhas, mas as ovelhas não se tornam ovelhas por causa do pastor. O consultor deverá sempre manter a sua dignidade, senão ele entrega o seu poder

CONSTELAÇÕES ORGANIZACIONAIS

positivo. Quem respeita a si mesmo dá ao outro a oportunidade de respeitar a si próprio.

- A solução proporciona medo; o problema dá segurança.
- Quando ouço o problema, não posso resolvê-lo.
- Em grupos há sempre um acordo tácito de preservar o problema. Somente o terapeuta tem a coragem para as soluções.
- A constelação não nos isenta do próprio processo interno.
- Como consultor empresarial posso ancorar o resultado em uma tarefa aberta (processo de busca). Com isso a formulação do objetivo é precisa e a formulação da tarefa fica aberta. Antes de mencionar a tarefa posso deixar os participantes estimarem em uma escala (conforme Steve de Shazer), qual a probabilidade de que eles realizarão a tarefa. Estilo de trabalho: em uma constelação seria melhor perguntar: "Como se sente a diretoria?" do que perguntar "Como você se sente?".
- O consultor quer auxiliar todo o sistema, mas tem a tarefa de aconselhar somente um determinado departamento. Solução: considerar a sua própria intenção como recurso, mas não se deixar dominar por ela. Constelação: o consultor é constelado, e diante dele as suas próprias intenções. O consultor diz para a intenção: "Tomo de você e eu mesmo decido como usar a sua força." Assim ele pode permanecer nos limites de sua tarefa.
- Se o consultor assume muita responsabilidade, podemos constelá-lo no sistema. Frase: "Bom, agora você assume a sua imagem e exige deles que façam a sua própria parte." Aqui estamos nos referindo aos participantes do sistema.
- Um consultor não pode ser o superchefe. Um chefe demitiu um funcionário e o consultor está en-

volvido na tarefa. Frase de solução: consultor para o chefe: "Aquilo que deverá ser esclarecido (em relação ao demitido) deixo com você. Sou somente o seu consultor."
- Curiosidade toma conta do outro. Curiosidade significa que quero saber mais do que é necessário para a solução – de forma negativa. A máxima redução é o âmbito para honrar.
- O pensamento serve para processar algo que não pode ser processado: "Esqueço algo que está atrás de mim e tento alcançar algo que está à minha frente!"

Geral

- As elites só se distinguem em um ponto: não procuram o culpado e, com isso, têm capacidade de ação.
- Quem procura muito rápido toda a culpa em si mesmo, fecha os olhos a outras coisas.
- Argumentos no reconhecimento paralisam e destroem.
- O poder em grupos é real. Ele resulta das necessidades e da possibilidade de satisfazê-las.
- Nenhuma frase pode ser absoluta.
- A aquisição está muito afastada do conceito de serviço.
- A diferença entre um mestre e um aluno: um aluno nunca será um mestre e um mestre nunca foi um aluno. Explicação: um mestre olha e, portanto, não precisa aprender. Um aluno aprende e, portanto, deixa de olhar.
- Quem sai enfrentando o seu objetivo recebe menos do que o esperado. Quem permite que o objetivo se aproxime, receberá mais do que sequer algum dia sonhou; recebe de presente.

Perguntas sobre o poder

Uma entrevista com Bert Hellinger

Os entrevistadores foram Klaus Grochowiak e Robert Stein-Holzheim

K e R: A primeira pergunta será sobre a categoria do poder. A categoria do poder praticamente nunca aparece nos atuais princípios terapêuticos. Ao menos não conheço nenhum princípio no qual o poder tem alguma importância, nem nos seus textos.

H: Já mencionei o poder em *Ordens do Amor*.[1] Quando falo sobre as organizações, também menciono esse assunto.

K e R: Sim, mas só superficialmente. No entanto, agora que o método das constelações está sendo mais difundido, o poder imediatamente se torna um assunto central.

H: Isso.

K e R: E agora se levanta a dúvida: Que papel tem para você o poder na estrutura de categorias de Ordem, Vínculo e Compensação nas organizações?

H: Bem, em primeiro lugar precisamos ver como o poder acontece. O poder ocorre onde há um desnível entre uma necessidade, por um lado, e o poder de satisfazer essa necessidade ou a força de satisfazê-la, por outro lado.

Se alguém tem uma necessidade e o outro pode satisfazê-la, então este tem poder em relação a essa necessidade. E esse poder é benéfico. Assim é que o poder é gerado. Por exemplo, os pais estão em uma posição de poder em relação aos seus filhos, que têm necessidades, e enquanto eles têm necessidades, os pais têm o poder. E esse poder é benéfico. E se esse poder existe, se alguém tem esse poder, deve utilizá-lo. Pois se ele não usa o poder, ele deixa aqueles que estão necessitados zangados. E com razão.

Agora, se você pensar em uma organização, esta precisa de alguém que a construa, que a coloque para funcionar e todos os que estão na organização precisam de alguém que os organize. Esse seria o chefe. E o chefe, portanto, tem poder, não porque ele se atribui esse poder, mas por satisfazer uma necessidade que os outros têm. E ele tem esse poder enquanto perdurar a necessidade.

Se eu, por exemplo, for ao médico e precisar de sua ajuda, ele tem poder sobre mim. E eu estou feliz por ele exercer esse poder. Depois de terminado o meu tratamento, ele não tem mais poder. Então estamos no mesmo nível, como pessoa diante de pessoa. Talvez ele me pergunte algo sobre constelações familiares, e naquele momento ele precisa de mim e eu tenho poder. Mas somente enquanto ele precisa dele.

Bem, o poder benéfico, por exemplo, em um grupo, é sempre um poder rotativo. Dependendo do que cada um tem a oferecer. Vejamos em uma empresa: aquele que tem uma contribuição especial, por exemplo, alguém que cuida do desenvolvimento, tem um poder especial nessa área. Nessa área o chefe depende dele, e assim o chefe com o seu poder serve ao outro para que este possa fazer o que sabe fazer. Isso é um poder benéfico.

K e R: Exato, e como você já indicou com o adjetivo *benéfico*, também existe outro tipo de poder. Então o seu conceito de poder, que você acaba de desenvolver, baseia-se em uma desigualdade de necessidades. Mas ainda existe um poder que decorre de quando eu ameaço outra pessoa, em que ela terá uma desvantagem se não fizer o que eu ordenar. Então poderíamos chamar isso de poder usurpador.

H: Bem, antes disso gostaria de dizer que, se alguém tem poder e insiste no poder sem prestar o serviço, então ele se torna autoritário. Se esse poder for vivenciado como ruim ou como ameaçador, as pessoas se defendem contra ele. E a primeira coisa que, a meu ver, é um grande perigo é que muitos que detêm o poder não têm coragem de impô-lo. Em algumas empresas as pessoas querem agir "democraticamente" e depois falam sobre as coisas, tomam decisões nas quais todos participam, mesmo que nem todos tenham alguma contribuição para esse assunto. Por exemplo, prestei consultoria em um instituto e o diretor recusava-se a impor a sua autoridade. Lá estavam 20 pessoas, todas com o mesmo direito de voto. E eu perguntei: *"Quem de vocês se sente responsável por tudo*

---

1. Publicado pela Editora Cultrix, São Paulo, 2003.

isso aqui?" Então cinco de vinte pessoas levantaram a mão e eu disse: *"Vocês são os que têm a responsabilidade aqui, todos os outros não têm nada a dizer, só vou falar com aqueles que estão realmente dispostos a assumir a responsabilidade."* Esse é um aspecto. Há algumas questões importantes em uma organização que precisam ser decididas em um plano superior, e se outras pessoas que não têm nada a ver com o assunto forem incluídas, elas recebem poder sem prestar os respectivos serviços.

K e R: E, muitas vezes, nem conseguem.

H: E, muitas vezes, nem conseguem.

K e R: É um resultado do movimento da democracia de base de 1968 na Alemanha.

H: Isso mesmo. E isso não traz resultados.

K e R: Então, isso para mim seria praticamente o resultado de tratar o problema do poder como um tabu, como se o poder fosse algo ruim.

H: Exatamente, isso mesmo.

K e R: E o motivo é que quando nesse âmbito falamos de poder, temos sempre em mente esse poder usurpador. Por exemplo, o imperialismo, sei lá, um país ataca o outro, oprime, explora e obriga o povo a fazer algo. Ou um homem obriga a sua esposa a fazer algo ameaçando violência.

H: O capitalista e o trabalhador.

K e R: Ou o capitalista, o trabalhador ou o que quer que seja, então isso é um tipo de poder que não pressupõe uma necessidade da outra parte, uma vez que a necessidade da outra parte seria "deixe-me em paz", mas o outro diz: "Não vou deixar você em paz, e, se você não ficar quieto, vou usar a violência."

H: O fato é que entre determinados grupos na sociedade, por exemplo, empregador/empregado em relação à violência e ao poder, ambos têm poder e precisam um do outro. E lá, onde um depende do outro, é necessário negociar. Cada um deverá se corrigir em relação ao poder do outro, até que haja um equilíbrio de poderes. Isso

acontece em um grupo bom e também funciona com uma série de métodos, inclusive truques com estratégias, e isso funciona praticamente como uma guerra, na qual aplicamos diversos métodos para criar esse equilíbrio. Isso ocorre em casos extremos.

Mas podemos dizer que em uma equipe se ganha poder com a sua contribuição. Se numa equipe alguém usar o seu poder simplesmente por estar na equipe para bloquear os outros, isso é ruim. É necessário tirar o poder dele. E eu tenho um exemplo para isso.

Fiz uma vez uma consultoria numa clínica na qual havia cinco médicos-chefes, todos tinham os mesmos direitos. Cada um podia impedir o outro. Essa é uma forma de organização muito ruim. E eles tinham um diretor formal, mas esse não tinha coragem de impor suas opiniões. Causou muitos danos à clínica. Aqui é necessário encontrar uma forma de organização de modo que alguém tenha de verdade o poder de romper bloqueios. Ou seja, alguém precisa estar acima deles, de modo que os outros possam dar a sua contribuição para o bem, mas ninguém pode fazer mau uso de seu poder para bloquear os outros. Isso também é um aspecto importante para uma boa estrutura de poder.

K e R: Certo, assim nós chegamos ao assunto: *Existe algo como uma boa estrutura de poder?* Lá, onde o poder satisfaz uma necessidade complementar, há para mim a possibilidade de uma boa estrutura de poder. Já vi isso muitas vezes em constelações, ou seja, o que você acaba de descrever, posso confirmar em minha prática.

Antes de voltar ao assunto do poder usurpador mais tarde, comentando como este se evidencia na constelação e como lidar com isso, eu gostaria ainda de levantar outra questão: você concordaria com a tese de que a *Ordem do Poder é o critério central de ordem em organizações, ao contrário da entrada, ou seja, da Ordem do Tempo de Pertinência no sistema familiar?*

H: Sim... aqui o poder tem uma função, uma vez que ele serve a um resultado e é bom enquanto serve a esse resultado. Dentro dessa estrutura de poder, ou seja, em uma organização, também vale a hierarquia. Isso é muito importante. Por exemplo, é nomeado um novo chefe que chega por último à equipe. Assim, ele tem o último lugar na hierarquia, mas na função ele tem o primeiro. Agora ele pode vincular isso. Ou seja, se ele reconhece que tem o último lugar, então ele, por exemplo, consultará os outros antes de introduzir algo. Permanecendo no último lugar ele receberá a aprovação e a ajuda dos outros.

K e R: Denomino isso de condução de trás para diante. Ao contrário da condução pela frente.

H: Exatamente, essa é uma das melhores formas de organização. Mas deverá ser feita sempre de tal forma que o chefe permaneça em sua responsabilidade. Ele toma a decisão, os outros são incluídos. Ele não pode outorgá-la. Senão, o sistema sofre novamente interferências. Nesse caso, outros poderiam bloqueá-la por ele ser muito condescendente. Ele vê o que os outros querem e depois decide.

Vi exemplos muito bons na África do Sul. Como um cacique, por exemplo, toma uma decisão. Ele chama os seus consultores que conversam entre si e o cacique só escuta. Isso demora horas. E assim que eles tomarem uma decisão ele diz, isso, vamos fazer assim. E, por fim, ele impõe a sua autoridade. Mas somente depois que todos forem ouvidos. Só que não há votações. Eles não votam e seguem a decisão da maioria. Ele decide, mas todos sabem que na decisão dele tudo foi incluído.

Essas são boas estruturas de direção. Em grandes grupos as decisões só podem ser realizadas se houver – vamos dizer – ameaças, ou seja, se alguém não tiver bom desempenho, não tem o direito de permanecer na organização. Ele precisa, portanto, prestar o respectivo serviço. Isso é uma ameaça, e esse poder é, muitas vezes, percebido como uma limitação; mas esse poder está a serviço da organização como um todo. Se o poder não fosse usado dessa forma, a organização não teria futuro. Então, mesmo um poder duro é, às vezes, um poder benéfico e necessário.

K e R: Sim, mas o que acontece se a situação é inversa, se praticamente aqueles que possuem o maior poder prestarem o pior desempenho, ou seja, um desempenho contraprodutivo. Por exemplo, causam um déficit de bilhões ao grupo e recebem uma indenização de 40 milhões para se afastar. Aí eu me pergunto, onde fica a compensação entre dar e tomar, entre o sistema e um diretor assim? Bem, ele causou enormes danos ao sistema e para que ele não cause danos maiores ainda, ou seja, para que o contrato possa ser rescindido antecipadamente, ele ainda recebe uma indenização enorme.

H: Certo, isso são questões técnicas, como podemos alcançar algo. Às vezes é possível conseguir algo somente mediante altos custos. E temos de aceitar isso. Aqui não podemos partir de pressupostos ideais. A questão é: pode ser feito e até que ponto pode ser feito?

K e R: Exatamente, compreendo isso. Bem, se o contrato for assim, então não dá para se livrar dele sem grandes despesas, isso precisa ser aceito. Agora a questão é, se essa prática se torna uma cultura industrial, não estamos criando uma grande interferência do ponto de vista sistêmico? Você compreende o que eu quero dizer? Baseando-me nessas idéias, eu me pergunto se o plano da diretoria ainda faz parte da empresa ou será que a diretoria não se sente mais pertinente ao sistema de membros de outras diretorias, de outras empresas e de sua própria casta do que à empresa pela qual foram contratados e pela qual são responsáveis.

H: Mesmo não sendo perito no assunto, gostaria de apresentar o seguinte argumento: Acho muito ruim quando as diretorias de grandes empresas se sentem mais obrigadas com os acionistas do que com aqueles que fazem a produção. E isso é um deslocamento que traz péssimas conseqüências, uma vez que, nesse momento, os colaboradores não são mais leais. Nem podem mais ser leais, uma vez que a diretoria também não é leal a eles. A sua lealdade é mais voltada aos acionistas do que àqueles que fazem o trabalho. Portanto, aqui temos uma distorção. E, quando há essas distorções, depois de algum tempo fica evidente que assim não dá e que isso precisa ser corrigido. Mas, muitas vezes, precisamos esperar até que o dano completo tenha sido causado.

Para mencionar mais uma vez o exemplo dos diretores que recebem valores enormes "injustificados": isso terá efeitos muito negativos para os seus descendentes. Não há como avaliar isso de forma diferente. Eles não ganham nada com isso. Só num primeiro momento. Por exemplo:

Há pouco tempo tive a seguinte situação em uma constelação em São Paulo: uma pessoa deveria herdar uma empresa e não conseguia assumi-la, sua alma não tinha capacidade de assumir esse compromisso. Depois descobrimos que o avô ou bisavô havia tido muitas empresas pequenas, as quais ele vendeu ou fechou; ele recomeçou e conseguiu grandes vantagens tributárias para si, mas uma série de colaboradores foram demitidos. Bem, ele fez isso à custa dos colaboradores. Esses colaboradores agora estão presentes na alma do cliente, ou seja, estão presentes no sistema, por assim dizer, e ele não consegue assumir a empresa devido a esse sentimento de obrigação para com eles. Então, eles precisam primeiro ser incluídos

CONSTELAÇÕES ORGANIZACIONAIS

no sistema. É necessário fazer uma reverência diante deles e dizer, vocês sofreram uma injustiça, sentimos muito. E assim eles se tornam simpáticos. E ainda é necessário dizer a eles, a empresa ainda contratou outras pessoas, precisamos dar continuidade a ela, temos de fazer o melhor possível, para que não aconteça com os outros o que aconteceu com vocês. Olhem com bons olhos se agora conduzirmos bem essa empresa. Então a alma se torna disposta e capaz de assumir esse compromisso.

K e R: Então aqui podemos dizer que o avô, no sentido legal e de maximização de lucros, com certeza não agiu de maneira errada, mas aparentemente o sistema reage como se houvesse uma culpa. E com isso chegamos a um ponto muito importante, à questão de culpa e inocência no sistema.

H: Bem, a alma reage de modo diferente do que podemos compreender racionalmente. Vou dar um pequeno exemplo: um empresário que conheço muito bem me pediu para fazer uma constelação, pois tinha idéias suicidas. Depois da constelação ele ficou melhor, mas algum tempo mais tarde piorou novamente. De repente ele se lembrou de que havia comprado uma casa do outro lado da fronteira e que recebera para isso o dinheiro de uma tia, dinheiro que na verdade seria do sobrinho dela. Mas ela deu o dinheiro a ele, com a exigência de que ele pagasse de volta à família do sobrinho no decorrer dos anos. E ficou bem claro que todos estavam aborrecidos com ele.

O fundamento para o problema de suicídio havia sido aquela transação, e mesmo que ela fosse legalmente correta, sua alma não a suportou.

Tive há pouco tempo o caso de um cliente que também estava correndo risco de suicídio. Ele não conseguia se decidir, não sabia o que fazer. Trabalhei com ele com muita calma, para que ele pudesse se concentrar, e ele se lembrou de que havia requerido interdição para o seu pai quando este ficou velho, mesmo que não tivesse sido necessário, e com isso ele conseguiu uma vantagem financeira que provocou o risco de suicídio.

Esses são pequenos casos, comparado ao que ocorre nas grandes empresas e, mesmo assim, possuem esse efeito. E podemos ver que em famílias que enriqueceram à custa de outros, esses destinos tristes ocorrem com mais freqüência. Para que uma empresa possa ser bem conduzida, todos esses contextos deverão ser trazidos à luz para que algo do passado possa ser corrigido, assim é possível olhar para a frente com vigor.

Essas, obviamente, não são constelações organizacionais típicas, mas são condições prévias para que uma constelação organizacional, uma reorganização ou uma reestruturação da organização possam ter sucesso.

K e R: Diante da experiência que adquiri, para mim isso faz sentido, assim podemos dizer que a consultoria organizacional sistêmica pode auxiliar uma diretoria da empresa especialmente trazendo à luz essas dinâmicas, para que seja possível agir de acordo.

Uma das características dos exemplos aqui mencionados é que somente o proprietário consegue resolver o problema. Muitas vezes, outros membros da empresa também pedem uma constelação, por exemplo, para o seu departamento ou sua filial. E aqui temos uma dúvida: como você vê a questão do alcance das constelações em organizações?

H: Bem, normalmente eu só trabalharia se o chefe me desse carta branca. É uma condição. Pode até ser que ele diga, não vou fazer nada, mas nesse departamento quero que algo seja feito. Então você pode trabalhar com a aprovação dele. Tudo precisa ser relatado a ele, de modo que ele saiba que a sua autoridade será preservada. O consultor empresarial nunca pode desrespeitar a autoridade do chefe, senão ele desrespeita a própria autoridade. Isso é muito importante. E ele nunca pode se colocar como o melhor. Assim como o terapeuta não pode se considerar como o melhor pai ou a melhor mãe, assim o consultor empresarial não pode aparecer como o melhor organizador.

K e R: Se, por exemplo, um chefe de departamento vem e diz: "Tenho um problema na minha empresa e acho que o assunto é geral. Gostaria de resolver isso!"

H: Nesse caso eu ficaria imediatamente alerta. Diria: se o chefe aprovar, então podemos trabalhar. Mas também se quisermos algo somente para seu departamento poderíamos fazer isso. Nesse caso ele seria o chefe do departamento.

K e R: Gostaria de dar mais um exemplo a respeito disso: Há pouco tempo fiz uma constelação para um departamento em um grande grupo (a pedido do chefe de departamento). Ficou evidente, que o chefe do departamento não via os seus colaboradores. Por isso coloquei alguém atrás dele, ou seja, o chefe do chefe, então ele disse, essa

256

é a única coisa que me interessa. Virei-o e ele estava tremendo de medo.

H: Sim, exato, exatamente.

K e R: Então coloquei alguém atrás de seu chefe, este se virou tremendo de medo. Isso prosseguiu até o Diretor-Presidente. Havia então uma tendência que ficou evidente desde o plano superior: Quando se olhava para o seu chefe, tremia-se de medo, e, olhando-se para os seus colaboradores, eles não eram vistos.

H: Porque só olhavam para o outro.

K e R: Exatamente, e então ficou a dúvida: o que seria uma boa solução? A questão do meu cliente era que ele queria ver os seus colaboradores.

Minha primeira pergunta foi, o que faz com que ele entre nessa hipnose de medo? E percebemos que ele tinha uma dupla exposição do chefe com o seu pai. Quando isso foi resolvido, obviamente nada mudou em relação ao comportamento de seu chefe. Mas ele conseguia encarar a pressão e as ameaças como adulto e dizer: *"Muito bem, se você me ameaçar, terei de ir embora em último caso. Mas minha tarefa é com os meus colaboradores e aqui eu mesmo estou olhando."*

E ele conseguiu fazer bem isso. Depois ele me contou que durante quatro semanas havia tido tumulto em seu departamento, mas desde então a situação já estava melhor do que antes. Mesmo quando ele não está presente, o que acontece com freqüência, uma vez que ele viaja pelo mundo inteiro, não há nada empilhado em sua escrivaninha, quando ele volta. Seu pessoal dá conta do serviço direitinho, mesmo quando ele está longe. E eles têm a impressão de que pela primeira vez são vistos de verdade.

H: Isso é muito importante, por exemplo, também na escola. Se o professor olhar para o diretor, ele não vê os alunos. E se ele diz: "Agora vou olhar somente para os alunos!", ele consegue dar aula muito bem. E, mais tarde, as coisas também se encaixam com o diretor, pois tudo está indo bem.

K e R: Em meu exemplo, no entanto, mostrou-se algo que não surpreendeu ninguém de verdade, que na empresa há um estilo de direção baseado no medo, que faz com que os colaboradores não sejam vistos de verdade. Nesse caso, como fica a questão de solapar a autoridade?

H: Bem, o que eu faria nessa situação: colocaria o chefe de departamento e, digamos, a equipe toda, todos os que foram constelados, diante do chefe principal para fazerem uma reverência.

K e R: E isso serve para quê?

H: Ora, o chefe permite que eles trabalhem; eles reconhecem assim a sua contribuição para o todo. Independentemente de seu estilo de condução, isso tem efeito imediato para o chefe, sem que algo precise ser dito, e ele pode mudar. Mas no momento em que eles falam: é mesmo, o seu estilo de conduzir a empresa é muito ruim, ou algo assim, eles não olham para ele, não vêem a ele e nem o que ele faz pela empresa.

K e R: Humm.

H: Agora você ficou sem palavras?

K e R: É, fiquei. Mas acho que é um bom sinal.

H: Bem, o consultor empresarial precisa ter o chefe no coração, independentemente de como esse seja. Assim ele tem uma boa base para começar.

K e R: E como é, por exemplo, a situação das famílias, com as quais você trabalhou nos Estados Unidos, com os sucessores das famílias bilionárias que enriqueceram à custa dos trabalhadores nas ferrovias, que trabalharam em condições desumanas? Bem, eu teria grandes problemas em ter esses empresários no coração, e mais problemas ainda em fazer com que os trabalhadores, explorados até a última gota de sangue, fizessem uma reverência diante dele.

H: Aqui temos uma outra situação. Temos de distinguir claramente. Trabalhei com um descendente e somente com ele, não com a empresa. E nessa constelação o bisavô do responsável foi colocado ao lado dos mortos. E, imediatamente, o descendente ficou mais tranqüilo, foi uma constelação meramente familiar. Mas se você faz uma constelação organizacional e se o chefe ainda está no cargo, então ele deverá receber a honra. Assim como eu sempre devo honrar os pais, independentemente de como eles são. Só assim posso fazer uma constelação familiar. Senão, você entra num triângulo vicioso. O triângulo vicioso existe, por exemplo, na escola, quando o

CONSTELAÇÕES ORGANIZACIONAIS

professor e os alunos se tornam aliados contra o diretor. Esse é um triângulo vicioso. Sempre dará errado. E esse é também o risco nas consultorias empresariais, de entrar em um triângulo vicioso. De você, por exemplo, se associar com os departamentos inferiores contra os superiores. Isso gera conflitos. E você tampouco pode se aliar com os superiores contra os inferiores.

Você precisa ficar fora dos dois e honrar ambos. Só assim você pode prestar boa consultoria.

K e R: Honrar ambos os lados é uma coisa, e um segundo tema é pedir que as "vítimas" façam uma reverência diante do chefe. Estou pensando em casos em que, por exemplo, um chefe de um grupo vende a empresa na qual ele trabalha para outro grupo, para seu próprio enriquecimento, por um valor em milhões. Com a conseqüência de muitas demissões.

H: Não, ele já não é mais chefe. Essa é a diferença.

K e R: Vamos, por exemplo, supor que ele não tivesse sido demitido, mas que ele tivesse recebido os milhões por ter concordado com a transação e depois teria se tornado membro do conselho fiscal no novo grupo.

H: Certo, não vou analisar isso agora por ser muito hipotético. A questão é se uma pessoa assim pode se manter no poder. É sempre importante respeitar a diretoria superior, o proprietário. Ele possibilita que todos os outros possam trabalhar. Por isso ele tem grande influência sobre todos. Ele pode usar a sua influência da melhor forma, se os outros o respeitarem.

K e R: Bem, a questão de possibilitar para mim ainda é problemática. Se eu constituí uma empresa, obviamente dou a possibilidade para que outras pessoas trabalhem. Mas tenho lá minhas dúvidas se isso pode ser dito dos gerentes de altos escalões. Especialmente se considerarmos que essas pessoas, como fica evidente em muitos auto-relatórios, estão 70% de seu tempo de trabalho ocupados em manter ou adquirir poder e só aplicam 30% em trabalho produtivo. Poderíamos também dizer que os acionistas possibilitam que os outros trabalhem, por eles serem donos da empresa.

Então a questão é, se essa formulação "permite às pessoas trabalharem", é objetivamente adequada.

H: Nessa situação é uma ajuda se ela for constelada. Se constelarmos, por exemplo, o proprietário, a diretoria, os acionistas que dão o capital e os colaboradores. E depois podemos ver, na relação, onde há algo em desordem, onde podemos colocar algo em ordem. E se colocarmos, por exemplo, os acionistas diante dos empregados, de forma que eles não olhem somente para a diretoria, então algo neles muda e eles aplicarão o seu capital de forma diferente do que antes. Aqui também há possibilidades de encontrar soluções, mas isso precisa ser verificado no momento oportuno. Não dá para dizer isso em um plano hipotético. As diferenças que existem são muito grandes.

K e R: Agora eu gostaria de apresentar uma nova pergunta: a questão da alma do sistema. No caso de famílias, você disse que podemos reconhecer o tamanho da alma pela extensão de seu efeito. E independentemente de quão extensa ela é, são no máximo umas 20 ou 30 pessoas, mas em empresas, é claro, trata-se de milhares e dezenas de milhares de pessoas. Então precisamos agregar grupos no momento da constelação e por isso eu pergunto: você tem experiências ou idéias em relação aos limites da possibilidade de agregação?

Você acabou de falar dos trabalhadores, dos acionistas, da diretoria etc., aqui nós já temos grandes agregações.

H: Bem, eu não tenho a imagem de uma alma do sistema. Nem teria coragem de falar em uma alma do sistema.

K e R: No caso das organizações? Essa é uma afirmação muito importante. E por que não?

H: O fato é que eles não são todos controlados por uma consciência comum. E essa é a diferença. Em uma família, todos são controlados por uma consciência, que, em parte, é inconsciente. Mas há analogias. Por exemplo, o empresário que em uma região dá trabalho para muitas pessoas é, na verdade, um superpai. A lealdade que ele recebe é a de crianças a um pai. De alguma forma, analogamente. E nesse contexto eles o amam e o respeitam, e ele cuida deles, se ele tiver interiorizado essa imagem dele como uma pessoa que proporciona emprego para muitos, então ele é mais cuidadoso com o que faz. É também mais cuidadoso com as demissões, e semelhantes. E ele pode, a partir de seu ponto de vista, de sua atitude, passar aos acionistas que ele cuida deles. Para que ele receba a sua aprovação para esses cuidados. Assim é gerado um outro modelo. Até que ponto isso pode ser realizado, eu não sei, mas a longo prazo esse sistema, como ele é agora, sem os principais, aqueles para quem é o sistema, o total, os trabalhadores e suas famílias... eles não podem ser excluídos a longo prazo. E se passarmos essa imagens em consultorias empresariais, então acho que podemos proporcionar coisas muito boas.

K e R: Esse ponto que você acabou de mencionar seria quase o ponto de equilíbrio de dar ao chefe ou à diretoria o lugar de honra. Os acionistas são na verdade uma empresa de investimento de capital que operam mundialmente, que obviamente não vêem os empregados das diferentes empresas das quais eles têm participações.

H: Isso mesmo.

K e R: Então o consultor empresarial, que faz as constelações organizacionais, deverá realizar uma espécie de ato de equilíbrio interno, ou seja, a solidariedade com os trabalhadores e a honra do chefe e dos acionistas, que via de regra não estão com os trabalhadores no foco.

H: Sim, isso seria no caso uma humanização de uma organização, na qual isso é possível. Mas não podemos ter metas muito grandes, ou seja, querer mudar o sistema inteiro, mas dentro de determinados limites podemos certamente fazer algo de bom.

K e R: Então você não parte de uma alma do sistema, uma vez que não há consciência comum, percebo que isso está criando uma ressonância dentro de mim, isso corresponde absolutamente a minha percepção até hoje, especialmente por você dizer que não há consciência única.

H: A falta de consciência da economia.

K e R: Você ainda tem idéias específicas sobre a relação de poder e amor? O exemplo dos trabalhadores que ficaram desempregados devido ao fechamento de muitas empresas e o descendente que não pôde tomar essa empresa por estar muito ligado ao sofrimento desses trabalhadores – isso não é uma expressão de amor?

H: Sim, tudo isso é inconsciente. Na verdade é simplesmente a presença dos excluídos. E ajuda à empresa incluir os excluídos. Mesmo se às vezes pessoas forem demitidas injustamente é uma ajuda incluí-las e, na minha experiência, não há necessidade de contratá-los novamente. Mas eles precisam ser honrados. E depois eles podem partir.

K e R: Os exemplos que acabamos de discutir implicam para mim a questão da relação entre a verdade do sistema e os interesses do contratante. Com a constelação muitas vezes algo vem à tona. Por exemplo, demitimos pessoas injustamente no passado, acumulamos patrimônio de uma forma que não foi correta e isso ainda tem efeito até hoje. Isso não é bem o que os contratantes querem ouvir. Por isso eu trabalho com a seguinte máxima, que dou a conhecer aos contratantes desde o início: *Faço a constelação, e o que ficar evidente, fica evidente; e às vezes é dolorido o que se evidencia. E se eles mesmo assim quiserem que eu constele, eu o faço, mas sem censura da parte deles. Somente nessa base pode haver uma boa solução para todos. Depois eles podem fazer com a constelação o que quiserem, mas eu só me sentirei obrigado com a verdade do sistema, e sem nenhum perspectivismo. Ou seja, nem com os sindicatos, nem com o meu contratante, nem com ninguém.*

H: Nesse caso também é importante encontrar uma solução. A solução não é que a *holding* se dissolva, essa seria uma solução muito ruim para todos os participantes, mas que façamos algo de bom em memória da injustiça que se cometeu. O que quer que isso seja, tem um efeito de perdão. O mesmo se aplica se, por exemplo, trabalhadores tiverem de ser demitidos. Então podemos dizer: A empresa só poderá sobreviver se reduzirmos o quadro de pessoal. Assim, precisamos demitir alguns. E aqueles que foram demitidos prestam uma contribuição para a continuação da empresa. Seu sofrimento é a favor de outros. Por isso aqueles que ficam, deverão honrar o fato de que praticamente puderam ficar à custa dos outros, e precisam honrar isso. Assim fica mais fácil para eles suportarem isso. Bem, a honra é na verdade a palavra-chave para boas soluções.

K e R: Seu trabalho, ao menos em minha percepção, se diferencia da maior parte dos trabalhos psicoterapêuticos feitos atualmente, devido ao fato, acho que podemos dizer isso, de você não seguir *o mito da eterna facilitação da vida*. Podemos dizer isso?

H: Sim, essa é uma boa formulação.

K e R: O seu trabalho, rigorosamente dito, não está baseado na cura, no sentido de eliminar um sintoma, ou para que o cliente fique melhor. O importante para você é trazer à tona a verdade do sistema, e isso às vezes significa que o caminho para a morte não pode mais ser evitado e nesses casos você concorda com isso. Nesse sentido, você se afastou milhas da promessa que por exemplo a PNL prega, de eliminar distúrbios de forma rápida, segura e eficiente para que a vida possa ser vivida de forma mais fácil, com mais sucesso e saúde.

H: A vida muitas vezes tem os seus baixos.

K e R: A minha crítica ao mito de facilitar a vida é que ele não existe, ou seja, apesar das geladeiras e dos remédios de alta tecnologia, podemos dizer que a experiência básica de sofrimento como morte, doença, perda e emaranhamento não foi reduzida. E podemos dizer que esse trabalho de constelação, ao menos no meu entendimento, é a primeira psicoterapia que eu conheço que saiu desse mito de alívio da vida.

H: Há pouco eu li uma estatística que analisa diferentes nações de acordo com as suas experiências de felicidade e se eles estão satisfeitos com a vida. Bem, a maior experiência de felicidade, satisfação geral etc. com a vida e aprovação da vida encontrou-se em Bangladesh.

K e R: Sim, eu li isso também.

H: Você leu também. Interessante.

K e R: Sim, e é exatamente isso que eu quero dizer, esse mito de facilitar a vida, dos tempos atuais, mesmo todo o movimento socialista, isso foi empiricamente refutado. Então agora podemos dizer: certo, se uma organização solicita que você faça uma constelação, então seu interesse é análogo ao de uma pessoa que está doente ou que tem problemas em suas relações amorosas e cujo interesse obviamente é antes de mais nada sarar, resolver o problema etc. Você diz, sim, eu entendo isso, mas não trabalho assim... de estar focado em seu problema, olhando como resolvo isso.

H: Bem, no caso das organizações eu fico sim focalizado. Eu focalizo em: como eles podem trabalhar bem juntos? Esse é o meu foco.

K e R: Você diria que é algo diferente das constelações familiares?

H: No caso das constelações familiares o importante também é criar uma ordem, para que eles possam lidar

bem um com o outro. Na área pessoal cada um possui os seus limites. Também a empresa tem os seus limites, por exemplo, quando há a ameaça de uma falência. Isso também pode ser constelado. O limite está no fato de que não podemos partir do fato de que toda empresa pode ser salva. Bem, essa seria a analogia. Mas quanto ao resto, sim. Bem, é essa a tarefa, que eu ajude a tornar algo mais eficiente, para a satisfação de todos os participantes. Aceitaria isso como contrato claro e gostaria de trabalhar nesse contexto. Mas se algo entra no meio, às vezes fica evidente que não podemos fazer nada; então, precisamos concordar e fazer o melhor na situação.

K e R: Você havia dito antes que os trabalhadores, e obviamente aqueles para quem a produção é dirigida, precisam ser vistos. Em outro momento você disse: *"Quando a questão for somente o dinheiro, ou seja, a qualidade do que é feito for completamente negligenciada, isso não dá certo."* Aqui tenho a pergunta: se você for contratado sob o aspecto, queremos aumentar o nosso lucro, e se as pessoas estiverem bem com isso, isso não é nada mal, mas não é exatamente o que queremos de você, então temos a pergunta: Sob que perspectiva estou trabalhando aqui?

H: Bem, o lucro é algo de que a empresa precisa.

K e R: Absolutamente, senão, vai à falência.

H: Sim e nesse aspecto a procura do lucro também é uma coisa boa. Mas deverá estar inserida em um quadro, ou seja, o lucro deverá ser proveniente de um trabalho que faz sentido. Há, por exemplo, artigos que são produzidos e, no fim, não possuem utilidade nenhuma. Nessa empresa os trabalhadores na verdade não podem se sentir bem, se eles têm de fazer coisas sem sentido. Mas se o produto for útil, se for bom para a humanidade, então isso gera uma outra satisfação.

K e R: Isso significa que se essa empresa pedisse que você fizesse uma constelação, e se você na constelação percebesse, por exemplo, ao colocar o cliente, que esse produto não tem utilidade alguma...

H: Sim, nesse caso eu o diria.

K e R: Então você diria: *"Não estou nem um pouco admirado que os colaboradores estejam tão insatisfeitos. Eles produzem algo que não faz sentido, com o qual nin-*

guém pode se identificar e, se você não mudar isso, sua necessidade de ter uma equipe motivada e empenhada continuará um sonho."

H: Isso mesmo.

K e R: Exato. Eu faria a mesma coisa. Ainda tenho uma pergunta a respeito do *grande sim*, da aceitação de doença e morte. Há pouco você disse que também há limites para uma empresa (falência). Em sua experiência sobre essa grande aceitação da vida, tal como ela é, existe uma analogia na consultoria empresarial e organizacional?

H: No sentido de: melhor fechar o guarda-chuva? Sim, acho que o importante é ver o que fazemos com essa falência. Muitas empresas tentam ainda construir algo em cima disso, para os trabalhadores, para que continue, ou algo assim. Bem, então não vamos simplesmente fechar, mas vamos tentar fazer o melhor possível na situação. É isso que importa. Com a colaboração dos funcionários, é óbvio.

K e R: Você concordaria com a máxima "a verdade tem sempre prioridade"?

H: Não tenho princípios fixos, como você sabe. Mas muitas vezes é assim. Eu, por exemplo, avalio se seria melhor dizer algo ou não. Bem, eu só falo quando há uma chance de ser bem recebido. Quando eu vejo que não há abertura, nem falo. Guardo para mim.

K e R: Gostaria de saber quanto à constelação propriamente dita. Assim como eu conheci o seu trabalho, nunca vi você não constelar algo por pensar, se eu constelar isso agora vai ser demais ou não posso exigir isso dele.

H: Sim, às vezes eu tenho muito cuidado, quando vejo que a alma do outro ainda não está pronta para isso; então eu paro em determinado ponto e espero algo se desenvolver nele. Bem, aqui eu também fico esperto no sentido de não prosseguir além do que for possível. Então às vezes guardo algo para mim, que eu não digo.

K e R: Compreendo. E você faria isso analogamente para constelações empresariais, creio eu.

H: Se você trabalha, por exemplo, com fundamentalistas, você não pode falar determinadas coisas. Você sim-

plesmente não diz. E também algumas organizações ainda estão presas à ideologia fundamentalista. Então não digo.

K e R: Compreendo. Tenho mais uma última pergunta: na maior parte das constelações que fiz até o momento, entre os atores centrais havia no mínimo uma pessoa para uma pessoa e então também havia agregações como os colaboradores e os clientes, mas isso ocorreu mais na periferia. Você entende o que eu quero dizer?

H: Entendo.

K e R: Na forma de constelação que você sugeriu, de colocar os acionistas, a diretoria, os colaboradores e talvez ainda os clientes só teríamos representantes agregados. Poderíamos dizer que com isso podemos colocar a grande dinâmica de uma empresa no foco?

Constelei uma vez o mercado mundial para uma multinacional, ou seja, os concorrentes no mercado mundial, os clientes no mercado mundial e também não havia pessoas individuais – bem, até que funcionou, mas para mim não tinha a mesma força que normalmente uma constelação tem.

H: O assunto era muito amplo.

K e R: Sim, era muito amplo.

H: O assunto mercado mundial é muito amplo. Mas se você trabalha com uma empresa concreta, esses agregados podem muito bem ser constelados. Às vezes também colocamos países. Funciona. Isso se incorpora com muita força. Mas não pode ser mais do que o necessário para a solução. Bem, no momento em que você experimenta "ah, vamos tentar isso!", então não somos compactos.

K e R: Sim, é verdade, tem pouca força.

H: E nem pode ter.

K e R: Se eu entendi bem, não há para mim limites básicos para a agregação. Afinal, é possível constelar países, como você muitas vezes faz com crianças provenientes de famílias turco-alemãs, você coloca a Turquia e a Alemanha, o que seria um enorme agregado, mas há algo que é muito importante para esses clientes, nessa tensão Alemanha-Turquia.

H: Isso mesmo. Vou dar um exemplo para isso. Ora, nos Estados Unidos fizemos uma constelação: havia um cliente, cujo avô matara um negro no sul do país, em conflitos raciais. E nós constelamos os dois, o avô e o morto. E o avô demonstrou uma enorme arrogância, uma frieza e tal. Bem, e depois eu constelei ainda alguns outros escravos. E coloquei a África. E depois esse fazendeiro, aquele avô que matou o negro, recuou e, de repente, caiu no chão e sentiu uma enorme dor. Ele se aproximou daquele que matou e deitou-se ao lado dele, e os escravos da África passaram em volta dele e o tocaram, com compaixão. E depois constelei alguém para os Estados Unidos. E o representante desse país aproximou-se lentamente e se ajoelhou, fez uma reverência e ficou nessa reverência diante dos escravos e diante da África. Nesse caso funcionou muito bem, pois foi muito atual.

K e R: Esses são dois exemplos nos quais um país e um destino concreto se referem um ao outro. Também já vi muito isso na Holanda, em relação à Indonésia.

H: E aqui isso tem força. Se você parte de algo individual e acrescenta o que for importante, mas não somente constelar países.

K e R: Certo. Bem, Bert, agradecemos esta entrevista, foi um enorme prazer para nós.

H: Sim, foi uma colaboração prática entre nós. Tudo de bom para vocês dois.

K e R: Obrigado.

H: Muito obrigado também.

Solucionar emaranhamentos próprios

No final dessa parte e, especialmente, no fim do livro, queremos fazer um comentário fundamental sobre uma condição central, eu diria, que, por um lado, todo consultor sistêmico-dinâmico deveria ter, mas que, por outro, não pode ser adquirida com a mera aquisição de habilidades. Mesmo este livro não pode ajudar nesse aspecto, uma vez que a primeira e mais importante condição prévia da consultoria estaria completamente na competência de cada um que decide trabalhar dessa forma com organizações.

Ora, cada pessoa, devido a sua própria origem, possui alguma característica, alguma carga ou emaranhamento sistêmico. Estamos identificados com as pessoas de nosso sistema de origem, assumimos sentimentos e atitudes das quais não nos está claro que estas não sejam produto de nossa história e interações. "Filho de peixe, peixinho é!", diz o provérbio; isso quer dizer que os membros de uma família, via de regra, possuem padrões de comunicação e interação comuns, na verdade, por fazer parte da mesma família.

Mas, além disso, os sistemas familiares unem-se em um plano menos evidente mediante uma determinação inconsciente, que os indivíduos seguem em suas ações: padrões estereotípicos, com os quais a pessoa evita um sucesso a longo prazo, que impede outro de encontrar um relacionamento feliz etc.: Ou seja, emaranhamentos sistêmicos que determinam as nossas ações no dia-a-dia, sem que estas nos sejam conscientes. Os emaranhamentos sistêmicos estabelecidos na infância continuam na superfície da consciência em nossos relacionamentos posteriores, tanto na área particular como profissional.

Se nós quisermos por nossa vez ajudar outras pessoas a se desvincularem de emaranhamentos, então é não só extremamente importante termos a respectiva competência profissional, mas também um determinado grau de desenvolvimento pessoal que permita isso: A condição prévia para um trabalho bem-sucedido com as constelações sistêmico-dinâmicas é a própria clareza do consultor, praticamente uma maturidade pessoal que lhe permite sujeitar-se tanto aberta como diferenciadamente às forças sistêmicas, geradas pelo sistema que recebe consultoria e que se evidenciam na constelação. Quem não se desligou pessoalmente de determinadas dinâmicas que o seu próprio sistema lhe colocou como padrão de emaranhamento, não poderá se abrir com o distanciamento necessário quando essas dinâmicas surgirem em entrevistas de consultoria e constelações, como seria preciso para resolvê-las.

Isso significa que, na mesma medida em que é necessário familiarizar-se com os aspectos teóricos, técnicos e pragmáticos da consultoria organizacional sistêmico-dinâmica, também é um pressuposto igualmente importante a aquisição do grau de maturidade pessoal necessária para esse tipo de trabalho.

A maturidade necessária para esse tipo de trabalho adquirimos quando nos liberamos de nossos próprios emaranhamentos. Isso não só nos ajuda a resistir às propostas de coalizão e triangulagem dos sistemas que consultamos. Além disso, o próprio esclarecimento nos torna representantes confiáveis do que nós fazemos.

Bibliografia

C. Andreas (1994): *Core Transformation. Reaching the wellspring within.* Moab, UT (Real People) [alemão (1995): *Der Weg zur inneren Quelle. Core-Transformation in der Praxis. Neue Dimensionen des NLP.* Paderborn (Junfermann)]

W. Giegerich (1988): *Die Atombombe als seelische Wirklichkeit.* Zurique (*Schweizer Spiegel*)

W. Giegerich (1989): *Drachenkampf oder Initiation ins Nuklearzeitalter.* Zurique (Schweizer Spiegel)

G. Günther (1976-1980): *Beiträge zur Grundlegung einer operationsfähigen Dialektik.* Hamburgo (Meiner).

H. Rombach (1980): *Phänomenologie des gegenwärtigen Bewusstseins.* Friburgo (Editora Alber)

H. Rombach (1988): *Strukturontologie.* Friburgo (Editora Alber)

H. Rombach (1993): *Strukturanthropologie.* Friburgo (Editora Alber)

B. Hellinger (1993): *Finden, was wirkt.* Munique (Editora Kösel)

B. Hellinger (1996): *Die Mitte fühlt sich leicht an.* Munique (Editora Kösel)

B. Hellinger e G. ten Hövel (1996): *Anerkennen, was ist.* Munique (Editora Kösel) [*O reconhecimento das Ordens do Amor: Conversas sobre emaranhamentos e soluções*, (Editora Cultrix)]

B. Hellinger (1994): *Ordnungen der Liebe.* Munique (Editora Kösel) [em português: *Ordens do Amor*, (Editora Cultrix)]

M. Varga von Kibéd e I. Sparrer (2000): *Ganz im Gegenteil. Tetralemmaarbeit und andere Grundformen systemischer Strukturaufstellungen.* Heidelberg, (Editora Carl-Auer Systeme)

G. Weber (1993): *Zweierlei Glück.* Heidelberg (Editora Carl-Auer Systeme).